nueva
criminología
y
derecho

traducción de

FÉLIX BLANCO

CRIMINOLOGÍA Y POLÍTICA EN MATERIA CRIMINAL

por

DENIS SZABÓ

siglo veintiuno editores, sa de cv
CERRO DEL AGUA 248, DELEGACIÓN COYOACÁN, 04310 MÉXICO, D.F.

siglo veintiuno de españa editores, sa
C/PLAZA 5, MADRID 33, ESPAÑA

siglo veintiuno argentina editores, sa

siglo veintiuno de colombia, ltda
AV. 3a. 17-73 PRIMER PISO, BOGOTÁ, D.E. COLOMBIA

edición al cuidado de presentación pinero de simón
portada de anhelo hernández

primera edición en español, 1980
segunda edición en español, 1985

ISBN 968-23-0566-7

primera edición en francés, 1978

impreso y hecho en méxico/printed and made in mexico

ÍNDICE

A LA MEMORIA DE DON ALFONSO QUIROZ CUARÓN

EN RECUERDO DE HENRI LÉVY-BRUHL

PRÓLOGO

A la esforzada editorial Siglo XXI deben los estudiosos hispanoparlantes de las disciplinas criminológicas una serie excelente: *Nueva criminología,* que ha recogido en nuestro idioma, desde hace pocos años, ya buen número de obras importantes. A sus autores —Michel Foucault, José M. Rico, Norval Morris, Mary McIntosh— se suma hoy Denis Szabó, presidente de la Sociedad Internacional de Criminología, creativo y entusiasta director del Centro Internacional de Criminología Comparada, que con eficacia funciona en la Universidad de Montreal.

Estas líneas preliminares, que no pretenden constituir un estudio introductorio, debieron ser redactadas por Alfonso Quiroz Cuarón, amigo y colega distinguido de Szabó. Quiroz, muerto en 1978, cuando explicaba su cátedra de criminología en nuestra Universidad Nacional, fue asiduo visitante del Centro de Montreal. En 1970, con él intervinimos —fue entonces cuando el maestro mexicano presentó su "teoría económica de los disturbios", una tesis original y plausible— en el *symposium* sobre aspectos económicos de la criminalidad, del que Szabó da cuenta en este libro.

El hecho de que Denis Szabó nos haya invitado para prologar su obra, recordando, sin duda, la estrecha relación que nos unió con Quiroz, entre cuyos discípulos nos contamos por muchos años, constituye un honor que agradecemos y, sobre todo, un homenaje cordial al criminólogo ilustre, al través de uno de sus alumnos.

Ha sido escasa, tradicionalmente, la aportación latinoamericana a la criminología. El trabajo de Lombroso atrajo, con todo, la atención y el interés de médicos y juristas de este continente. A partir del positivismo se intentaron algunas investigaciones y se compusieron proyectos, leyes y estudios doctrinales. De ahí arrancaron, además, ciertos desarrollos penitenciarios. A unos y otros se encuentra asociado, entre los mayores y más influyentes, José Ingenieros, quien escribió una *Criminología,* de gran valor para su tiempo, donde abordó —y éstos fueron los capítulos que el profesor argentino asignaba a la nueva ciencia—, la etiología y la fenomenología criminales y la terapia del delincuente. A él se debió, asimismo, la fundación, en 1907 y en la Penitenciaría Nacional de Buenos Aires, pocos meses antes del establecimiento similar que hizo Vervaeck en Bruselas, del primer laboratorio de antropología penitenciaria de este siglo, de donde otros muchos resultarían, hasta desembocar en los centros de clasificación y en los consejos técnicos interdisciplinarios que ahora existen, como signo de una preocupación provechosa, en las prisiones modernas.

Como en los casos de otras varias disciplinas sociales y jurídicas, la criminología latinoamericana —o más precisamente: los criminólogos de estos países, México particularmente— debe mucho a los profesores españoles que arribaron con la emigración de los últimos años treinta y los primeros cuarenta. Aquí despertaron intereses y dejaron escuela Constancio Bernaldo de Quirós, dueño de una *Criminología* sugestiva, dictada casi de memoria, de un *Panorama* de la materia y de admirables estudios sobre el bandolerismo en España y en México; Mariano Ruiz Funes, que exploró la crisis de la prisión y la criminalidad de los menores, y produjo también una obra inapreciable en torno a la delincuencia política, asunto que Szabó examina, comparativamente, en su *Criminología y política criminal*; Luis Jiménez de Asúa, que a su monumental obra jurídico-penal unió estudios criminológicos de alzado valor, recogidos muchos en *El criminalista*, o vertidos en libros monográficos como *Psicoanálisis criminal*; y Manuel López-Rey Arroyo, que en Buenos Aires publicó su *Introducción al estudio de la criminología*, e hizo el Proyecto Oficial de Código Penal, de 1943, para Bolivia.

Bajo el influjo de la criminología, en especial la italiana, y en menor medida la norteamericana, comienza a adquirir vuelo la criminología en América Latina. Contribuyeron a ella, con otros catedráticos, Israel Drapkin, en Santiago, y Paulo José Da Costa, en São Paulo. Entre sus promotores y sostenedores figura la amplia relación de los médicos forenses. Hoy prospera con vigor notable en Venezuela, por la acción de José Rafael Mendoza, Elio Gómez Grillo, Francisco Canestri, Lolita Aniyar de Castro, Rosa del Olmo y tantos más, que integran el grupo más numeroso y, tal vez, el más dinámico entre los latinoamericanos; en México, donde el impulso magistral de Quiroz Cuarón es seguido por Luis Rodríguez Manzanera, Octavio Orellana Wiarco, Héctor Solís Quiroga, Enrique Gutiérrez Bazaldúa, Leticia Ruiz de Chávez, Roberto Tocavén y Juan Pablo de Tavira, entre otros autores; en Argentina, que al lado de excepcionales estudios penales y procesales, ha producido también otros criminológicos y penitenciarios, debidos, por ejemplo, a Roberto Bergalli, Elías Neuman, Luis Marcó del Pont,

Hilda Marchiori (estos dos últimos, en México), Roberto Pettinato y Juan Carlos García Basolo; en Brasil, con Nelson Pizzotti Mendes, Hilario Veiga de Carvalho, Ayush Morad y Armida Bergamini Miotto; en Costa Rica, en la que últimamente ha florecido el Instituto Latinoamericano para la Prevención del Delito y el Tratamiento del Delincuente, de Naciones Unidas (ILANUD), que con mérito dirige Jorge Arturo Montero.

Si en otros países —así, Argentina, Brasil, Chile, Puerto Rico, Venezuela— la tarea criminológica ha desembocado en —y, en su hora, partido de— institutos que ejercen la investigación y la docencia, en México de algunos años a esta parte han surgido entidades similares, cuyos primeros resultados se hallan a la vista: el Instituto Técnico de la Procuraduría General de Justicia del Distrito Federal, que al amparo de la abrogada Ley Orgánica de 1971 creamos en este último año y que hoy actúa, con mayor amplitud, como Instituto de Formación Profesional, bajo la Ley de 1977, y el Instituto Nacional de Ciencias Penales, que inició su gestión en 1976.

Hasta ayer supeditados a la noción legal del delito —pese a las tentativas de erigir, con Garofalo y Durkheim, un "delito natural", independiente del tiempo y del espacio, por sobre las leyes, informándolas en cuanto tienen de radicales y definitivas—, los criminólogos contemporáneos despliegan ya otros conceptos, que en esta obra y en otras de su tiempo a menudo se manejan, yendo de la mano de la sociología hacia ideas más actuales y penetrantes, que permiten la adquisición, a lo largo y profundo, de un horizonte más comprensivo y auténtico de lo que ahora creemos antisocial, no solamente delictivo: desviación, marginalidad, anomía, e inlusive disidencia, son cuestiones que importan al criminólogo más allá de la descripción formal —y anodina, incolora— del delito.

La precisión en estos puntos, la certeza de lo histórico y lo contingente, de cuanto hay de oscilante y variable, y cuanto existe de permanente, guiarán hasta la teoría de las "cuotas mínimas" de la criminalidad que exploraron los positivistas, y hacia el concepto del "delincuente residual", y luego conferirán racionalidad —si fuese posible— a la pena, sentido a la prisión —donde cunde el desencanto, que Szabó recuerda, por los propósitos de la readaptación; que se agota en paradojas: recluir para liberar (!)— e impulso a la tensión de descriminalizar (la sumisión de los tipos penales a su menos numerosa y más estrecha dimensión) y despenalizar (la reducción y transformación de la calidad y cantidad de las penas).

Szabó expone con hondura la confrontación moderna de escuelas: ajustadas unas al modelo social del consenso; otras, al del conflicto. De aquí surgen, o a este punto llegan, las solicitaciones: sea el criminólogo "neutral", sea el "comprometido". Destaca la crisis de conciencia del intelectual, y en especial la del criminólogo, obligado a encontrarse en el extremo más apremiante y dramático del control social, y a recibir o enjuiciar, en su turno, los datos de un orden jurídico y de un sistema de justicia atravesados —el nuevo significado de la delincuencia política es un caso aleccionador y limítrofe— por consideraciones políticas, que mueven a resolverlos como el método más detallado y complejo de la opresión y la discriminación.

Cierto que la criminología posee un ímpetu pragmático. Éste se halla en el cuidado de sus creadores. Si *De los delitos y de las penas*, de Beccaria, fue un alegato en favor de los derechos humanos —que entonces, y sólo entonces, hacían su primera incursión exitosa en la praxis política y constitucional, por contraste con las facultades aristocráticas del derecho cartulario— y contra los poderes absolutos del soberano, los *Nuevos horizontes*, de Ferri, lo fueron a favor de la defensa social y frente a la corriente ética, autonomista, del comportamiento: quiso —quisieron— producir un *nuevo derecho* a partir de los "hallazgos" de la etiología criminal. Igual pretensión tiene la criminología contemporánea, que por esto se halla en la base —de ahí nombre y perspectiva de la obra de Szabó— de la política de lo criminal.

Bien sostuvo von Liszt, uno de los clásicos aquí, que el conocimiento de la pena conduce a una zona externa al derecho: esto es, a su fuente y a su designio; o bien: al origen y al porvenir. De ahí que el penalista haya de ser, si de veras es aquello, otra cosa además: un criminólogo y un político de la defensa social. De otra suerte frustraría su empeño, atrapado por la dogmática. La criminología, pues, instruirá los desarrollos de la justicia, donde la última, irrebasable frontera, mira hacia el recinto de los derechos humanos, y de ahí se deducirán los regímenes de la prevención, la persecución y el tratamiento.

Para los criminólogos de lengua española, esta exposición oportuna y vigorosa de Szabó podrá constituir un estímulo eficiente: a proseguir, sin perder, fuera, incitaciones, relaciones y sugerencias, la construcción de una criminología propia, nacional; y luego, posiblemente, la de una latinoamericana. El mismo Szabó sostiene que aún es la criminología, pese a los progresos habidos en muchos años, una disciplina sobre todo nacional, y presenta su obra como un instrumento para propiciar el diálogo entre "criminologías" y contribuir, de este modo, a la edificación, por fin, de "la criminología".

SERGIO GARCÍA RAMÍREZ,
del Instituto Nacional de Ciencias Penales

INTRODUCCIÓN

Después de treinta años de paz —a decir verdad, muy relativa— la última cuarta parte del siglo XX constituirá en no pocos aspectos un período muy señalado para los historiadores de los movimientos sociales. La variante occidental de la revolución cultural al final de los años sesenta contribuyó a una "redistribución de las cartas" entre los "jugadores" de la escena intelectual y política. La significación de muchos hechos, teorías y políticas ha cambiado súbitamente de sentido. Curiosidades, entusiasmos, anatemas y fanatismos han cambiado asimismo de objeto. Para el observador al margen, que examine la escena desde el punto de vista de Sirio, debe tratarse de un espectáculo instructivo, sorprendente y a veces incluso hilarante o desconsolador.

Vamos a ilustrar esta observación a propósito de la criminología y de las políticas que inspira actualmente. Durante un siglo, más o menos entre 1870 y 1970, los "criminólogos", es decir los médicos, los sociólogos y los penalistas progresistas, escrutaron la naturaleza de la delincuencia, que para ellos era resultado de las tendencias criminógenas del hombre, de las particularidades de la organización socioeconómica y política y de las normas consagradas por el sistema jurídico en vigor. Impregnados de la ética "terapéutica" de los reformadores sociales, proponían transformaciones sociales y judiciales cuyas consecuencias podían ser un mejoramiento moral del hombre. Ya se tratara del utilitarismo de la "comisión para la higiene social" animado por los Rockefeller en Nueva York, el moralismo del *welfare state* de los fabianistas en Inglaterra o del movimiento de "defensa social" en Italia y Francia, era impugnado el enfoque individualista y punitivo del problema criminal. Pero ante nuestros ojos se manifiesta el resurgimiento del espíritu punitivo, el retoñar de las medidas terapéuticas individuales y sociales, un escepticismo flagrante ante la capacidad que el hombre o la sociedad tendrían de "cambiar", de "rehabilitarse". Asistimos a la extinción de la esperanza en el corazón de los hombres, sobre todo de los que están del lado de "los buenos" en los tribunales [Plattner, 1976].

Aumenta además la desconfianza respecto de la justicia como una de las funciones del estado. Se recusa su pretensión de expresar el bien público. Este estado de ánimo proyecta sobre la criminología como sobre los criminólogos la sospecha de que sean cómplices o ejecutores de condenas pronunciadas por potencias ocultas y dominadoras. El libro de Michel Foucault [1975] en Francia, el de Jessica Mitford [1973] en Estados Unidos, dan testimonio de esta crítica radical, que denuncia los postulados en que se fundaba la acción de los "criminólogos", investigadores y prácticos, desde hace 100 años. A esta crítica procedente de la "izquierda" se añade la reafirmación de los principios clásicos en que se basa desde siempre el edificio intelectual del derecho penal. Ernest van der Haag [1975] y James Q. Wilson [1975] en los Estados Unidos y la inmensa mayoría de los penalistas europeos se hacen eco de ello en publicaciones muy sonadas.

En tal contexto se presenta este libro. Se trata sin lugar a dudas de una reflexión comprometida, en función de cierto número de postulados que irán siendo aclarados. Estos textos proceden también de una experiencia específica: la constitución de la criminología como ciencia social en las universidades y aplicada a la política de lo criminal dentro del marco de una democracia liberal. Siempre marginal en relación con las demás ciencias de la sociedad y la política, la criminología tuvo al fin carta de ciudadanía. La prevención de los delitos y la reforma del sistema de administración de la justicia estaban a la orden del día.

Para bien o para mal, los criminólogos y la criminología se encontraron en las controversias que agitaron los debates científicos y políticos de los últimos años. Por eso esta obra quiere ser al mismo tiempo el testimonio de una época y sobre todo de una concepción de la criminología que Jean Pinatel [1975] ha calificado de "organizacional". El presente libro es, pues, la reflexión de un criminólogo dedicado a la práctica cotidiana de su oficio. Tratándose de un sociólogo, este oficio se aplica a estructuras, a las organizaciones y a las políticas. No tiene que ver con la acción clínica, o sea la intervención del criminólogo acerca del delincuente.

El lector europeo notará la influencia del contexto norteamericano en las ideas, tanto teóricas como prácticas, del autor. No es posible desprender las reflexiones de una coyuntura histórica, económica y social precisa. A pesar de los progresos realizados desde hace diez años, la criminología sigue siendo en gran parte una disciplina "nacional". No sólo el contexto jurídico particular lleva al criminólogo a razonar en función de situaciones específicas sino que las tradiciones históricas y culturales desempeñan también un papel determinante en el modo de plantearse los problemas.

A todo lo largo de estos capítulos hemos tratado de hacer referencia a tantas experiencias "transculturales" como fue posible. Investigador desde hace unos años de criminología comparada, he sido particularmente sensible a la necesidad de franquear las fronteras lingüísticas y sociopolíticas. Comprendo sin embargo, y el lector conmigo, hasta qué punto los escritos llevan la huella de la limitada experiencia de su autor.

Por otra parte, en el Congreso Francés de Criminología celebrado en Burdeos en 1967 señalábamos ya el paralelo entre las formas de la criminalidad predominantes en América del Norte y las que invaden cada vez más a Europa. M. Pinatel, en su *Société criminogène* [1971] ha insistido después en el mismo punto. Puede añadirse que la consolidación económica y política de los países de Europa oriental hace aparecer igualmente cierta "normalización" de la criminalidad en esa parte del mundo. No es que presente semejanzas mayores con nuestra criminalidad. Pero se comprende, gracias al considerable desarrollo de las investigaciones criminológicas en los países socialistas [M. Vermes, 1971; y S. Walczak, 1972], que esas sociedades deben confrontar fenómenos de extravío, de delincuencia no desdeñables. Sus esfuerzos de política de lo criminal, orientados a añadir la reacción social y judicial a las formas cambiantes y al volumen acrecido de la criminalidad, presentan un interés considerable.

Este lento proceso de unificación de la ciencia criminológica, tanto en el nivel de la integración multidisciplinaria como en el de la política en materia criminal, permite augurar mucho de bueno para el porvenir de la criminología, que consolidará sus posiciones en un diálogo constante con las demás ciencias del hombre y de la sociedad. La política en materia criminal, su complemento natural, precisará sus posiciones y creará sus estrategias dentro del marco general de la política social y de las ciencias políticas.

Este libro, de autor canadiense, se presentó en una nueva colección criminológica francesa cuyo primer volumen era obra de un psiquiatra. Me gustaría ver ahí el símbolo de la apertura de la criminología de lengua francesa al mismo tiempo hacia la interdisciplinariedad y hacia la comunidad de lengua de los países francófonos. Al facilitar el diálogo entre "criminologías" esperamos contribuir a la edificación de la criminología.

PRIMERA PARTE

¿QUIÉNES SON LOS CRIMINALES Y QUÉ ES LA CRIMINOLOGÍA?

1. ENFOQUE DEL COMPORTAMIENTO DELINCUENTE

La imagen del hombre criminal, como la del hombre lobo u otros seres maléficos, ronda por el subconsciente de los humanos desde tiempo inmemorial. Esta imagen evoca en nosotros una ambivalencia fundamental. El miedo, y aun el terror, se mezcla, con cierta familiaridad, con un inconfesable sentimiento de connivencia. ¿Por qué esta ambivalencia? Es porque el criminal está esencialmente fuera de nosotros; nos amenaza en nuestra integridad corporal y en nuestro bienestar material. Pero también está, paradójicamente, en nosotros. Somos capaces de comprender y aun de ejecutar todas esas acciones cuyo relato llena de horror y repulsión nuestro corazón y nuestra mente.

Estos sentimientos contradictorios que evocamos señalan las definiciones del hombre criminal y hacen de su conducta un hecho problemático, es decir un hecho rebelde a definiciones y evaluaciones simples y unívocas.

En toda definición deben tomarse en cuenta los caracteres objetivos y subjetivos del crimen y del criminal. Esta dificultad, o sea la relación entre hechos ajenos a nuestra conciencia, luego susceptibles de aprehensión a la manera de las ciencias exactas, y los hechos que no obtienen su significación sino de nuestros propios juicios de valor, son los que hacen de la criminología, ciencia de tales fenómenos, una ciencia al mismo tiempo fascinante y desalentadora. Fascinante, porque el recurso a los métodos de observación y de análisis científico, cercanos a los de las ciencias de la naturaleza, permiten una exploración del fenómeno criminal, del acto, del hombre y de su medio ambiente social. Una historia natural estilo Linneo está perfectamente al alcance del criminólogo, miembro de la familia de los que cultivan las ciencias humanas.

Pero es también una disciplina desalentadora porque los valores morales y las opciones sociales a partir de las cuales la ley define el crimen son variables en el tiempo y el espacio. En particular, esta definición es tributaria de las relaciones de fuerzas, del ejercicio del poder político, que siguen más bien reglas de arte que de ciencia.

Las querellas en torno a la definición del vicio y de la virtud, de la finalidad y de la motivación del acto, del determinismo y de la libertad del hombre, son todas centrales con relación a las interrogantes fundamentales de la criminología.

En esto la criminología se asemeja a la ciencia política. Las "leyes" de estas ciencias son todavía más difíciles de determinar que las de las ciencias del hombre. Hay incluso quienes piensan que se trata de una "ciencia de lo particular, o sea que no es una ciencia en realidad.

No optaremos por ninguna solución que pretenda resolver estas dificultades y aun estas contradicciones. Indiquemos sólo a título de aviso y advertencia que tratamos de una materia muy friable, de una realidad llena de rasgos contradictorios para la lógica del hombre de ciencia. Hablaremos, dicho de otro modo, de un problema en que el reto para el investigador científico, para el hombre de acción o el político, sigue pleno de misterios y trampas. Lo único que nos proponemos hacer con estas reflexiones es contribuir con algunos esclarecimientos.

¿Quiénes son los criminales? He aquí el tema de nuestras primeras consideraciones. El arquetipo del delincuente es Caín: asesino de su hermano, lleva la marca de la infamia de su acto. La marca de Caín es el paso al acto: de las ganas, de la pulsión de tentar contra la integridad material y física del otro, pasa efectivamente a la acción. Y mata. El examen del caso de Caín constituye la primera diligencia del criminólogo y plantea varias cuestiones, y en diversos niveles. Ante todo, el de los juristas. Para ellos, es preciso que el acto sea consecuencia de una voluntad deliberada. El loco, el psicópata, es irresponsable. Es un enfermo y no puede ser criminal. Es preciso también que el acto contravenga a una regla claramente establecida: la que protege la integridad física del prójimo. Si Abel hubiera amenazado a Caín, éste hubiera podido alegar el principio de la legítima defensa. Tenía un motivo: los celos, la envidia.

Los rasgos de Caín, hereditarios o adquiridos, ¿son diferentes de los de Abel? Su patrimonio genético, su anatomía, ¿son iguales que los de su hermano? Éstas son las preguntas que se hará el biólogo. Su personalidad, su carácter, ¿son diferentes, se presentan bajo otros aspectos? ¿Será lo contrario de su hermano, aunque procedan de la misma familia, conocieran la sonrisa de la misma madre y la autoridad del mismo padre? Tales serán las preguntas que se hará el psicólogo. El medio social, la pertenencia profesional de la familia, su posición en las clases sociales, el clima físico y moral de su medio de vida, su cultura, todo ello será objeto de la curiosidad del sociólogo. Y finalmente, el estado, la organización política, el régimen socioeconómico cuyas manifestaciones rodean la vida de cada quien, son otros tantos ángulos desde donde considerar el acto humano.

Los estímulos de orden económico están íntimamente mezclados con las muchas motivaciones de la acción de los hombres, y el poder judicial es una de las funciones del poder público. Ahí entran en juego los problemas del politólogo, que considerará a Caín en el contexto de la organización política de la época. Finalmente, ¿constituye la vida de Abel un valor absoluto? ¿No explican su felicidad y sus éxitos la envidia de Caín? ¿La exhibición de su felicidad no era ostentativa? ¿Estaba justificada esa felicidad superior a la de su hermano? El moralista también tiene algo que decir a propósito del criminal.

Tratemos de examinar los problemas que plantean esos diversos puntos de vista.

EL PUNTO DE VISTA JURÍDICO

La materialidad del hecho criminal, debidamente comprobada y castigada según reglas precisas, basta por sí sola para calificar de criminal a un individuo. Aquel cuyo acto escapa a la sanción penal no es un delincuente para la ley. Ahora bien, además de no aplicarse sino en ciertas circunstancias, la sanción penal varía también según el tiempo y el espacio. En algunas sociedades, los valores religiosos, la organización familiar, patrilineal o matrilineal, son objeto de la protección penal. En otras sociedades, la protegida es la propiedad privada; y en otras, la ley defiende la propiedad colectiva. Algunos, como el italiano Garofalo, han tratado de distinguir a quienes violan los sentimientos rudimentarios de piedad y probidad de quienes atentan a sentimientos susceptibles de cambiar. Estos últimos están ligados a las costumbres, como el pudor, el honor, el sentimiento religioso, etc. Los primeros, llamados delitos naturales, se hallarían por doquier; los segundos, delitos convencionales, serían variables.

Como ha observado Durkheim, es la vivacidad de la reacción social la que determina lo que será considerado un crimen. Tiene un doble origen: la indignación moral y el miedo. En las sociedades arcaicas, los criminales más peligrosos fueron los que violaban los valores colectivos del grupo, en particular los que afectaban a la religión y a la seguridad del grupo, lo que hoy llamaríamos la seguridad del estado.

Los atentados contra la autoridad y las reglas en el seno de la familia, del grupo de parentesco o de la comunidad local, constituyen una segunda categoría de delitos. En el interior de estos grupos restringidos, son los sentimientos individuales los afectados, relativos a la integridad de las personas (homicidio, atentado a las reputaciones) y a la propiedad de los bienes (robos, fraudes, extorsiones).

El umbral de la sanción penal variará en función de la vivacidad de la indignación moral. El grado de ésta depende en gran parte de la opinión de la población acerca de la eficacia de los órganos de protección social, como la policía. En suma, para el jurista es criminal aquel que se hace culpable de un acto sancionado penalmente en estado de ejercicio efectivo de responsabilidad moral.

EL PUNTO DE VISTA BIOLÓGICO

¿Hay un sustrato orgánico de la conducta criminal? Tal es la cuestión que se han planteado desde los comienzos de la criminología médicos, biólogos y genetistas. La incapacidad de distinguir el bien del mal, el concepto de "irresponsabilidad" de los juristas, el de "psicopatía" de los psiquiatras, ¿hunden sus raíces hasta en el cuerpo del hombre? Recordamos a Lombroso y sus discípulos, con su teoría del criminal nato. Se basaba ésta en toda una serie de observaciones y mensuraciones que tendían a demostrar que los criminales por costumbre (que oponían a los delincuentes ocasionales) pertenecían a una especie subhumana del *homo sapiens*. La especificidad fisiológica de estos subhombres llegaba hasta los particularismos lingüísticos, como el *argot*. Estas teorías no han resistido a exámenes más profundos. Pero el avance de las investigaciones ha señalado relaciones entre la encefalitis epidémica que provoca una lesión anatómica y los trastornos del carácter, que podrían predisponer a una conducta antisocial. Algunos criminólogos contemporáneos, como Benigno di Tullio, de Roma, piensan que hay en los delincuentes (debemos entender siempre delincuentes por costumbre), alteraciones funcionales del diencéfalo. Entre un grupo de asesinos examinados por radiografía, casi la mitad presentan lesiones óseas de la bóveda craneana. La frecuencia de la enuresis entre los jóvenes inadaptados crónicos, asociada a la encefalitis endémica, contribuye también a la hipótesis de la existencia de una encefalosis criminógena.

En lo tocante a los aspectos anatómicos y fisiológicos, las mediciones efectuadas en las poblaciones delincuentes y no delincuentes no fueron nada concluyentes. Las biotipologías, que estuvieron muy de moda en la primera mitad de nuestro siglo, tampoco fueron muy fecundas. La tipología de Kretschmer establece cuatro tipos. Primeramente, el tipo picnicomorfo ciclotímico. Se halla menos de este tipo en la población criminal que en la general... Su delincuencia es particularmente astuta y tardía (fraude y estafa). Algunos se vuelven criminales por un sentimiento irreprimible, a consecuencia de un acceso de cólera o de depresión. El tipo leptomorfo esquizotímico está "sobrerrepresentado" entre los criminales. Su delincuencia precoz es duradera. Se entregan menos a la violencia que al robo, los abusos de confianza y los fraudes. El tipo atletomorfo-epileptoide se caracteriza por una delincuencia brutal: asesinatos, robos a mano armada, incendios voluntarios. La tasa de reincidencia sigue siendo elevada aquí incluso entre los delincuentes de edad relativamente avanzada. Finalmente, el tipo displástico está representado por retrasados tanto en el desarrollo físico como en el psíquico y en el delincuencial. En este tipo se halla una elevada proporción de débiles mentales. Su delincuencia se concentra sobre todo en el grupo de edad de 18 a 20 años. Se hallan entre los reincidentes peligrosos, por inesperados e imprevisibles. William Sheldon ha elaborado también una biotipología que revela algunas variaciones en la proporción de los delincuentes y los no delincuentes pertenecientes a los diversos tipos. Anotemos a título informativo que algunos autores han elaborado tipologías endocrinas que tuvieron su momento de popularidad en los años treinta. Estas tipologías toman en consideración la glándula tiroides, el timo, las suprarrenales y las gónadas.

La gran complejidad de las interrelaciones entre las diversas componentes del sustrato orgánico, las inferencias aventuradas entre ese sustrato y la conducta humana constituyen una dificultad todavía no resuelta en la investigación científica contemporánea. Los progresos de nuestros conocimientos son tributarios de las investigaciones realizadas en las ciencias fundamentales, y los de la biología molecular y la neuropsicología parecen de los más prometedores.

EL PUNTO DE VISTA PSICOLÓGICO

Si no se nace criminal, si el sustrato orgánico no da la clave de la criminogénesis, ¿cuáles son las hipótesis que nos propone la psicología? Para el criminólogo belga Étienne de Greeff, la psicología del hombre criminal es el fruto de un lento proceso de conversión. Normal al principio, el hombre que se vuelve criminal se asquea de la existencia tal y como se le presenta. Ante la injusticia del mundo, renuncia a aplicar las reglas acostumbradas de "buena conducta". Ya no está dispuesto a sublimar algunas de sus impulsiones elementales. Acaba por desinteresarse de su propia suerte, como ocurre en algunos crímenes pasionales. El fracaso de sus experiencias sociales le lleva al desánimo. En el curso de este lento proceso de desobligación social, la personalidad se transforma imperceptiblemente. La tentación de cometer una agresión ya no parece "inimaginable" y recibe cierto asentimiento; formulado éste, el futuro criminal juzga y condena a sus posibles víctimas. Buscará compañeros, escogerá un medio que acepte esta nueva imagen que se forma en él, este nuevo medio le sostendrá en su convicción de volverse un agresor, de aliviarse de esta tensión acumulada, pasando a la acción. Porque es exactamente ese paso al acto el que distinguirá psicológicamente al criminal del que no lo es.

En el pensamiento de De Greeff se apoya Pinatel para formular la definición de la personalidad criminal, formada por un núcleo central y variantes. El núcleo central engloba el egocentrismo, la labilidad, la agresividad y la indiferencia afectiva. Las variantes consisten en actividades relativas a las aptitudes físicas, intelectuales, técnicas, a las necesidades nutricionales y sexuales. El núcleo central es el que rige el paso al acto. Da la fórmula de la capacidad criminal que sirve de base a las condiciones generales del paso al acto. Los rasgos agrupados en el núcleo central intervienen de un modo preciso en el proceso del acto grave, de un modo más complejo en el proceso de maduración criminal y de un modo condensado en el proceso del acto súbito o irreflexivo.

En lo que concierne a las variantes de la personalidad criminal, son asociadas y modifican las modalidades de ejecución del acto. En relación con el paso al acto mismo, son neutras. Pueden aclarar la dirección general y la motivación de la conducta criminal.

La aportación de Freud fue importante en la psicología criminal. Las fuerzas instintivas del "ello" controladas por el "yo", las experiencias sucesivas en el seno del grupo producen en el niño la estructuración de una conciencia moral llamada el "superyó". Lleva la marca del recuerdo del "padre", que evoca el principio del "bien" y del "mal". La mala resolución del conflicto de Edipo será la que caracterice al delincuente. El sentimiento de culpabilidad resultante pide, en su inconsciente, el castigo. Muchos crímenes del adulto se explican, según Freud, por el deseo inconsciente de ser castigado.

La moral social se interioriza en el niño y lo liga así a los grupos, más allá del medio familiar inmediato. Si la personalidad criminal está muy cerca de las primeras fases de socialización del niño, es que presenta insuficiencias del "superyó". Recordemos que las características y la dinámica del "superyó" aseguran una articulación y un ajuste con los otros miembros de la sociedad. Pero precisamente en los criminales, el "superyó" no funciona de un modo satisfactorio. Según algunos psicoanalistas, las relaciones interpersonales son vividas como en la agresión sadomasoquista. El criminal es víctima de tensiones inconscientes entre sus instintos mal controlados, sublimados, y las reglas que imponen las relaciones interpersonales de la vida en grupo, en sociedad. El crimen se presenta como sintomático de un desequilibrio profundo.

La interpretación freudiana del hombre criminal tiene muchas variantes. En realidad, hay tantas como escuelas de pensamiento desprendidas del fundador de la escuela. Pero permanece una constante: la capacidad de pasar al acto (prohibido), que lo diferencia de los demás hombres. Analizar las condiciones en que se efectúan esos pasos al acto, condiciones ligadas a tipos de personalidad, a géneros de delitos y a situaciones específicas, es la ardua tarea de la criminología psicológica.

Concepciones antropológicas recientes integran, de manera satisfactoria, la contribución histórica de las ciencias biológicas y psicológicas a la explicación del hombre. Aparecen cuatro polos sistemáticamente complementarios, competidores y antagónicos: el sistema genético (código genético), el cerebro (epicentro fenotípico), el sistema sociocultural (concebido a su vez como sistema fenomenal generativo), el ecosistema (en su carácter local de nicho ecológico y en su carácter global de medio ambiente) [Morin, 1973, p. 214].

Cada uno de estos sistemas coorganiza y codirige el conjunto. El ecosistema controla el código genético (la selección natural que considera como un aspecto de la integración natural compleja), coorganiza y controla el cerebro y la sociedad. El sistema genético produce y controla el cerebro, condiciona la sociedad y el desarrollo de la complejidad cultural. El sistema sociocultural actualiza a su vez las competencias y las aptitudes del cerebro, modifica el ecosistema e incluso desempeña su papel en la selección y la evolución genética.

De todos modos, el verdadero centro de esta visión sistemática del hombre es el cerebro. Como dice Masters [1975, p. 29], el comportamiento humano es el producto de la integración en el cerebro humano de una información filogenéticamente seleccionada transmitida por los genes, históricamente seleccionada, transmitida por el lenguaje y los símbolos culturales. El todo es individualmente reforzado y aprendido durante el ciclo de vida.

Ahora bien, el cerebro, que en esta concepción no es sólo una entidad biológica sino que forma parte igualmente de la estructura social, se caracteriza por una concepción triúnica [McLean, 1970]. Se puede considerar que el tronco cerebral es la herencia del cerebro reptilino de los mamíferos (paleocéfalo), el sistema límbico, herencia del estirón del desarrollo cerebral de los primeros mamíferos (mesocéfalo) y el córtex asociativo (neocéfalo), la evolución propia de los mamíferos superiores y los primates, con su coronamiento, la enorme masa neocortical del *homo sapiens.* McLean considera que el paleoencéfalo es la sede de la procreación, de la predación, del instinto de territorialidad, de la gregariedad; el mesoencéfalo sería el de los fenómenos afectivos; el neoencéfalo, finalmente, el de las operaciones lógicas. Estos tres estratos superpuestos se descomponen en muchos subsistemas en estado de interacción recíproca unos con otros. Las interferencias son, pues, muchas y es preciso concebir la triunicidad como tres subsistemas de una máquina policéntrica. Entonces, observa Morin, las interrelaciones débilmente jerarquizadas entre los tres subconjuntos nos permiten ubicar la paradoja de *Sapiens-Demens*; el juego permanente y combinatorio entre la operación lógica, la pulsión afectiva, los instintos vitales elementales, entre la regulación y el desarreglo. Por el lado *Sapiens* están el control y la regulación de la afectividad en el nivel del córtex superior. Por el lado *Demens* está el conjunto triúnico, cuyo dispositivo de regulación es desajustable por el empuje afectivo y cuya motricidad técnica puede estar al servicio de las fuerzas delirantes.

La conclusión interesa directamente a nuestro propósito; porque dado que hay regresión del control genético programado y que el control por el córtex superior es frágil e inestable, la puerta está abierta a la *hybris* (desorden) afectiva, que además puede servirse de la maravillosa máquina lógica para racionalizar, justificar, organizar sus empresas y sus designios. La parte "reptilina" puede a veces incluso llegar al "poder", lo que en algunas circunstancias acarreará catástrofes mortales provocadas por un instinto ciego de conservación. A semejanza de otros casos de cambios bruscos de circunstancias o a pesar de muy grandes aptitudes de adaptación o heurísticas del cerebro hipercomplejo, la gregariedad, el miedo y el furor no sólo inhiben toda solución de adaptación sino que acarrean regresión, fracasos y desastres.

La demencia de los sapiens, apunta Morin, culmina y se desencadena cuando hay simultáneamente ausencia, en el juego pulsional, de los cuatro controles fundamentales: el control del medio ambiente (ecosistema), el control genético, el control cortical y el control sociocultural (que desempeña un papel capital para inhibir la *hybris* y la demencia de los sapiens). El delirio es la conjunción entre, por una parte, la invasión de estas fuerzas pulsionales incontroladas y por la otra, su racionalización y operacionalización en el aparato lógico-organizador y/o por el aparato socio-organizador.

Y así la satisfacción del odio, *hybris* agresiva no controlada genéticamente (a diferencia de la agresividad animal), se racionaliza por la idea de "hacer justicia", de castigar, de eliminar a un ser dañino. Es operacionalizada por técnicas de ejecución y suplicio. Por ejemplo, en el siglo xx, la ciencia y la lógica, tanto como guían a la civilización están al servicio de las fuerzas de muerte. Este "defecto de fabricación" del cerebro humano destacado con horror por Arthur Koestler, que no confirma el poder jerárquico del cerebro cortical sobre los otros dos, asegura por un lado la irrupción en lo vivido de las fuerzas profundas de la afectividad, de los sueños, de las angustias y los deseos.

Esta concepción que acabamos de esbozar renueva la perspectiva del estudio psicológico y biológico del hombre criminal. Por desgracia, la investigación criminológica no ha tomado todavía por su cuenta este nuevo punto de vista. Pero parece haber buenos motivos para pensar que provocarán nuevas investigaciones esos nuevos postulados. El comportamiento humano, considerado como fenómeno biológico, aparece bien presentado en la gráfica que tomamos de Masters [1975, p. 29]. La penetración de esta concepción en las investigaciones por venir contribuirá seguramente a reducir las divergencias artificiales que hoy todavía aparecen en el estudio del comportamiento criminal.

LA CONDUCTA HUMANA COMO FENÓMENO BIOLÓGICO

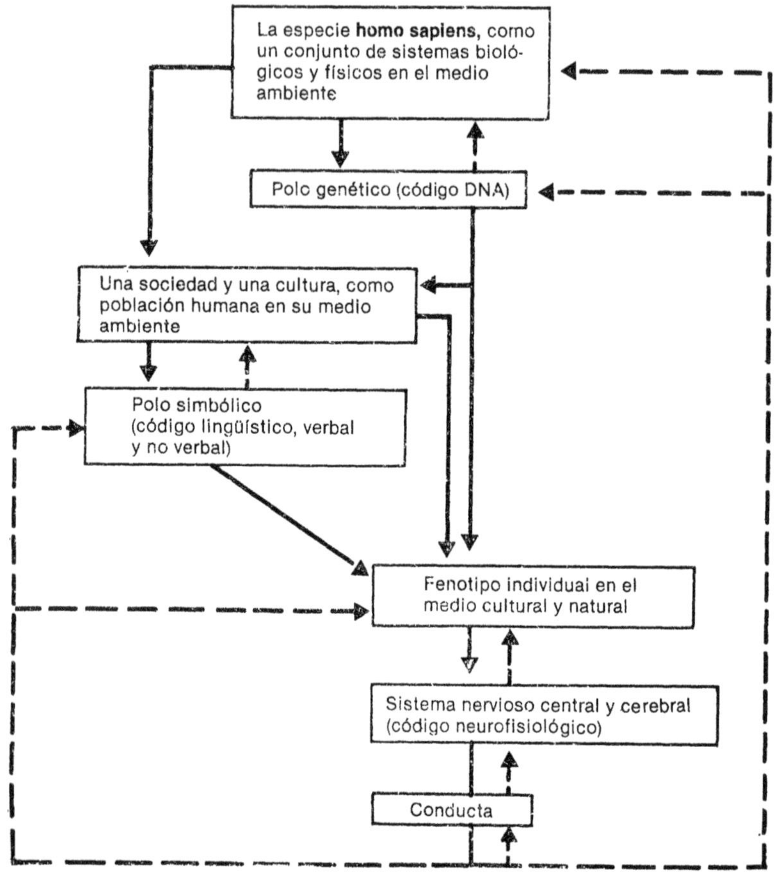

Roger D. Masters, "Politics as a biological phenomenon", en *Information sur les sciences sociales,* 1975, XIV-2, p. 29.

2. ENFOQUE SOCIOPOLÍTICO DE LA DELINCUENCIA

El punto de vista sociológico se manifestó desde el principio de la criminología. En Italia, el discípulo de Lombroso, Enrico Ferri, y en Francia Gabriel Tarde, destacaban la importancia del medio y del aprendizaje o de la imitación en la definición de la criminalidad. En el medio ambiente sociocultural, el sociólogo considera el acto criminal como una respuesta de ciertos individuos a los estímulos modulados por la organización social. Ya sea la familia, el hábitat urbano o rural, el género de vida industrial, pastoral o posindustrial, o el origen étnico, siempre se trata de influencias que se ejercen de un modo selectivo sobre las personas que componen una colectividad. No todos los desempleados son delincuentes, pero buen número de ellos lo fueron, principalmente al iniciarse la industrialización. Algunos distritos urbanos contienen más delincuentes, ciertas profesiones también, y así sucesivamente. Durkheim ha formulado de un modo sumario el enfoque sociológico: el crimen, para él, no es ni una entidad jurídica ni una biopsicológica. Sólo es criminal aquel que la conciencia colectiva de un grupo califica así. Una sociedad dominada por el valor concedido a la propiedad privada definirá como prototipo del criminal al ladrón. Otra que valorice el honor de la familia aprobará el homicidio ligado a la venganza y legitimará la *vendetta*. En las sociedades donde los valores dominantes de la conciencia colectiva alientan las virtudes igualitarias, la jerarquía de los lazos sociales aparecerá como tiránica y será "criminalizada".

Para el sociólogo, el análisis de las características de los "criminales" definidos por la ley no es más que una parte del problema. Verdad es que importa saber que hay más hombres que mujeres, más jóvenes que viejos, más desempleados o analfabetos entre tal o tal otra población de categorías criminales. Pero la cuestión esencial sigue siendo ésta: ¿por qué y en qué condiciones o circunstancias tal conducta es sancionada por la ley y no por las costumbres o no queda en la vasta zona donde se ubican actos penalmente indiferentes? Por ejemplo, los escándalos de corrupción política o financiera pueden presentar la imagen del delincuente de cuello blanco como el enemigo más peligroso de la sociedad. Los jóvenes vándalos y agresores presentados en la película *Naranja mecánica* son los peligrosos productos de un urbanismo deshumanizado y de un modo de vida mecanizado. Lo que se denominó "instinto" e "identificación" en el curso de la socialización por los psicoanalistas, encéfalos, estructuras somatotípica y genética por los biólogos, se llama en este nuevo contexto para el sociólogo valores, normas y comportamientos. Y tratará de definir al hombre criminal a partir de estos puntos cardinales.

El punto de vista sociológico ha padecido transformaciones en el curso de los quince últimos años. Igual que las demás ciencias humanas, la sociología tuvo una crisis que se podría relacionar con tres ángulos, que representarían tres tipos de crítica: el cuestionamiento epistemológico, el metodológico y el político. Veámoslos sucesivamente.

EL CUESTIONAMIENTO EPISTEMOLÓGICO

Las ciencias sociales nacen con los dolores del alumbramiento epistemológico a fines del último siglo. Oscilaban desde entonces entre dos paternidades: la de las ciencias naturales y la de las ciencias del espíritu, tradicionalmente designadas en Francia como ciencias morales. Se trataba en realidad de dos modelos epistemológicos opuestos. El conflicto ha persistido durante toda la historia de las ciencias sociales. En Europa, después de terminar la segunda guerra mundial se puede afirmar que el modelo inspirado en las ciencias naturales adquirió una clara preeminencia, sobre todo debido a la influencia de las ciencias sociales norteamericanas que, de orientación pragmática y positivista, seguían fielmente la analogía entre las ciencias de la naturaleza y las de la cultura. El enfoque funcional-estructural, que tenía sus raíces en el pensamiento de Émile Durkheim y de Vilfredo Pareto, dominaba el campo de la teoría tanto en Europa occidental como América del Norte. Los fenómenos sociales eran considerados "cosas", fenómenos "sui géneris". Los hechos sociales debían ser tratados con métodos derivados de las ciencias de la naturaleza. La analogía entre el organismo biológico humano y la sociedad, su estructura, su organización y su cultura, servía de base más o menos explícitamente, según las escuelas de pensamiento, a la epistemología de las ciencias sociales.

Hacia la mitad de la década de los sesenta se impugna esta hegemonía de la sociología modelada sobre las ciencias de la naturaleza, que se apoyaba en las tradiciones positivistas y dejaba mucho a los procedimientos empíricos. Se denunciaba la ingenuidad epistemológica de su a priori teórico: la analogía entre "naturaleza" y "cultura" fue criticada duramente. Al modelo consensual de las relaciones sociales se opone entonces el modelo conflictual, que considera los agregados sociales como entidades que tienen entre sí relaciones conflictuales en función de intereses antagónicos. En el modelo consensual, la solidaridad de los "órganos" obedece a un mismo principio de organización, sugiere la homeostasis del sistema, cuyos elementos están todos unidos por interacciones sutiles provocadoras de otras tantas retroacciones que modifican el conjunto y contribuyen a su mantenimiento. En el modelo conflictual, los intereses opuestos provocan conflictos entre individuos y grupos sociales. Estos conflictos no se solucionan por el ajuste, la adaptación, la investigación y el establecimiento de un nuevo equilibrio que supere el conflicto, como ocurre con el modelo consensual. Se trata de oposiciones no sólo irreductibles sino procedentes de la naturaleza misma de la organización social que tienen la misión de transformar radicalmente. Todas las relaciones sociales deben apreciarse en función de su contribución y de su significación en estos conflictos, que constituyen instrumentos naturales en el advenimiento de una sociedad más justa, menos alienante, que reconcilie al hombre consigo mismo.

Estos modelos son asimismo dos paradigmas fundamentales en los que se apoyan las interpretaciones sociológicas contemporáneas. En nuestra aceptación del término, el paradigma hace referencia, además de la idea del modelo, a una tradición intelectual que adentra grandemente sus raíces en la historia de las ideas. Según invoque un sociólogo uno u otro paradigma hará referencia a una tradición intelectual o a un cierto modo de analizar e interpretar la realidad social. De hecho, el modelo consensual se refiere a un paradigma que considera la realidad como un dato que se trata de descubrir: el modelo conflictual trata de una "realidad" que es preciso construir. La misma tradición opuesta se manifiesta en lo tocante al ejercicio efectivo del poder, concepto-capitel que corona todo el edificio de la sociedad. La organización social y sus poderes constituyen la clave de la explicación y el objeto primero de los análisis para el modelo consensual. La clase social, definida por la relación de los individuos con la propiedad de los medios de producción, constituye el paradigma contrario. En último análisis, *todo* fenómeno social se explicaría en términos de "conflictos de clase" en el paradigma que da origen al modelo conflictual; mientras que siguiendo el paradigma asociado con el modelo consensual, el conjunto del fenómeno social se explica en términos de interacción, de dominación entre organismos de orden nacional, religioso, étnico, profesional, etcétera...

El sociólogo impregnado por uno u otro de estos paradigmas, advierte fenómenos radicalmente distintos contemplando la misma realidad, como por ejemplo figuras de geometría dispuestas sobre un fondo rayado por trazos multicolores. Unos verían, analizarían e interpretarían figuras geométricas, otros verían sólo colores... [Westhuess, 1976].

Este renovado interés por la epistemología ha reactivado los debates que hicieron furor a la vuelta del siglo. Abrir hoy un libro como el de Sorokin [1926] sobre la historia del pensamiento sociológico es como hojear un libro recientemente publicado; todas estas controversias, sepultadas bajo la producción de una sociología empírica de tres cuartos de siglo, suenan sorprendentemente actuales a nuestros oídos. Observemos de pasada que no es casual el que viejos supervivientes de esta época heroica de las *Methodestreite* hayan recibido un verdadero baño de juventud con este motivo: ¡el septuagenario Marcuse es el mejor ejemplo!

Este debate epistemológico ha reducido la sociología a cuestiones fundamentales de filosofía de las ciencias ya que pocos sociólogos contemporáneos han recibido una formación adecuada o siquiera elemental en este campo. Esta laguna aumenta más todavía la confusión ¡ay! habitual de estos debates.

Se puede afirmar, muy esquemáticamente, que se afrontan dos concepciones del hombre en sus relaciones con el medio: una cuyo representante más eminente fue Rousseau, en el umbral de los tiempos modernos, y otro afín al pensamiento de Burke.

En la primera concepción se postulaba una extrema plasticidad de la naturaleza humana. El buen salvaje ha degenerado, se ha alienado o pervertido (según el vocabulario de una u otra escuela de pensamiento) por la influencia del medio, que comprende tanto la naturaleza física como la sociocultural y espiritual. Por la manipulación del medio ambiente, entendido en términos holistas, se puede preparar el advenimiento del *homo novus,* que es esencialmente un *homo socius.* Frente a esta concepción, que podemos calificar de optimista, se erguía la concepción del hombre cuya naturaleza lleva la mancha del "pecado original", que por la herencia procedente del reino animal domina con su sombra todas las acciones, todos los comportamientos. Éstos se inscriben dentro de límites severos marcados por el organismo biológico, psicológico, que se inscribe en la trama de la evolución del hombre, de origen divina para unos y procedente de los primates superiores para otros.

Esta escuela de pensamiento, que se puede calificar sea de pesimista, sea de realista, se mantiene escéptica ante la capacidad de cambio del hombre. Ve límites estrictos a su plasticidad, ante las influencias del medio. La dotación instintual del hombre, la capacidad innovadora y conservadora del cerebro, no constituyen una suerte de papel blanco en el que puede inscribirse cualquier influencia ejercida por las fuerzas del medio exterior. La condición humana, expresión comodín, significa en la hipótesis del "buen salvaje" la condición que puede cambiar lo humano. Esta misma expresión en boca de los partidarios de la hipótesis que sostiene el principio de una "naturaleza" destaca los límites de su "transformabilidad". Es preciso destacar igualmente la importancia del postulado sobre la igualdad o desigualdad de los hombres, implícito en ambos modelos.

El modelo consensual supone que el hombre afronta la aventura de la vida dotado de un patrimonio biogenético y sociocultural de gran complejidad. Colocado en condiciones históricas precisas, dentro de una estructura socioeconómica dada, el hombre se diferencia gracias al proceso de aprendizaje. Esta diferenciación, basada en su bagaje genético y sociológico específico, le asegura en la sociedad un estatus que será superior o inferior al de quienes llegan con patrimonios diferentes. Esta desigualdad es un hecho fundamental de la condición humana; debe corregirse en cierta proporción y regirse históricamente por el sentimiento de justicia. No puede ni debe ser eliminada por completo.

En el modelo conflictual se postula la igualdad ontológica de los hombres. Por consiguiente, todo cuanto contribuye a la desigualdad observada en una sociedad histórica dada debe ser corregido. Esta corrección no se produce por ajuste "natural" sino que se establece por intermedio de los conflictos, de las confrontaciones, de las revoluciones. El conflicto constituye así, a la vez, un principio de explicación y uno de justificación. El consenso, la capacidad y necesidad de adherirse a un cierto bien común, tiene la misma significación para el modelo consensual.

Estas dos concepciones del hombre, claro está, se traducen en gran número de variantes. La historia de las ideas científicas nos presenta un panorama exhaustivo de ellas. No será sorprendente la comprobación de que orientaron de una manera natural el pensamiento y la teoría sociológicos en direcciones opuestas. La escuela estructural-funcional, todopoderosa entre 1930 y 1960, podía avenirse a una concepción del hombre que no postulaba una plasticidad total frente a las fuerzas socializadoras del medio. La escuela conflictual, tanto en sus variantes marxistas como interaccionistas, se basaba, de modo más natural, en el concepto del hombre cuyas características resultaban sea de una evolución socioeconómica que obedecía a ciertas leyes, sea de un sistema de definiciones y de estigmatizaciones producidas por las élites en el poder.

EL CUESTIONAMIENTO METODOLÓGICO

Las consecuencias metodológicas del recrudecimiento de los debates epistemológicos son notables. Los métodos científicos derivados de las ciencias de la naturaleza y adaptados a los problemas específicos de las ciencias del hombre dominaban la metodología sociológica antes de 1960. Todo debía poderse expresar en indicadores cuantificables, de la tasa de urbanización a la percepción de las normas. Estas variables cuantificadas debían ser sometidas al tratamiento estadístico, amplificado posteriormente por los programas de análisis presentados a la computadora. Las hipótesis debían expresarse en proposiciones empírica y lógicamente verificables, probadas mediante las técnicas apropiadas y que pudieran ser objeto de repetición, de control por otros investigadores. Este carácter acumulativo de los resultados obtenidos por la aplicación del método de observación y experimentación era el verdadero criterio de la calidad científica de las investigaciones. La sociología, de inspiración tanto durkheimiana como paretiana, se basaba en la aceptación de los métodos objetivos, positivos, como las técnicas de investigación por excelencia. Todas las sociologías especiales, las de la familia, de la religión, de la educación, de la ciudad, del trabajo, etc., producían investigaciones cuyas características principales fueron someter a prueba teorías o hipótesis de alcance medio, según dijo Merton, cuyo pensamiento dominaba tanto esta sociología en el plano metodológico como la de Parsons en los planos conceptual y teórico.

El modelo consensual se llevaba muy bien con la metodología de inspiración positivista, y prefería los métodos cuantitativos. El análisis de la interdependencia de los factores, como por ejemplo de los efectos de la movilidad social en la integración familiar, de la percepción del papel de la madre en la adopción de comportamientos específicos en las relaciones entre adolescentes y adultos, etc., era el único que podía aportar conocimientos en cantidad conveniente y de una especificidad "científica" admisible. Era el único modo aceptable de contribuir a una "teoría" de la sociedad. Se tomaban los hechos sociales tales y como eran, y se postulaban la objetividad y la neutralidad del investigador en la colecta de datos y en la interpretación de los resultados. El desapego relativo del investigador respecto de los intereses controvertidos que se afrontaban en el foro era un artículo de fe, proclamado en el capítulo primero de los tratados de metodología. "Conocer cada vez más sobre cuestiones cada vez más restringidas", lema de las ciencias exactas que ha caracterizado ampliamente la metodología positivista, se aplicaba también a las ciencias humanas. Lo demás se calificaba de "literatura", no sin cierto sentido peyorativo.

El modelo conflictual daba la preferencia a la metodología cualitativa. Asignándose la tarea de la redefinición de los datos constitutivos de la realidad social, la traducción de esta realidad en indicadores simplificados no era apropiada para el objetivo de esta teoría sociológica. La tasa de los divorcios, ¿es índice de "desorganización" familiar o refleja más bien el efecto de una nueva forma de relaciones entre los sexos? El aumento de la población en el extrarradio, ¿significa el fracaso de la urbanización o del modo de vida rural? Y se podrían multiplicar los ejemplos. Lo que hay que recordar principalmente es lo dudoso de las funciones positivistas de la interdependencia de las variables que constituyen la organización o la estructura social. La significación de los datos es antes que la precisión (en el sentido cuantitativo), el cambio antes que la estabilidad, lo accesorio adquiere la apariencia de lo posible esencial. La primera cuestión metodológica no será la seguridad dada al mundo en cuanto a la objetividad y la neutralidad propias del quehacer del investigador. Al contrario, se instará a éste a que revele su tendencia. ¿Con quién está? ¿Para quién trabaja?

Redefinir, reconstituir la realidad sociocultural, tal es el mensaje propio de la tendencia fenomenológica [Schutz, 1967]. Una sociología totalmente nueva nacerá en torno a las aspiraciones y las esperanzas de ciertos grupos sociales, de las "masas", como las designan algunos vocabularios, a partir de los valores que se crean en contra de los que constituyen la base de la organización social actual. La metodología de las ciencias humanas debe entonces captar ese potencial de cambio, esas aspiraciones de "autenticidad" de los hombres cuya "verdadera" naturaleza es cruelmente alienada, penalizada por el dogal de las instituciones sociales existentes.

Una metodología muy cercana a la teoría, que haga mucho uso de observaciones participantes y produzca obras de carácter literario, tal es la imagen que nos ofrecen la mayoría de los trabajos que, de cerca o de lejos, se pueden relacionar con el modelo conflictual. Gracias a los recursos de esta metodología, el sociólogo plantea problemas más que proponer soluciones. Si el ingeniero social, vecino del economista, fue el modelo de inspiración de muchos sociólogos "positivistas", es el crítico social el que seduce a los partidarios de muchas metodologías "cualitativas". Observemos de paso que el marxismo se acerca a uno u otro modelo según ejerzan o no el poder los partidos marxistas-leninistas. Como dijo acertadamente Raymond Aron, los unos se creen los consejeros del príncipe y los otros los confidentes de la providencia.

Las ciencias sociales nunca estuvieron "desprendidas" del contexto político. El progreso de las ciencias exactas corría parejas con la afirmación del libre examen por la mente de todos los "secretos" de la naturaleza. Este principio se oponía, a veces con violencia, a las filosofías, que solían ser de inspiración religiosa, tendientes a limitar la total libertad de investigación. Las ciencias humanas nacientes se enfrentaban en el camino de su progreso a las mismas oposiciones del orden establecido. La simple revelación de la realidad social tal y como es, contraria a las afirmaciones de las ideologías dominantes, constituía una impugnación de la organización social y a veces del poder del momento. Se puede afirmar que ciencias como las sociales eran en su origen de "izquierda" en la medida en que se asimila a la "derecha" con el respeto de la tradición y la "izquierda" con el cuestionamiento de la misma. Pero muy pronto en las dos tradiciones científicas, la de las ciencias de la naturaleza y la de las ciencias de la cultura, como prefería llamarlas Dilthey, las aplicaciones posibles de los resultados de la investigación crearon escuelas de pensamiento múltiples en cuanto a su alcance "político".

Los sabios que estaban dedicados a las ciencias fundamentales fueron los que conservaron más fácilmente cierta distancia respecto de los poderes políticos, industriales, económicos, comerciales, etc., que explotaban en beneficio propio los resultados de las investigaciones científicas. Para algunos, estos resultados no eran en sí buenos ni malos, y era *el uso* que de ellos se hacía el que planteaba un problema "moral". Otros sabios, cada vez en mayor número, se preocupaban por la función social de la ciencia y planteaban al comienzo mismo de una investigación el problema del posible uso de los resultados obtenidos.

Si retornamos ahora a la perspectiva de nuestros dos modelos, podemos anotar diferencias significativas. En el *modelo consensual*, la preocupación relativa al alcance político de la investigación es mediatizada por el principio metodológico de la "neutralidad" relativa del investigador frente a la acción. De donde se desprende que el acto de la investigación y el acto de la aplicación de los resultados de las investigaciones con vistas a la realización de un objetivo político constituirán, en esta perspectiva, dos cosas completamente diferentes.

Esto no quiere decir que muchos investigadores que trabajan siguiendo la tradición "positivista" no se consideren políticamente comprometidos. Pero la mayoría negarán el lazo de unión completamente directo entre la investigación, su concepción, su desarrollo, su realización y la intervención política precisa. Esto va en contra de la opinión de la inmensa mayoría de los partidarios del *modelo conflictual*: para ellos, definir un sujeto es ya tomar partido en un conflicto que opone a los que están del lado "bueno" o del "malo" de los poderes actuales [Benoît Verhaegen, 1974].

EL CUESTIONAMIENTO POLÍTICO

El punto de vista político está bastante cerca del de el sociólogo, aunque su importancia no siempre haya sido reconocida claramente. En efecto, la distinción entre delincuente de derecho común y delincuente "político" se ha ido borrando durante el siglo XX. El proceso se aceleró incluso después de la segunda guerra mundial en reacción contra los regímenes totalitarios que perseguían a sus adversarios "politizando" el proceso penal. Sin embargo, en el curso de los años sesenta, principalmente en Estados Unidos, una impugnación del régimen político vigente suscitó en criminología una crítica política radical, que hacía dimanar del principio mismo de la organización socioeconómica del capitalismo occidental la criminalidad tradicionalmente calificada de derecho común. Los apasionados debates que suscitó en Francia el caso de Pierre Goldman y en Estados Unidos el de Angela Davis dan fe de ello. En cuanto se impugna la legitimidad del estado y el uso que hace de la sanción penal, cuyo monopolio tiene, se ve claramente que la justicia desempeña un papel político. La discriminación en detrimento o en favor de ciertas categorías de individuos contribuye mucho a la definición del criminal por las leyes y los órganos de la justicia. ¿Por qué ha de figurar el pequeño defraudador o ladrón como imagen del criminal? ¿No sería más justo ver ahí al presidente de la República, a los senadores, a los hombres de negocios, a los funcionarios, a los dilapidadores de fondos públicos, a los burgueses que defraudan en sus declaraciones al fisco, etc.? Es en este debate donde aparece de capital importancia la contribución de la ciencia política.

En ciencia política se hallarán los dos modelos, el consensual y el conflictual, tales y como quedan descritos. Al concentrarse la ciencia política en el estudio del poder y de su otorgación, la perspectiva conflictual de la doctrina marxista se aplica a ello de modo muy particular. En efecto, el modelo conflictual se caracteriza especialmente por el papel decisivo que atribuye al poder en la explicación de la conducta criminal. No es más que uno de los factores de la etiología, junto con la biología, la psicología, la economía política, etc. El análisis del poder constituye la clave del modelo conflictual. Los detentadores del poder ejercen su facultad de control en beneficio propio y en detrimento de las clases dominadas. La estructura del capitalismo, que divide la sociedad entre los que poseen los medios de producción y los que sólo tienen su fuerza de trabajo, crea un conflicto, cuyo resultado es la criminalidad [W. Chambliss, 1975]. La contradicción consiste principalmente en la creación sistemática de las necesidades de los asalariados mediante la publicidad por una parte, sin asegurar por la otra los medios materiales para satisfacerlas. El mantenimiento de una clase obrera embrutecida por el trabajo monótono y explotada en lo salarial es la garantía de un sistema cuyo objetivo es el aumento a toda costa de las ganancias. Los inevitables conflictos entre los "poseedores" y los "desposeídos" crea una situación donde la criminalidad se vuelve endémica.

El paradigma marxista, formulado por Chambliss, se lee, pues, del modo siguiente: [p. 152]

a] en cuanto al contenido y el funcionamiento del derecho penal,

☐ algunos actos son calificados de criminales en interés de la clase dirigente;

☐ los que pertenecen a las clases dirigentes podrán violar a voluntad las leyes, mientras que las clases dirigidas estarán sujetas a sanción;

☐ a medida que avanza la industrialización, la brecha entre las clases se ensancha; el derecho penal tendrá por función, en estas condiciones, someter por la violencia al proletariado a los intereses de la burguesía.

b] En lo tocante a las consecuencias de la criminalidad para la sociedad,

☐ el crimen reduce la mano de obra excedente al crear un empleo no sólo para los criminales sino también para los que trabajan en la administración de la justicia;

☐ el crimen distrae la atención del proletariado de la explotación de que es víctima y la orienta hacia sujetos de su propia clase (los criminales) en lugar de orientarla hacia las manipulaciones de la clase capitalista;

☐ el crimen sólo tiene realidad como efecto de una acción de los poseedores, cuyos intereses son servidos de ese modo.

c] En lo tocante a la etiología de la conducta criminal,

☐ la conducta humana, ya sea delincuente o no delincuente, es racional y conforme a la posición que el individuo ocupa en la estructura de clase de la sociedad;

☐ el crimen varía de una sociedad a otra según la estructura económica y política de ésta;

☐ las sociedades socialistas deberían tener un índice de criminalidad más reducido que las demás sociedades, dada la menor intensidad de la lucha de clases.

La contribución de la ciencia política es particularmente importante en el análisis del sistema de la administración de la justicia como organización burocrática. Esta burocracia, cuyo origen y función serán percibidos de modo distinto según los dos paradigmas de interpretación mencionados, filtra la percepción y el tratamiento de la criminalidad. El estudio de las instituciones y los agentes del control sociojudicial, policía y policías, magistratura y magistrados, cárceles y carceleros, etc. compete habitualmente a las técnicas de análisis propias de la ciencia política y de la sociología de las organizaciones. El cuadro siguiente indica a manera de ejemplo en qué consiste y a qué se aplica la actividad arriba mencionada.

¿Qué conclusión se impone? ¿Quién es entonces el criminal? ¿Qué nos aportan las ciencias biológicas y sociales como certidumbre científica? Muy pocos elementos, por desgracia. Las grandes esperanzas nacidas de hipótesis biológicas que apuntaban a describir genética y fisiológicamente el delincuente, no dieron frutos. No obstante, los adelantos de las investigaciones en este campo, aunque lentos, no dejan de ser constantes. En particular, los trabajos fisiológicos y neurológicos tales y como se presentan en la obra de un McLean o de un Laborit constituyen perspectivas interesantes. Las investigaciones de Christiansen sobre los gemelos criminales y no criminales van delimitando también, progresivamente, el alcance exacto de la influencia genética. Las interpretaciones de las diversas escuelas freudianas, conductistas, fenomenológicas y, más recientemente, estructuralistas, revelan aspectos y capas mal conocidos o mal delimitados de la personalidad criminal.

Pero la cuestión fundamental sigue siendo la misma: ¿A partir de qué momento, en qué circunstancias y de qué modo se concretan los rasgos "criminales" de una personalidad que permiten situar al individuo en esta categoría aparte? ¿Hay verdaderamente una diferencia de naturaleza entre personalidades a partir de una línea mágica de donde no cabe volver atrás, donde uno es calificado, se vuelve o se siente "criminal"?

Como hemos visto, las hipótesis son todavía muchas, y a menudo contradictorias, en las disciplinas psicológicas. Desde el punto de vista sociológico, y del político también, se manifiestan las tendencias opuestas, contradictorias. Por un lado se percibe la delincuencia a través de los grupos de edades y medios socioculturales; por el otro, redefinida incluso la noción de acto criminal, de ciertos análisis surge una imagen muy diferente del delincuente; en lugar del pobre, es el rico, y en lugar del humilde, el poderoso quien simboliza al criminal.

El creciente recurso al derecho penal para solventar los problemas relacionados con el derecho laboral (encarcelamiento de los líderes sindicalistas que no respetan la exhortación de los tribunales, arresto de los jefes de empresa que no respeten la seguridad en los lugares de trabajo) demuestra perfectamente esta tendencia. Los plagios terroristas, los rehenes tomados y la creación de "cárceles del pueblo" ilustran el mismo problema.

Esto nos conduce a un retrato-robot que se asemeja algo a un cuadro abstracto: según el punto de vista, su rostro parecerá diferente.

Hace pocos años, el criminólogo hubiera debido excusarse ante el más o menos y la vaguedad de estas definiciones, envidiando a otras ciencias, más afortunadas por más precisas.

Hoy sabemos que los hechos sociales no se prestan bien a la disciplina científica y se encargan de desmentir a los audaces, a los presuntuosos y a los arrogantes. Por eso proponemos estas explicaciones con modestia infinita.

Observemos para terminar que las tomas de posición epistemológicas, metodológicas y políticas son muy interdependientes. Corrientes diversas atraviesan el corpus del pensamiento sociológico contemporáneo, combinando y matizando tradiciones intelectuales ricas y complejas. No entra en nuestro propósito hacer el balance de ellas, sino a lo sumo recordar su existencia. El libro de Gouldner publicado en 1970, y el de Coser en 1967, señalan con piedra blanca en la sociología de lengua inglesa el estallido de esa triple crisis de que hablábamos. Los acontecimientos de la primavera de 1968, los escritos de Edgar Morin constituyen, según creo, la misma línea de demarcación en la sociología de lengua francesa. Por eso podemos iluminar algunas explicaciones sociológicas de la inadaptación juvenil gracias a nuestros dos modelos, el consensual y el conflictual. Destaquemos que se trata de tipos ideales y simplificados. Podemos agrupar bajo los principios rectores de estos dos modelos todas las explicaciones sociológicas dadas desde que comenzó nuestro siglo.

Integraremos así en el modelo consensual las teorías ecológicas, las relativas a la estructura, a la organización y a la regulación social. Contaremos entre las contribuciones del modelo conflictual las aportaciones marxistas (en los países occidentales), interaccionistas y etnometodológicas.

Comprendo perfectamente los peligros de semejante simplificación, cualquiera que sea su justificación "pedagógica". El pensamiento de la mayoría de los autores es mucho más matizado de lo que parecerá en las observaciones que iremos presentando. De todos modos, con tal de alentar el debate y para tocar el asunto por encima en un lapso de tiempo razonable, me he decidido a aceptar que se me hagan esos reproches, perfectamente justificados.

Es preciso además destacar el hecho de que los dos modelos, referidos a dos paradigmas sociológicos fundamentales, no pueden producir hipótesis cuya verificación tenga un efecto cualquiera en la "verdad" buscada dentro del marco del paradigma opuesto. Estos paradigmas están demasiado profundamente anclados en la historia y las esperanzas de los hombres. Las verificaciones empíricas no hacen más que alimentar una u otra corriente, así como el debate dentro de ellas. Sin embargo, cada "paradigma" tiene sus "altas" y sus "bajas" a los ojos del público que ansía ver caer su lluvia benéfica sobre la calidad de su propia vida. Las proposiciones comprobables derivadas de cada paradigma formado en el seno de cada modelo dan o no dan resultados esperados. Para los espíritus no prevenidos, se trata de hechos de experiencias observables. En eso consiste el papel estrictamente científico del investigador y ahí es donde se sitúa su contribución, cualquiera que sea por lo demás su pertenencia a tradiciones paradigmáticas opuestas.

En suma, la crisis de la sociología está estrechamente ligada a la crisis social, política y moral de la segunda mitad del siglo xx. Las democracias liberales y laicas no pueden conjurar sino parcialmente los demonios que las disgregan y sólo cuando se enfrentan a grandes proyectos o peligros colectivos. La revolución industrial y científica del siglo XIX, las tragedias de las dos guerras mundiales, son de estos "factores de unidad". El nacimiento o el renacimiento de doctrinas, de teorías que justifican la negación e invitan a la destrucción de una democracia liberal, pluralista, basada en la libertad y la responsabilidad individuales, constituye un fenómeno cíclico.

Los argumentos son similares: sólo el alumbrado y el vocabulario cambian. La experiencia no es transmisible. Sólo lo son los dogmatismos, decía Aragon. Vamos a volverlos a encontrar en el microcosmos de la literatura criminológica sobre la delincuencia juvenil, cuyo análisis abordamos en otro capítulo.

El diagrama que aquí damos, tomado de L. McDonald, ilustra nuestra distinción entre los dos modelos, aunque los detalles de la definición que de ellos da el autor sean diferentes [McDonald, p. 24].

MODELO DE CONFLICTO

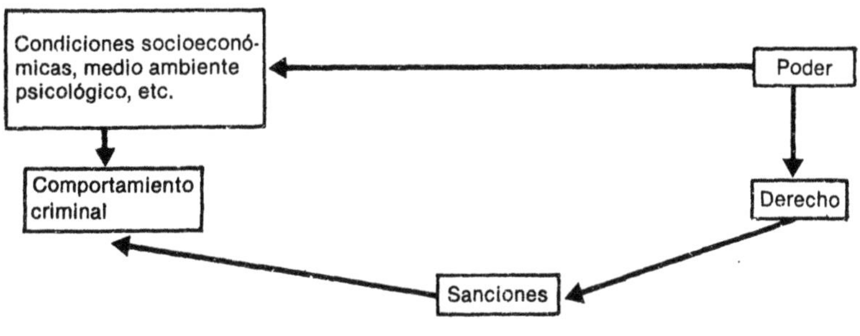

MODELO DE CONSENSO

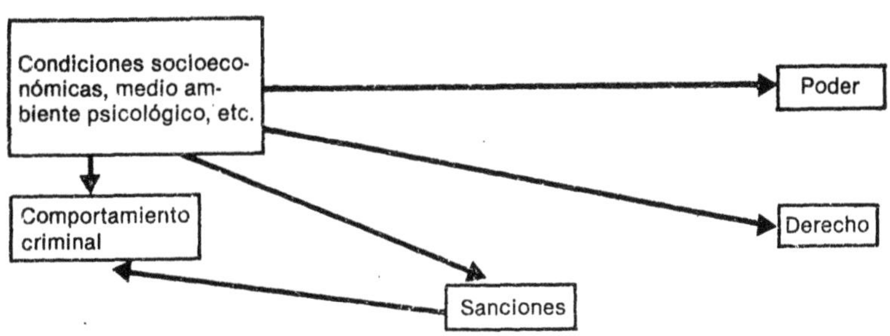

L. McDonald, *The sociology of law and order,* Montreal Book Center, 1976, p. 24.

3. LOS MODELOS SOCIOLÓGICOS APLICADOS A LA DELINCUENCIA

EL MODELO CONSENSUAL EN LA EXPLICACIÓN DE LA DELINCUENCIA

Hemos reunido aquí, con las reservas mencionadas, los trabajos que aceptan en último análisis la adaptación del organismo social a las exigencias del cambio, inherentes al funcionamiento del sistema social. La noción de adaptación se opone aquí a la de la ruptura, que se produce al no operarse normalmente la adaptación. Se supone que la adaptación, el ajuste a las condiciones cambiantes, es la regla del funcionamiento de la sociedad. La ruptura, si ocurre, es consecuencia de alguna falla en el proceso de adaptación.

Revisión de las investigaciones

Los primeros trabajos sociológicos sobre la delincuencia juvenil fueron efectuados en Chicago entre 1925 y 1945 (para un resumen, véase Szabó, 1960). Recordemos que es el *estudio ecológico* de la sociedad el que dominaba el trasfondo teórico de la primera gran escuela sociológica norteamericana, que toma de la biología el concepto de la "comunidad" donde una sociedad se organiza en interacción compleja con los recursos del medio físico y, ulteriormente, con el medio sociocultural. Las nociones utilizadas eran las de "ocupación", "implantación", "organización" para la explotación de los recursos, "cooperación", "conflictos", "desorganización", "invasión", "deserción" o "exterminio". Es la aplicación del aparato conceptual de la sociología de las plantas y los animales a la población humana. Quienes, como Shaw y McKay, Trasher, Whyte, etc., se han interesado en los aspectos "oscuros" de la organización social, consideraban la delincuencia como un fenómeno patológico, de rechazo, resultado de los bloqueos, de las faltas de funcionamiento en los mecanismos socioculturales encargados de asegurar la salud del cuerpo social. Examinando las "células" o las "moléculas" socioculturales que componían el organismo, esos sociólogos comprobaban una variación regular de las tasas de delincuencia entre las diversas zonas ecológicas de la gran ciudad. Establecían a manera de principio explicativo más general la decreciente influencia de las normas en el comportamiento de crecientes categorías de individuos. Se suponía por lo tanto la existencia de normas, generalmente compartidas, que reflejaban valores cuya impugnación ponía directamente al individuo en la categoría de los "delincuentes".

La influencia del medio y la interacción entre éste y los grupos sociales constituían la primera formulación del modelo consensual. Mientras los valores comunitarios fueran transmitidos mediante la imposición de normas de conducta, bastaba al sociólogo con identificar, descubrir y analizar los factores que torcían la tendencia normal de los jóvenes a adaptarse a las esperanzas y las obligaciones de los ambientes donde viven: la familia, el vecindario, la escuela, sus semejantes, el trabajo. De donde el interés concentrado y sistemático de esta sociología por precisar las fallas sobrevenidas en todos esos medios que daban cuenta de la conducta delincuente. La familia rota o conflictiva, el vecindario sin equipo sociocultural, los semejantes dominados por pandillas con jefes "antisociales", las deficiencias del sistema escolar, un mercado del trabajo que explota o rechaza a unos jóvenes mal preparados para competir: éstos son, dichos, simplemente, los resultados de miles de páginas de encuestas, de cuadros estadísticos y de ensayos de interpretación que los sociólogos han producido siguiendo las huellas de la Escuela de Chicago.

Rápidamente, y siempre en esta misma perspectiva, algunos autores profundizaban y privilegiaban factores explicativos que serían estratégicamente más decisivos que otros. Y así Cloward y Ohlin [1960], después de Durkheim y Merton, indicaban los efectos de la *organización socioeconómica* en las probabilidades de adaptación de los jóvenes, en particular de los procedentes de los medios sociales especialmente desfavorecidos. Su conclusión fue ésta: la ficción de la igualdad de oportunidades, artículo de fe de una democracia liberal, no tenía sentido para quienes empezaban en la vida con desventajas acumuladas desde generaciones antes. Estando cerradas las vías "legítimas del triunfo, el comportamiento y el destino de muchos jóvenes delincuentes se explicaban por el recurso a los medios prohibidos para llegar a la meta de todo el mundo. El bienestar material y el hecho de sentirse valorizado sólo podían obtenerse por medios "ilegales".

Las conclusiones sacadas de tales estudios iban en su mayor parte en el sentido del modelo consensual. Es preciso intervenir con una política social apropiada a fin de asegurar a los que se hallan en desventaja una oportunidad verdaderamente igual en la competición que impone su ley en el espacio ecológico urbano. La "gran sociedad" de los años sesenta corresponde en gran parte a este ideal. El modelo consensual fue el gran inspirador, el auxiliar de una política social reformista. La democracia social, complemento de la democracia política, era resultado de esta acción.

Los que se han dedicado a ahondar en *la noción de subcultura,* como Wolfgang, Ferracuti [1973], Terence Morris [1957] y Downes [1966], por ejemplo, sintieron picada su curiosidad por el hecho de una suerte de "integración a la inversa" de los jóvenes en las minisociedades que se fundan al margen de la comunidad. Ya la elección del vocablo subcultura indica que para esos autores se trata de una manera de deducción de una parte de la sociedad, respecto del gran "todo", cuya vocación es integrar en una armonía dinámica todas las partes, categorías, clases y grupos que componen una sociedad global. No obstante, las muchas monografías sobre las "subculturas" delincuentes exhibían una fuerte integración de los miembros en torno a valores opuestos a los de la sociedad global. Mediante puniciones y recompensas, unas normas rígidas determinaban la conducta de sus miembros. Yinger [1960] ha ideado la noción de la "contracultura", que es probablemente la formulación más extrema situada todavía dentro del modelo consensual.

En esta misma perspectiva, pero bebiendo en fuentes diferentes, se sitúan los defensores de la *regulación social.* La diferencia respecto de la tradición ecológica se basa principalmente en la creciente movilidad de la población dentro del espacio urbano. Este hecho da más relieve a las teorías que insisten en los elementos psicosociológicos de la integración. El gueto negro de las grandes ciudades norteamericanas es todavía una realidad espantosa, que de todos modos tiende a desaparecer poco a poco.

Hablando de Durkheim y de su concepción de solidaridad mecánica, que "se debe a que cierto número de estados de conciencia son comunes a todos los miembros de la misma sociedad y que asegura a ésta una cohesión basada en ciertas semejanzas esenciales entre los miembros de una misma sociedad", estos investigadores, como Hirschi [1969], Empey [1971], Jessor [1968], integran en su perspectiva la contribución de Tarde [1924], Mead [1934], Dollar [1950] y Skinner [1972]. Esta tradición de psicología social insiste en la importancia de la socialización, del préstamo por el aprendizaje o la imitación de las normas tanto en el nivel de las motivaciones como en el de los comportamientos. Sutherland [1974], que se interesaba menos en los problemas de la delincuencia juvenil, entronca con esta misma tradición, así como Walter Reckless [1973]. El primero con su concepto de aprendizaje diferencial en el seno de asociaciones diferenciales y el segundo con su teoría de *containment*, o sea equilibrio entre fuerzas endógenas y exógenas, centrífugas y centrípetas, concentraban sus explicaciones dentro del marco general de la regulación de las conductas.

Recurriré más adelante a la argumentación de Maurice Cusson [1976] para presentar este punto de vista. Se funda en las teorías sociológicas que consideran los procedimientos de intercambios en la base de la interacción social. El hombre "cambista" siempre está preocupado por las consecuencias de su comportamiento. Porque éste se basa en el principio de la reciprocidad y del interés mutuo y complementario. El hombre es considerado un ser racional que calcula su ventaja frente a los inconvenientes que puede provocar su acción. Ni las fuerzas inconscientes ni las mesológicas invasoras pueden explicar por sí solas la motivación de la acción humana.

En una comunidad, en un grupo, las normas serán respetadas en la misma medida en que quienes las siguen recurran a las recompensas y las puniciones para imponerlas. En un grupo donde los "no conformistas" son demasiados y los "conformistas" muy "blandos" no puede haber respeto por las normas establecidas. Un joven será entonces "extraviado" en la medida en que tenga pocos intercambios satisfactorios con los miembros del grupo, que pase el tiempo en compañía de otros extraviados que lo pongan al abrigo de las presiones posibles de los "conformistas" y que valoricen suficientemente toda conducta resultante de la transgresión de las normas.

Cuando un individuo está fuertemente integrado en una sociedad "conformista", tiene pocas motivaciones y pocos puntos de apoyo socioculturales para constituir un medio de cristalización de las conductas "antisociales". Ciertos individuos y medios son así "sobredeterminados" en sus conductas conformistas. Cuando esta integración se debilita, cuando la regulación social sólo se ejerce parcialmente y por intermitencias, los desafíos, los extravíos y después las delincuencias aparecen confirmadas y afirmadas.

La adhesión en cierto momento a una norma "extraviante" hace perfilarse la constitución de la personalidad delincuente tal y como fue analizada, por analogía con el fenómeno de conversión, por De Greeff [1946], y desarrollada y sistematizada por Pinatel [1975].

Si la integración en las subculturas delincuentes refuerza la constitución de una personalidad delincuente, la exclusión corolaria de la sociedad "conformista" va en el mismo sentido. El robo, como observa Cusson, es la antítesis del cambio. En el modelo ideal de intercambio, cada participante se beneficia con la transacción. En el robo, el uno se enriquece a costa del otro. La base del intercambio es el consentimiento; la del robo es la fuerza o la astucia, la negación misma del consentimiento. El intercambio prospera en un terreno de entendimiento o de confianza mutua. El robo, la agresión, quebrantan el vínculo y lanzan a unos hombres contra otros.

Y así la delincuencia será analizada en una doble perspectiva, que dimana del principio de la reciprocidad postulado por este enfoque. Se trata *a*] de la delincuencia como negación de la reciprocidad en los lazos sociales basados en el intercambio de servicios y el buen proceder, y *b*] de la violación de una norma, considerada regla del juego aceptada por común acuerdo y que garantiza a todas las partes presentes justicia y equidad en la interacción.

Así se construye el modelo combinando las variables que comprenden y sistematizan las transacciones del joven con su medio. Son éstas:

1] La aportación del medio al sujeto: bienes materiales y morales asegurados principalmente por los padres e indirectamente por la sociedad, en la medida en que ésta suple los esfuerzos o incumplimientos de aquéllos.

2] La aportación del sujeto al medio: son todas las respuestas con que contribuye a las esperanzas del grupo: el afecto y la obediencia a los padres, el triunfo en los exámenes escolares, implicaciones y contribuciones a los grupos de jóvenes en la escala comunitaria. Comprende esto la aceptación de las reglas generales del "juego" transmitido y administrado por la sociedad global.

3] Las aspiraciones del sujeto acerca de los bienes materiales y los espirituales. Se trata de la remuneración, el afecto, la valorización del éxito escolar, etc. Son recompensas verdaderas que retribuyen los esfuerzos realizados.

4] Las exigencias del medio para con el joven son la contraparte de sus aspiraciones personales. Se le remunerará en la medida en que su respuesta a las esperanzas y exigencias formuladas por la colectividad sea positiva.

De la combinación de estas cuatro variables dependerán los efectos de la regulación social en una comunidad dada. A la reciprocidad de las expectativas debe corresponder una reciprocidad de las prestaciones. La explicación de la delincuencia recurrirá, pues, a las razones siguientes:

a] Insuficiente gratificación del sujeto por el medio.

b] Ausencia de reciprocidad percibida y vivida entre la aportación de la sociedad y la del sujeto.

c] Exigencias demasiado grandes del medio.

d] Poca gratificación del joven, lo que crea en él un sentimiento de injusticia.

e] Baja general de la cantidad de los intercambios que relacionan al joven con su medio (fenómeno de alienación).

f] Baja general de la calidad de los intercambios con el medio, que se asemeja a una casi ruptura.

g] Preponderancia de los vínculos gratificantes con sujetos o grupos en desacuerdo o al margen de la comunidad.

Cuando todas estas variables se orientan en el mismo sentido, la consecuencia es el fenómeno de exclusión del sujeto y de su medio de elección de la comunidad. Esta exclusión se basa en la *incompetencia* manifestada en la prosecución de las relaciones basadas en la confianza y la reciprocidad. Al mismo tiempo se libera así el individuo del conjunto de los controles inherentes a las relaciones de intercambio. Entonces es etiquetado, y esta etiqueta se basa en la mala fama consecuencia de las siete variables anteriormente enumeradas. Una vez puesto el marbete, la capacidad del sujeto para establecer relaciones de intercambio gratificantes se acerca a cero.

Maurice Cusson concluye afirmando que el modelo de regulación social basado en el concepto de intercambios integra fácilmente los otros modelos de explicación sociológica de la inadaptación juvenil. Anotémoslos de paso:

A] *El modelo educativo.* Los padres y los educadores transmiten a sus hijos el respeto a las leyes recurriendo a métodos disciplinarios, a la incitación a obrar bien, a la ayuda, al aliento, a la evaluación de las condutcas, a la vigilancia, etc. Afecta mucho a la eficacia de estos métodos la índole de las relaciones entre el sujeto y la persona que ejerce la autoridad.

B] *El modelo del trabajo.* El joven que ama la escuela, que adelanta en ella, que se siente valorizado por sus triunfos escolares, se orienta más fácilmente hacia el mercado del trabajo y por consiguiente, hacia la integración en la comunidad.

C] *El modelo cultural.* Se hace resaltar la influencia ejercida por las normas que están más o menos en armonía con las de la sociedad global, de la sociedad política y de sus leyes. Las normas del grupo mediatizan la influencia de la sociedad global y la refuerzan, la neutralizan, la debilitan o la niegan. Según la influencia ejercida por el grupo veremos una tendencia más o menos grande a la delincuencia.

D] *El modelo basado en la estigmatización.* La delincuencia se considera consecuencia de una falla importante en el proceso educativo. Mediante la exclusión, la estigmatización debilita la influencia reguladora de los grupos convencionales que componen la sociedad global y al mismo tiempo aumenta la influencia de las subculturas delincuentes. La institucionalización de los jóvenes provoca extravíos secundarios.

E] Finalmente, está el modelo de la *personalidad criminal.* Ésta es de esencia bio y psicogenética. La hipótesis de existencia parece perfectamente compatible con el modelo de regulación social. La incapacidad de entrar en una relación de intercambios, basada en el principio de la reciprocidad, es afectada por las rupturas en los procesos de socialización tanto en el campo educativo como en el del trabajo. El marbete refuerza los estigmas del "rechazo", del "chivo expiatorio", del "extraviado" y confirma la vocación antisocial del sujeto.

Enseñanzas para la política social y la práctica

He aquí, pues, de un modo harto esquemático, el modelo consensual aplicado a la explicación de la inadaptación juvenil. Hemos apuntado los postulados epistemológicos, metodológicos y políticos que acompañan e inspiran a este modelo arquetípico; veamos ahora la significación de este modelo para la política social:

a] El hombre es malo aunque capaz, en determinadas condiciones, de dar lo mejor de sí mismo; pero abandonado a sus inclinaciones, las fuerzas indomeñables del mal lo dominarán. El problema fundamental es el del "mal", que debe verse como un elemento inmediato de la condición humana. Este mal encarna en la hostilidad de la naturaleza (sufrimiento, enfermedad, muerte), en la hostilidad del medio ambiente social (maldad e injusticia) y en la hostilidad del mundo interno del hombre, su propia maldad, su incapacidad de realizar sus propias aspiraciones [Baechler, 1975]. Todas las grandes civilizaciones han tratado de dar una interpretación del mal cuya realidad es un hecho universal. La fuente del mal está en el hombre mismo y no fuera de él. De Pascal a Jung hallamos esta tradición, que expresan también pensadores contemporáneos tan diferentes como Baechler [1976] o Kolakowski [1969].

b] Estando el bien y el mal inextricablemente mezclados en el hombre, no hay que esperar el advenimiento de la república ideal. . . Al perseguir sistemáticamente lo que se considera el "mal" se corre peligro de provocar regímenes cuyas prácticas tiránicas para suprimir las causas del mal suprimen al mismo tiempo la libertad de obrar.

Este dualismo impone la consideración en todo momento de los efectos secundarios de los remedios propuestos para curar un mal. La historia demuestra que muchas veces es peor el remedio que la enfermedad. . .

El más pequeño elemento de lo que llamamos progreso hubo de pagarse, y es imposible establecer comparaciones entre la pérdida y la ganancia, observa Kolakowski. "Es nuestro deber luchar contra todas las fuentes de aflicción, pero lo hacemos sin esperar alcanzar jamás la certidumbre de que el árbol del progreso dé frutos" [p. 134].

Este escepticismo acerca de los medios no excluye nada la pasión por la justicia, rasgo muy apropiado para ilustrar nuestro propósito.

c] Si no se puede aumentar el bien por un lado sin aumentar el mal por el otro, no se pueden esperar más que resultados modestos y parciales de toda intervención de política social. Oigamos a Baechler [1975]: "El aumento masivo de los recursos ha multiplicado sobre todo el apetito. El decrecimiento del fanatismo religioso ha sido compensado por la exacerbación de los fanatismos laicos. La gratuidad de la enseñanza ha permitido a las clases acomodadas hacer pagar por el estado —o sea por todo el mundo— una parte de los gastos de la educación de sus hijos. La igualización de las condiciones sólo puede lograrse aumentando el papel del estado, o sea reforzando las desigualdades en materia de poder. La participación generalizada en las decisiones significaría con toda seguridad una enorme pérdida de tiempo en palabras, ocasionaría un aburrimiento indecible e inevitablemente se transformaría en un aplastamiento del individuo autónomo" [p. 131]. La conclusión política consiste por consiguiente en un reformismo impregnado de gran prudencia y una negativa a remplazar las soluciones actuales por otras que todavía no han dado resultados. Se puede decir que las últimas obras de Daniel Bell [1973], Irving Kristol y Daniel Moynihan en sociología y de J. Q. Wilson [1975] en criminología se inscriben ciertamente en esta perspectiva y su influencia contemporánea está lejos de ser desdeñable.

EL MODELO CONFLICTUAL EN LA EXPLICACIÓN DE LA DELINCUENCIA

Nota preliminar

El modelo consensual dominaba la teoría y la investigación criminológica de un modo casi exclusivo hasta, más o menos, 1965. Readaptación, resocialización, rehabilitación: tales eran las palabras claves de la política criminal de la época. Con la crisis de la sociología de que hablábamos en la primera parte reapareció otra teoría y se desarrolló otro modelo de interpretación que bautizamos, a falta de otra cosa mejor, *modelo conflictual.* Como para el modelo anterior, se trata de un arquetipo que reúne en su seno toda una serie de modos de ver, de tradiciones, de explicaciones y metodologías que pueden parecer, en algunos respectos, contrarios unos de otros. Los reunimos en este capítulo simplemente para facilitar la exposición y sin aspirar a integrarlos en un todo coherente. De todos modos, como para el modelo anterior, advertiremos menos cierta pertenencia a una escuela que a una familia espiritual.

Ya no se trata aquí de adaptación. El sentido peyorativo dado al concepto de "recuperación"* testimonia la clara negativa a adherirse al sistema social actual.

El concepto y el ejercicio del poder resultan centrales en este modelo. Se supone que quienes ejercen el poder hacen de él un instrumento de opresión para su beneficio exclusivo. La índole misma del poder es opresiva, y su ejercicio arbitrario. La desigualdad resultante en el trato a los ciudadanos favorece sistemáticamente a los acomodados en detrimento de los pobres. Esta discriminación, que dimana de la naturaleza misma de la organización social tal y como existe y que establece la desigualdad como principio de organización de esa sociedad, constituye desde sus inicios un escándalo para los criminólogos del modelo conflictual.

Revisión de las investigaciones

Hacia el final de los años cincuenta, las investigaciones que die-

* En francés, *récupération* equivale a "aprovechamiento", "restauración", "reintegración", "rescate". [T.]

ron origen a este modelo de interpretación se multiplicaron. Advirtiendo el hecho de que la mayoría de los delincuentes tanto juveniles como adultos procedían de las clases pobres y desfavorecidas, los sociólogos se han preguntado ante todo qué validez tenía el instrumento de medición que permitió establecer esta imagen. Tal es el origen de las investigaciones acerca de la *delincuencia oculta,* iniciadas por Nye y Short [1957]. Sin que fuera explicitado desde el principio, era manifiesta la voluntad de redefinir los datos del problema de la delincuencia en términos diferentes de las convenciones establecidas. De tales trabajos se desprendía la percepción de una delincuencia mucho más difusa a través de los diferentes estratos y clases que componen la sociedad. Se comprobaba que no sólo no estaba reservada la transgresión de las leyes a los representantes de las clases pobres que poblaban las instituciones sino además que muchas normas protegidas por la ley y sus órganos eran propias de la clase media, de donde salían no sólo los legisladores sino también la administración encargada de aplicar la ley (policías, magistrados, trabajadores sociales, educadores). Muy pronto, con Walter Miller [1966], hubo que preguntarse si la delincuencia no sería acaso la expresión de una conducta, del desafío de una clase social a otra.

Como la mayoría de estos estudios se efectuaron en los Estados Unidos, el hecho de que las "clases peligrosas" fueran de color negro y pertenecieran al subproletariado urbano desempeñó un papel nada desdeñable en la sensibilidad que orientaba esas investigaciones e interpretaciones. George Vold [1958] fue de los primeros criminólogos no marxistas que insistieron en los irreductibles conflictos de intereses que enfrentaban a unas personas contra otras, como miembros de estratos o de clases sociales, y consideraron la delincuencia como una consecuencia de esos conflictos y esas luchas.

La sustitución de la palabra delincuente por "extraviado" señala la escisión entre el modelo consensual y el conflictual. Albert Cohen retomaba el debate en su ensayo, publicado en 1971. Para él, *el extravío* es un concepto que engloba la delincuencia, resultado de una tecnicidad puramente jurídica y sociológicamente accidental. El extravío se define en relación con el conformismo: todos los que no se someten a los cánones de las buenas costumbres, de la buena conducta, o sea todos los contrarios a las verdades transmitidas por la tradición y apoyadas por los poderes establecidos, son considerados "extraviados". En el límite, toda conducta innovadora en las artes, las letras, las costumbres sexuales o en política suscita por parte de la mayoría conformista reacciones de desconfianza, de rechazo y de persecución. Muy pronto, la delincuencia forma parte de toda una serie de conductas que comparten la negativa a seguir las famosas reglas del juego, establecidas en beneficio de los pudientes.

El funcionamiento sin fallas de la sociedad no se basa ya, según eso, para los partidarios del modelo conflictual, en un espíritu de solidaridad, como el que proponía Durkheim, ni en una interdependencia compleja de los juegos de intereses en equilibrio inestable como lo veía Pareto. No, esta sociedad se basa en clases sociales en lucha unas contra otras, que encarnan intereses opuestos, conciliables algunos, otros inconciliables. El interés de algunos investigadores se concentró en la legislación origen de la "justicia de los mineros". Los trabajos de Platt [1969], de Chambliss [1971], de Quinney [1974] han indicado cuántas de esas legislaciones tenían por único objeto disponer de un enemigo de clase en la lucha por mantener en el poder a la burguesía. Tener obreros sumisos, disciplinados, que acepten los salarios que les ofrecen, tal es la razón de una legislación penal que debía disponer de mentes tenaces para defender el interés de los oprimidos. Oponerse a las leyes, ¿no es acaso convertirse en delincuente?

El análisis de la justicia penal [Cicourel, 1968] que se inspira en la teoría de Garfinkel, indica el carácter instrumental del derecho penal y de la justicia criminal. El papel de este instrumento es mantener el orden y la conformidad con ese orden al servicio de la clase dirigente.

Los valores y las normas impuestos por el derecho y sus órganos a los justiciables deben, pues, ser objeto por el sociólogo de una crítica prioritaria. No es admisible aceptar una definición de la situación resultante del actual funcionamiento del sistema. *La función crítica* de la ciencia debe prevalecer. No se puede buscar soluciones a problemas planteados en función de postulados y premisas que uno recusa por razones filosóficas y morales. Con esta perspectiva adquiere su cabal sentido la pregunta de Howard Becker [1964]: ¿de parte de quién debe ponerse el sociólogo? Se pondrá de parte de la "víctima", que una regla del juego, definida por los poderosos para conservar el poder, mantiene a merced de ellos.

Plantear el problema ya es tomar posición, nos recuerda el sociólogo "crítico". Entonces plantearemos el problema interrogando al delincuente sobre la *significación* de su acto, las aspiraciones que lo llevaron al margen de la sociedad, que lo rechaza tanto como él la recusa. Y asistimos en la interpretación de todos los factores criminógenos enumerados a la introducción de una crítica radical de la sociedad posindustrial contemporánea, cuyas víctimas serían, entre otros, los delincuentes.

La *concepción del hombre* y de la *sociedad* que postula este modelo es muy diferente de la del modelo precedente. Aquí el hombre es el de Rousseau y todo el mal, el infierno, como dice Sartre, está en los demás. Es preciso cambiar al otro, al grupo, a la sociedad, todo el medio ambiente sociocultural y económico, para salvar al hombre. La concepción dionisiaca del hombre postula la dilatación del "yo" hasta los límites del mundo. Promete quebrantar la estrecha prisión corporal donde cada uno de nosotros está cautivo y le hace entrever la exaltación de la comunión con el infinito. El fin de la *alienación*, de la fragmentación, resultante de las contradicciones asumidas por nuestra entrada en redes complejas y a veces contradictorias de relaciones impersonales, será proclamado una vez suprimidas estas contradicciones, supresión que nos conduce a una comunidad humana rencontrada, donde por fin no habrá forcejeo entre las fuerzas del bien y las del mal, puesto que su principio de acción habrá quedado suprimido al desaparecer la base socioeconómica de la explotación capitalista.

La aspiración a una comunidad sin conflictos, más allá del bien y del mal, impregna la filosofía que está en la base de la nueva criminología, como la llaman algunos de sus adherentes. "Prohibido prohibir", decían las inscripciones anónimas en las paredes de la Sorbona en mayo de 1968. "Queremos una sociedad donde el poder para criminalizar no exista por no ser ya necesario", proclaman los autores de *New criminology* [1973].

Enumeraremos las características de este modelo según Michael Phillipson [1971].

a] En lugar de buscar las causas de la delincuencia se busca *la significación*. Se tiende a comprender, en el sentido weberiano de la palabra, los procesos mediante los cuales llegan los actores a su conducta específica. Se adopta el punto de vista del actor, por empatía, para captar bien el sentido que imprime a su acción, al contrario del enfoque consensual, que busca los indicios que le permitan inferir el comportamiento y postula cierto determinismo en la base del acto. El enfoque conflictual prefiere la actitud subjetiva del observador participante. Gracias a la índole confiante de los vínculos que el sociólogo establece con el sujeto de su estudio, está en condiciones de obtener datos seguros que le permitan comprender y analizar al delincuente. La búsqueda de los "universales" que está en la base de la actitud en nuestro primer modelo deja la precedencia aquí a la exigencia del etnógrafo para la especificidad y la irreductibilidad de las experiencias recogidas en sus observaciones.

b] Se tratará de definir a partir de las *percepciones del actor* el surgimiento, la transmisión, la perpetuación y la modificación de los significados socioculturales del acto delincuente. La estructura social, vista desde este ángulo, puede considerarse como una vasta red de significaciones simbólicas repartida de un modo diferencial entre los diversos individuos y grupos que componen esta sociedad. El papel del sociólogo es ponerse de parte de su sujeto de estudio, en este caso el delincuente, y comprender a partir de su percepción de las significaciones el alcance y el sentido de su acto. No tiene por qué ponerse en el lugar de sus jueces, sus padres, sus educadores, etc. No tiene más que tratar de explicar el delincuente. Anotamos de pasada la capital importancia en este modo de ver del papel desempeñado por el lenguaje, de principal vehículo simbólico, cuyo análisis resulta una fuente capital en la interpenetración entre el espíritu del investigador y el del delincuente.

c] Los individuos así comprendidos y analizados forman parte sin embargo de grupos y clases cuya existencia y conciencia son determinadas por experiencias comunes de dependencia respecto de quienes ejercen el poder controlando el sistema económico. El descubrimiento de lo "sociológicamente típico" será al mismo tiempo el descubrimiento de las *relaciones de dependencia,* de explotación, de manipulación de los débiles por los poderosos, de los asalariados por los pudientes.

d] El paso del sujeto al acto no es resultado de un cálculo objetivo, de una decisión racional entre las alternativas que se presentan. Para el sociólogo que actúa con esta perspectiva, las alternativas percibidas por el actor no son reducibles a los datos objetivos y racionales. Sus acciones nunca pueden ser deducidas y por consiguiente evaluadas a la luz de *nuestra percepción* de los hechos o de nuestra definición *de* la situación. *La espontaneidad, la libertad* y *la subjetividad* siguen siendo los conceptos claves en la búsqueda de motivación de un acto extraviante. Se rechaza un determinismo que acepta las reglas del juego en función de las cuales pueden ser posibles una discriminación o una predicción.

e] La delincuencia figura en la vasta categoría de las conductas extraviantes, de las cuales algunas son innovadoras mientras que otras reflejan la negativa de una conciencia moral a aceptar valores repulsivos. El modelo explicativo confía a los actores sociales la definición de las reglas del juego. Así se quita esta arma de las manos de los estratos dirigentes, que la manipulaban por las legislaciones y los órganos de aplicación de la ley en beneficio propio. Queda así el sociólogo liberado del "servicio" a los poderes establecidos, y se atrinchera en su misión de observador, de analista y, sobre todo, de crítico.

f] Al "destipificar" la noción de delincuencia, el sociólogo destaca la *existencia* en la sociedad de *fuerzas* de cambio dinámicas *que redefinen constantemente los objetivos,* los medios, las orientaciones de la sociedad, de sus grupos y sus clases. La delincuencia no puede entenderse simplemente como una ruptura de una relación contractual sometida a las condiciones de quienes detentan el ejercicio del poder. Los delincuentes, como los "enfermos mentales", como los "terroristas políticos", como los defensores de ciertas prácticas sexuales y los consumidores de drogas, pueden constituir las manifestaciones de nuevas formas sociales, correspondiendo al surgimiento de los sistemas de valores alternativos de los que están en vigor. No toca al sociólogo estar al servicio del "antiguo régimen". Por el contrario, debe contribuir al establecimiento de nuevas reglas del juego. La conducta delincuente es esencialmente problemática y no puede considerarse como un dato "objetivo".

g] Las *estadísticas* como indicadores de la delincuencia *son recusadas.* Pero pueden aceptarse como indicios del funcionamiento del sistema de control judiciario y social. Dicho de otro modo, vienen a ser una medida de la alienación, de la opresión, de la desposesión. Estas estadísticas no nos dicen nada de la significación del acto del ser humano que es el delincuente. Al contrario, lo vacían de su sustancia.

h] Se tiene tendencia a considerar la delincuencia como una de las expresiones del conflicto social [Lofland, 1969]. La variante marxista de los adherentes al modelo conflictual considera la ley penal un instrumento de opresión y manipulación en manos de la burguesía. La noción de poder es central en la perspectiva conflictual: se trata de una confrontación entre sistemas de valores, entre visiones del mundo, entre las esperanzas puestas en la construcción de una sociedad nueva y la defensa encarnizada del statu quo. En esta sociedad, radicalmente igualitaria, donde el poder puede asegurarlo cada ama de casa, según el dicho de Lenin, se habrán suprimido todas las trabas debidas a la explotación y la alienación; por doquier, las únicas conductas proscritas serán las que un consenso verdaderamente universal haya juzgado criminales.

En cualquier otra sociedad, escriben Taylor, Walton y Young

[1973], *extravío y delincuencia son actos de resistencia* contra los poderes opresivos e ilegítimos [p. 252].

i] Resulta entonces evidente a la luz de estas consideraciones que nada en el acto extraviado lo califica como tal; es a los ojos de los demás que el acto se convierte en delincuente. Ahora bien, esos demás, que tienen poder para descalificar tal acto entre las conductas existentes, en beneficio de otros actos cuya legitimidad sostienen, son precisamente los detentadores de un poder históricamente determinado. En efecto, los sociólogos del modelo conflictual conceden gran importancia a la génesis histórica de las leyes y consideran éstas como el medio que expresa la voluntad de dominio de ciertos grupos sobre otros. A partir del siglo XVII, los jóvenes que engruesan el ejército de los desempleados son internados en las casas de trabajos forzados. Invaden las ciudades y por su falta de trabajo y de instrucción constituyen un peligro para la seguridad de los bienes y de las personas que los poseen. Los meten entonces en reformatorios. Las leyes que protegen a los asalariados se consiguen a fuerza de huelgas, de conflictos a veces sangrientos. Las leyes que protegen a los consumidores, al público, al patrimonio colectivo, tardan mucho en llegar. Los poderes ocultos luchan por mantener sus privilegios y su impunidad ante los actos predatorios y fraudulentos. La justicia fiscal, las luchas contra el crimen organizado, la delincuencia de cuello blanco, la seguridad industrial, son otras tantas reivindicaciones de una sociología que trata resueltamente de establecer una visión alternativa del "vicio" y de la "virtud" en la sociedad contemporánea.

j] En el plano metodológico, este modelo se caracteriza por una total desconfianza acerca del valor de las estadísticas "oficiales", de la colecta de opiniones estereotipadas y condicionadas por la acción de los medios de comunicación masiva, por el método de sondaje "Gallup". El investigador trata de penetrar en el mundo de su sujeto de investigación, en el que tiene tendencia a ver ya sea la víctima de una sociedad injusta, ya sea el rebelde que va en busca de nuevas tierras de frontera por las experiencias personales o colectivas, por medio de la observación participante o la empatía. De estas experiencias puede resultar el descubrimiento de los contornos de una sociedad finalmente libre de las constricciones, las componendas, las alienaciones, las hipocresías y las violencias institucionalizadas que vemos todos los días.

Enseñanzas para la política social y la práctica

La enseñanza del modelo conflictual sobre la política social es difícil de evaluar. Sus protagonistas abundan más en apreciaciones críticas que en propuestas concretas de acción social. Aparte de las experiencias esporádicas en las "comunas", los particularísimos casos de los kibbutz en Israel y los países comunistas, no se sabe de realizaciones integrales de un modelo social nacidas de la fragmentación de la sociedad actual.

Es preciso destacar sin embargo que los esfuerzos tendientes a "descriminalizar" actos resultantes de empeños morales no conformistas pero tampoco perjudiciales para la mayoría pueden atribuirse a los partidarios del modelo conflictual. Ciertas prácticas homo o heterosexuales, el uso de ciertas drogas, se sustraen al imperio del derecho penal, que les imponía la marca de una sanción infamante. Otras conductas, sobre todo en la delincuencia "de cuello blanco", deberán ser más "criminalizadas" en la perspectiva conflictual. De todos modos, claro está que los partidarios de este modelo no tenían el monopolio de la lucha en favor de estas reformas, ni mucho menos.

En general, los esfuerzos para limitar el papel del derecho penal a esferas que ponen gravemente en peligro la integridad corporal y patrimonial de los individuos han sido apoyados por investigaciones realizadas, sin que aquí pueda hablarse tampoco de exclusividad. La búsqueda de alternativas más o menos radicales al sistema de justicia penal actual fue alentada también.

¿Cuáles son, en definitiva, los efectos de nuestros dos modelos para la política criminal y para la acción de los trabajadores que laboran en el campo de la delincuencia? Es cierto que el modelo consensual parte del sistema existente y acepta sus imperativos. Lo que propone es corregir las reglas allí donde algunas engañan, su redefinición allí donde pueda llegarse a un consenso razonable. Toca a los investigadores revelar la realidad tal y como es. Los demás la viven y representan no sólo por las "intersubjetividades" de los actores sino igualmente por las instituciones, las tradiciones con sus constricciones y su peso. Suponen la posibilidad de que se armonicen intereses contrapuestos, sin olvidar de todos modos la jerarquía natural e indispensable de las necesidades tanto de la mayoría de los conformistas como de la minoría de los extraviados. Los prácticos y clínicos deben esforzarse en guiar a quienes les son confiados con el fin de armarlos mejor para que se labren un lugar en el sistema social. La justicia del mercado del trabajo, la justicia escolar, la justicia familiar, son otros tantos criterios que responden a las exigencias de la integridad moral de esos trabajadores frente a sus comitentes como a aquellos de quienes son responsables.

Esto es, pues, afirmar que la crítica social no está ausente del modelo consensual e incluso constituye parte integrante del mismo. Pero es parcial y puede perfectamente ser radical si las condiciones lo exigen. Su concepción del hombre y de la sociedad los hace particularmente atentos al hecho de que remplazar una tiranía por otra constituye en la experiencia histórica de los pueblos una degradación general de las condiciones de vida y de libertad. Ahora bien, los "protectores" de los más desfavorecidos de la sociedad saben que son éstos quienes perdían y perderían más con el cambio.

Pero los partidarios del modelo consensual presienten la justicia de la reflexión del filósofo Kolakowski. Nuestra corruptibilidad no es contingente. Sabemos, escribe, que el proceso mismo de la vida es causa de ansiedad, de conflicto, de agresión, de incertidumbre, de preocupaciones. Ningún sistema coherente de valores es posible, y se fracasa en cuanto se trata de aplicarlo a casos particulares. La victoria moral del mal siempre es posible.

Si el modelo precedente se inserta en una civilización apolínea, el modelo conflictual por su parte se asemeja claramente a los principios de una civilización dionisiaca. Los investigadores, con esta perspectiva, tratan de descubrir en el mundo de los no conformistas, de los extravíos y las delincuencias, signos precursores de una liberación de las trabas arbitrariamente impuestas por una sociedad inicua, causa de todas las alienaciones, perversiones y desdichas de la humanidad actual. Oponer los valores no conformistas a los conformistas, tal es la primera tarea de los investigadores. Utilizar la investigación como un arma de denuncia en la guerra de clases parece una regla deontológica inevitable desde el momento en que se considera que la neutralidad es inadmisible para el investigador científico. Es parte de las obligaciones morales del investigador el denunciar la producción de los demás investigadores como otros tantos medios de defensa al servicio de las clases dirigentes y de su régimen de vida privilegiado.

La situación de los jueces y de los prácticos es insostenible con esta perspectiva. Ya sea que reconozcan su papel de mercenarios al servicio del poder injusto e ilegítimo, ya sea que sigan haciéndose ilusiones. En la medida en que no admiten ni una ni otra de estas situaciones, su deber es denunciar, gracias a los márgenes de apreciación que les dejan la ley y la sociedad, las iniquidades del sistema actual. ¿Con quién estamos nosotros? La respuesta no es dudosa y muchos magistrados y educadores se han unido a los investigadores para declarar, cada quien con los medios de que dispone, su negativa a cargar de nuevo con la responsabilidad de las injusticias del sistema.

Se afirma la primacía de la verdad sobre la de la eficacia. La promesa de una salvación total, la esperanza de un apocalipsis bienechor que deberá devolver al hombre su inocencia es para ellos la suprema fuente de esperanza y la motivación precisa de la acción.

Resumamos, para terminar. Hemos agrupado con indudable arbitrariedad toda una serie de pensamientos, a menudo diferentes entre sí, en dos modelos paradigmáticos. Los llamamos paradigmáticos porque se trata en verdad de dos modos de ver fundamentales, irreductibles uno al otro y cada cual con su epistemología, su teoría, su metodología y su deontología que, sin ser exclusivas, son específicas. Se trata en realidad de dos familias espirituales.

Hemos tratado de recordar durante toda esta exposición las incidencias de la epistemología sobre la teoría, de ésta sobre la metodología y sobre la estrategia de la acción política. Queríamos también recordar que la revolución cultural que ha disgregado la sociología hacia el final de los años sesenta deja tantas huellas en la criminología sociológica como dejó la irrupción de la antipsiquiatría en la criminología clínica...

Intelectuales, hombres de ciencia, consejeros del poder en materia de política criminal, consejeros del delincuente que la ley les confía, los criminólogos de la actualidad deben asumir todo el peso de esas contradicciones que nos impone la continua renovación de las modas y de los modos de ver científicos. Nuestra incomodidad moral e intelectual no debe sin embargo ser mayor que la de las generaciones precedentes. Cada vez que hay cierta ruptura en el edificio espiritual y material del mundo, la contradicción se hace más virulenta. Y esos períodos son mucho más frecuentes que aquellos en que prevalece el confort intelectual, asegurado por la tranquilidad que proporcionan verdades bien establecidas.

Las visiones del mundo que hemos descrito y con las cuales hemos relacionado las interpretaciones contemporáneas de la inadaptación juvenil se nutren de una tradición multisecular del mundo occidental. De su diálogo, de los resultados de su confrontación, depende la índole de la calidad de hoy como de la de mañana.

He tratado de presentar con objetividad los dos modelos de explicación sociológica de la delincuencia. He intentado extraer su mensaje para la política contemporánea en materia criminal. Me queda por decir algo acerca de mi propio modo de ver los problemas abordados.

En varias ocasiones he citado al filósofo Kolakowski [1976], porque mi posición personal, en lo esencial, coincide con la suya. Creo como él que la unidad del hombre no es posible. Si lo fuera, haríamos todo cuanto pudiéramos por imponerla. Y las peores tiranías de nuestro tiempo no invocaron razones más que ésa. Sus protagonistas no tenían otras motivaciones. Cuanto mayores son nuestras esperanzas para la humanidad, mayor es la tentación de ofrecerle sacrificios en holocausto. El dicho de Anatole France conserva su terrible actualidad: nunca se mató tanto como en nombre de una doctrina que proclama la bondad natural del hombre. Y podemos añadir que nunca se fue tan duro para con el hombre como cuando se le imponían sacrificios en nombre de la humanidad...

El mal que está en nosotros no puede dominarse, cuando menos parcialmente, sino gracias a la duda que debemos cultivar y que debemos firmemente ejercer cuando emitimos juicios no sólo en ciencia sino también en política. La mayor maña del diablo es la de hacer creer que no existe, decía Baudelaire. Pensando en él y en su poder de ángel caído deben el intelectual, el científico y el criminólogo confrontar y evaluar los peligros contrarios que implican cada acto y cada decisión que plantean en el debate y en la difícil acción relativa a la delincuencia.

4. CRIMINOLOGÍA COMPARADA: SIGNIFICACIÓN Y TAREAS

En la considerable obra de Sheldon y Eleonor Glueck, la criminología comparada ocupa un lugar mínimo en páginas pero considerable en cuanto a los proyectos y la ambición. Los investigadores que siguen los cánones de una actitud científica universal tienden a ampliar el alcance de sus conclusiones. Su rigorosa concepción del método científico hacía de la criminología, y de la criminología comparada, una ciencia tan universal como las demás. Pero se advierte la presencia de otro pensamiento criminológico, de inspiración sociológica, cuyos postulados, métodos y conclusiones, se apartan cada vez más de aquella criminología de la que los Glueck fueron los protagonistas más brillantes y fecundos.

Por eso nos proponemos en este capítulo interrogarnos acerca de los diferentes puntos de vista que se manifiestan en la criminología contemporánea y que ejercen una influencia decisiva tanto en la definición como en la significación de la criminología comparada. Acercando ésta a los conflictos epistemológicos y teóricos que se encuentra uno asimismo en otras ciencias humanas, hemos intentado contornear estos puntos de vista, a veces contradictorios.

En una segunda parte, teniendo en cuenta el diagnóstico de estas divergencias de confrontación entre "criminologías", proponemos un programa de acción que permita la expresión de todos los puntos de vista, el desarrollo de todas las experiencias que aseguran a la investigación comparativa condiciones satisfactorias de progreso y desenvolvimiento.

La obra de precursores de los Glueck no tiene par en los trabajos criminológicos de tradición sociológica. No tememos afirmar que esa obra está más allá de las querellas de escuela, tanto por su calidad como por su envergadura; por esta razón puede, a partir de postulados diferentes, y aun opuestos, contribuir al progreso de la ciencia mediante una confrontación fecunda. La criminología comparada, que tiene ante sí un prometedor porvenir, debería ser el terreno ideal donde se encontraran los criminólogos de todas las tendencias.

LOS DIFERENTES PUNTOS DE VISTA EN LA CRIMINOLOGÍA CONTEMPORÁNEA

Criminología y criminología comparada: contribución de la tradición positivista y científica

La criminología comparada nació al mismo tiempo que la criminología científica. En las obras de Lombroso, Garofalo y Ferri se plantea ya la cuestión de lo permanente y lo accesorio, lo "natural" y lo "añadido", en la conducta delincuente. Nada tiene esto de extraño si recordamos la inspiración darwiniana y marxista del pensamiento de los italianos que fundaron la criminología. Se creía en el postulado evolucionista de la especie humana, aunque por otra parte ésta fuera configurada por las diversidades socioeconómicas y culturales que caracterizan el progreso de la humanidad.

Se puede afirmar, de una manera general, que la mayor parte de las obras de criminología publicadas antes de 1920 fueron tratados comparatistas, es decir que aspiraban a la comprensión de la criminalidad como un fenómeno natural universal. Y así Gabriel Tarde intitula *Criminalidad comparada* el libro en que examina y critica la contribución de la escuela italiana. Las investigaciones de Lombroso sobre los delincuentes políticos son de vocación tan universal como las de Durkheim sobre el suicida o la de Gina Lombroso sobre la mujer criminal.

Sorprende el considerable eco que tuvo la conferencia pronunciada por Sheldon Glueck en el IV Congreso Internacional de Criminología en La Haya, en 1960. Era en cierto modo una respuesta al llamado de las Naciones Unidas cuyo primer congreso, celebrado en Ginebra, estaba dedicado a la prevención del crimen y al trato a los delincuentes. He aquí en qué términos cita Glueck esas recomendaciones: "Habrán de realizarse investigaciones comparativas, coordinadas e interdisciplinarias para determinar los efectos relativos de los programas en diferentes países y mediante la cooperación entre investigadores de diferentes países a fin de crear un campo nuevo, sumamente prometedor, de criminología comparada, para determinar uniformidades y diferencias en las influencias causales, en los factores de predicción y en los resultados de programas de prevención y tratamiento, así como para crear una verdadera ciencia de la criminología" [citado por Glueck, p. 304].

Hermann Mannheim, en su tratado de *Comparative Crimino-*

logy, publicado en 1964, responde a la invitación de Sheldon Glueck, "repetición de investigaciones destinadas a descubrir universales etiológicos que hagan de agentes causales independientemente de las diferencias culturales entre los diferentes países" [p. XI].

Jean Pinatel, en su tratado publicado en 1964, manifiesta el mismo cuidado; somete al mismo examen todos los determinismos, ya sean biológicos, psicológicos o socioculturales, y sin tener en cuenta el origen de los datos.

En efecto, en la criminología del paso al acto, centrada en el estudio de los mecanismos que desencadenan el acto antisocial, la actitud comparativa es natural en el investigador. Se supone que el potencial antisocial es fundamental y se halla presente en cada sociedad; se presume la existencia en cada individuo, ya sea en el nivel de la afectividad, ya en el de la socialización, de defectos y orientaciones que inclinan a los actos antisociales, reprimidos por el legislador, cualquiera que sea. En la misma perspectiva se postula, explícita o implícitamente, la universalidad fundamental de la naturaleza humana, a la cual imprimen las condiciones socioeconómicas y culturales un número limitado de variaciones. Además, siendo el punto de partida del análisis la conducta humana, son preferidos los datos individuales; no es raro advertir cierto reduccionismo biopsicológico que caracteriza muchas teorías sobre la "personalidad criminal". A medida que nos alejamos de los hechos en que se fundan los análisis biopsicológicos, el interés y el valor de las comparaciones disminuyen. Porque, ¿qué valor heurístico pueden tener comparaciones estadísticas relativas a los divorcios, el alcoholismo o las toxicomanías procedentes de países con culturas muy diferentes y casi siempre también con niveles de desarrollo socioeconómico diferentes?

Como la teoría organicista y evolucionista corre parejas, cosa bastante curiosa, con la teoría conductista, se orienta hacia la aplicación de las más diversas sociedades. Esta predilección por el método comparativo tiene varias razones:

a] el postulado de la unidad fundamental de la "naturaleza humana", constituida por un conjunto de aspiraciones y de repulsiones;

b] el postulado de las variaciones limitadas entre estructuras, organizaciones culturales y tipos de personalidades que se expresa en el concepto de la "personalidad modal";

c] el postulado del determinismo científico que supone la explicación del acto, variable dependiente, por variables independientes o intervinientes, procedentes sea del mundo metodológico, sea de la personalidad;

d] el postulado según el cual cada sociedad define sus reglas de conducta y castiga a quienes las transgreden.

En el lapso entre las dos guerras, se asiste en Europa a un eclipse de esta criminología de vocación universalista; las dictaduras totalitarias de inspiración humanista se enfrentan a crisis sociopolíticas graves que no crean una atmósfera nada propicia a su desenvolvimiento. Por su misma orientación, la criminología comparada es un obstáculo para el florecimiento de los dogmatismos nacionalistas o socialistas.

En cambio el estudio de la criminalidad en Norteamérica durante este período se impregna de empirismo y de pragmatismo. Se nota la ausencia de las perspectivas universalistas que caracterizan el espíritu científico norteamericano en la primera mitad del siglo XIX. Esta concentración del interés de los investigadores en los problemas sociales con vistas a una reforma inmediata imponía un espíritu particularista y utilitario. El naturalismo reformista de la tendencia ecológica de Chicago expresa mejor las orientaciones en este pensamiento.

Pero los Glueck parecen haberse sustraído a ese movimiento general, como se echa de ver en los postulados donde proponen su programa de investigaciones comparativas, que podemos agrupar en cuatro categorías.

a] Los estudios sobre la reincidencia y el impacto de los programas de tratamiento o de resocialización en la carrera "criminal" de los individuos. Se podrían determinar los ciclos de la vida de un individuo marcando bien los episodios antisociales, así como el impacto de las medidas judiciales o correccionales tomadas contra ellos. Comparando un gran número de experiencias, se pueden evaluar las oportunidades de resocialización de los reincidentes en las diversas épocas de su vida. Estos análisis abarcan la utilización de las horas libres, la satisfacción de las obligaciones pecuniarias respecto de los dependientes, la constancia observada en el empleo, etcétera.

b] Los estudios sobre la causalidad de la delincuencia ofrecen también muchas posibilidades en el dominio de las comparaciones transculturales. En efecto, al contrario de la teoría psicológica subyacente en el derecho penal clásico, que simplifica hasta el punto de suponer una decisión racional en la base del acto criminal, la teoría de "multicausalidad" postulada por los Glueck ofrece una explicación multidisciplinaria, mucho más matizada y rica en posibilidades heurísticas. Los estudios de predicciones realizadas en varios contextos nacionales serían un instrumento privilegiado del método comparativo.

El valor educativo de las sanciones tomadas contra los delincuentes se basa en buena parte en las relaciones entre su edad cronológica y su madurez afectiva. Un contexto transcultural parece a nuestro autor muy propicio para verificar ese lazo y esas variantes.

c] Otro tanto ocurre con los estudios consagrados al predominio de ciertos tipos físicos en las poblaciones criminales. Sabido es que en sus investigaciones, los Glueck observaron una mayor frecuencia de constituciones mesomorfas entre los condenados.

d] Finalmente, destaquemos la importancia de los análisis comparativos para los procedimientos legales o medicopsicológicos. Efectivamente, se observa una diferencia, muchas veces considerable, entre las disposiciones o estipulaciones de tales procedimientos y el conocimiento científico de la realidad humana a que se aplican. El recurso y la duración de la detención preventiva, los criterios utilizados para evaluar la salud mental de los acusados, la definición de "psicópatas" o de "criminales de costumbre" constituyen otros tantos ejemplos que piden las luces del método comparativo.

El relativo fracaso de la criminología clínica comparada

Los progresos de la criminología comparada, según las perspectivas marcadas por Sheldon Glueck, han sido modestos desde hace 12 años. Esto se debe, en lo esencial, a dos razones. La primera, paradójicamente, se debe al extraordinario incremento de las investigaciones criminológicas en las escenas nacionales. Habiendo aumentado considerablemente la criminalidad, lo que provoca sentimientos de crisis aguda y aun de pánico en ciertos estados, los poderes públicos, como la comunidad universitaria, han incrementado sus labores de investigación, en particular en el campo de la evaluación de los programas de tratamiento y prevención de la delincuencia. La preocupación relativa a los efectos de la sanción penal fue dominante en este decenio e hizo nacer una verdadera criminología aplicada en el punto de enfrentamiento de los universitarios con la administración pública. La movilización de los recursos humanos y materiales fue tal que quedaban poco interés y poca energía para los estudios comparativos.

Se presenciaba un relativo estancamiento de los estudios etiológicos acerca de la causalidad de la delincuencia. En cambio aumentaban espectacularmente los trabajos de evaluación de las medidas y del programa de resocialización, de prevención. Las hipótesis subyacentes a las medidas correccionales y preventivas fueron objeto de investigaciones sistemáticas sumamente espectaculares. Anotemos las de Glaser sobre los establecimientos penitenciarios norteamericanos, así como los trabajos de Warren y Grant sobre medidas de reeducación y prevención. Algunos de estos estudios podrían ser objeto de análisis comparativo, en el plano de la metodología. La penología es quizá la que más puede beneficiarse de estos progresos, como lo muestran los trabajos de análisis y de comparación emprendidos en el Consejo de Europa y en las Naciones Unidas.

La segunda razón de este modesto desarrollo se debe a la aparición de otra escuela criminológica, que podemos llamar la "criminología de la reacción social". En efecto, al examinar las causas de la crisis social que denota el aumento de la criminalidad se advierte que el sistema de administración de la justicia y el código penal parecen tener una gran importancia en el análisis y la comprensión de este aumento. Si la criminalidad aumenta, hecho notorio tanto para los ciudadanos comunes y corrientes como para los poderes encargados de la defensa social, ¿se debe ante todo al aumento de los factores criminógenos biopsíquicos o socioeconómicos, o es más bien efecto de la insuficiencia de acción preventiva y represiva por parte de los servicios de policía y los tribunales? ¿Puede atribuirse el fracaso de las medidas correccionales en los diversos servicios, como la probación, las prisiones, la libertad vigilada, la poscura, o bien, y más fundamentalmente, a la diferencia entre los valores consagrados por las normas y las reglas del derecho penal y los valores, las aspiraciones de una parte creciente de los miembros del cuerpo social?

Dicho de otro modo: ¿se puede analizar la conducta extraviada *independientemente* de los mecanismos de selección, de adjudicación y de sanción que operan por mediación de los servicios que componen la administración de la justicia? Esta cuestión, presente en la obra de los sociólogos europeos del derecho, vuelve a aparecer una y otra vez en los sociólogos norteamericanos desde que empezó la década de los sesenta.

¿No es la criminalidad mucho más reflejo del funcionamiento de ese sistema institucionalizado de control social que de la distribución verdadera de la conducta antisocial en el seno del cuerpo social? Además, las normas mismas que interpretan los organismos creados para la lucha contra la criminalidad y la prevención del crimen, ¿expresan criterios de apreciación inmutables o bien son simplemente reflejo de una situación social conflictiva, donde la mayoría impone su ley a la minoría? Después de Sellin, Gorges Vold planteaba entre los primeros esta cuestión de un modo sistemático en la criminología norteamericana contemporánea.

¿No se trata en definitiva de una cuestión de poder, donde los que dominan imponen sus "leyes" a los dominados, y la acción de los primeros se califica de "legítima" y la "resistencia" de los otros se considera ilegal? En los Estados Unidos, sobre todo después del proceso de Angela Davis, algunos círculos negros norteamericanos no vacilaban en ver en el sistema de justicia criminal norteamericano un medio de opresión social y racial, y en todos los detenidos negros prisioneros políticos.

Crítica de la criminología: el conflicto epistemológico en las ciencias humanas

La criminología de la reacción social nació así, inspirada por los trabajos de autores como Garfinkel, Becker, Cicourel, Cohen, Goffman, Lemert y Matza en los Estados Unidos, Shoham en Israel, Christie y Aubert en Noruega. En el continente europeo, los sociólogos del derecho en general, como Treves en Italia y Versele en Bélgica, con diferencias a veces importantes, aparecen en esta escuela de pensamiento.

El punto de partida de estos estudios no es el análisis de los factores criminogenéticos de la personalidad o de la sociedad, porque el criterio mismo de lo que es "criminal" es puesto en tela de juicio por muchos. Por ejemplo, Lemert propone retomar criterios tradicionales de "diferenciación social" para remplazar a la oposición normal-patológico; lo que se parece bastante a la sugerencia de Leslie Wilkins, que clasifica los actos humanos según un continuo entre dos polos extremos que podríamos llamar virtud y delito. El criterio utilizado es el mismo que Durkheim había propuesto ya para la "normalidad", o sea la definición que da la sociedad de lo que para ella es tolerable. El delito como el castigo son "funcionales" con relación a la organización social.

Es también ahí donde se acercan, hasta cierto punto, las opiniones de la escuela de la reacción social y de la "estructuralista", o "situacionista", o "existencial" de las ciencias humanas. En efecto, muchos autores rechazan la definición del acto normal y por consiguiente de la "conducta extraviada" según los criterios de ciertos grupos dominantes de la sociedad. "Lo que calificamos de 'normal' —escribe Laing en su 'política de la experiencia'— es un producto de la inhibición, del rechazo, de la renuncia, de la disociación, de la proyección, de la introyección y de otras formas de acciones destructivas de la experiencia." Y concluye: "Esto es totalmente ajeno a la estructura del ser" [p. 24]. Estamos, pues, en presencia de una epistemología que cuestiona los modelos conductista, gestaltista, positivista, culturalista que, con muchos matices y escuelas de pensamiento, dominan todavía el pensamiento científico moderno.

La socialización y el aprendizaje, sus mecanismos y sus efectos han estado en el corazón mismo de las ciencias psicosociológicas desde hace más de medio siglo. Genética en el pensamiento de un Piaget, dinámica y analítica en Erikson, experimental y materialista para Eysenck y Skinner, la interpretación contemporánea de la conducta desviante o no, adopta un contexto normativo que no cuestiona los valores axiológicos de la tradición naturalista y humanista de la cultura occidental. La ciencia conserva aquí una función crítica, aunque no sea comprometida ni activista; se reconoce lo mismo el valor de la objetividad en la actividad intelectual, por relativa que sea, que el del ejercicio de un libre examen que atempere las pasiones ideológicas.

Utilitaria a veces, apartándose otras del contexto sociocultural y político, esta tendencia no admite la sumisión de la investigación científica a ningún *genio* extrínseco a la lógica de la exploración científica. La obra de Carl Popper en la filosofía de las ciencias, la de Hayek en la filosofía social, caracterizan bastante bien la *ideología* de estos investigadores.

Los conceptos de "alienación", "espontaneidad", "creatividad" unidos a las fuerzas vivas de la personalidad, a las virtualidades del "ello" freudiano, constituyen el punto de partida de muchos análisis recientes. Una nueva definición de la "estructura del ser" remplaza los postulados inspirados o apoyados en las investigaciones de la tradición conductista o positivista. Los esquizoides, los esquizofrénicos o los histéricos padecen formas de alienación diferentes de las que se consideran estadísticamente normales. La persona "normalmente alienada", escribe Laing, es considerada mentalmente sana porque obra más o menos como todo el mundo. Las otras formas de alienación, las que no corresponden a un estado general, son calificadas de malas o de dementes por la mayoría normal. La conclusión de Laing, el juicio de valor que emite sobre la sociedad y el hombre contemporáneos, la comparten probablemente la mayoría de los analistas de la "criminalidad" en términos de reacción de la sociedad al extravío. Afirma que la alienación es la condición del hombre normal. La sociedad aprecia mucho al hombre normal. "Enseña a los niños a perderse a sí mismos, a volverse absurdos, o sea (para ella) a ser normales." Y como estamos eminentemente en el dominio normativo, donde la conclusión teórica tiene un alcance inmediatamente práctico y político, Laing concluye: "Desde hace cincuenta años, los hombres normales han matado tal vez a unos cien millones de semejantes suyos, igualmente normales" [p. 25].

El pensamiento neomarxista y neohegeliano bien presentado por Gouldner en los Estados Unidos y por Althusser y sus alumnos en Francia, está encarnado en la forma más espectacular en la obra de Marcuse y de la Escuela de Francfort y encausa radicalmente la tradición científica basada en la objetividad del investigador y en la utilidad del conocimiento científico.

Se denuncia en ella la hipocresía del investigador que aspira a ser objetivo: todo conocimiento es juicio, discriminación, evaluación y toma de posición. El proceso de alienación y de represión se halla ya en el nivel del lenguaje, cuyas estructuras constituyen otras tantas tomas de posición ideológica. La función crítica del intelectual comienza por una crítica radical del aparato lingüístico, del que uno de los portavoces es N. Chomsky.

Toda ciencia se sitúa con relación a conflictos entre poderes que reflejan relaciones de fuerzas y negarlo sería un maquiavelismo tan deshonroso como la Realpolitik [Gouldner, p. 486].

Se denuncia con virulencia la asimilación positivista entre lo "útil" y lo moralmente bueno, y el humanismo tradicional que impregna el espíritu científico es considerado un grave error, y hasta una falta moral. En efecto, los postulados evolucionistas y positivistas que erigen en principio el valor *per se* del conocimiento científico son recusados, porque todo conocimiento debe concebirse como formando parte del sistema de control y de manipuleo de los poderes establecidos.

De acuerdo con esta sociología comprometida, la praxis es el criterio de la ciencia: si se lucha por una buena causa, la ciencia humana es aceptable. Si no, depende servilmente del poder establecido, cualquiera que sea. Evidentemente, el poder se concibe aquí como la fuerza burocrática por excelencia, puesta al servicio de intereses materiales y morales: toma su sustancia de y se mantiene por la alienación impuesta a quienes padecen esta organización de los poderes.

Es preciso destacar especialmente la aportación de pensadores como Garfinkel, Goffman y Lemert que, gracias a un excelente análisis psicológico, han iluminado los mecanismos de interacción entre un individuo que tiene problemas de adaptación social y la reacción de la sociedad a su conducta. Bebiendo de los veneros de la psicología de G. H. Mead y de la filosofía de A. Schutz, estos autores ilustran las sutiles relaciones de condicionamiento mutuo que surgen por un "extravío" de conducta en el seno mismo de los mecanismos de control social. Al contrario de las hipótesis simplistas que postulan reacciones de causa a efecto entre "extravío-sanción-disuasión-reincidencia o reinserción social", estos autores muestran cómo las pulsiones antisociales se refuerzan tanto en el nivel de las sastisfacciones inmediatas, de las necesidades de la personalidad, como en el de los mecanismos de control social previstos para ellos en el nivel de la organización social. Para el bebedor inveterado, el ladrón o el agresor sexual compulsivos, los mecanismos de extravío son nutridos y alentados por necesidades instintuales, a veces mórbidas, en el nivel de la personalidad.

En la sociedad misma, mecanismos institucionalizados de control como los hospitales psiquiátricos, las prisiones, las instituciones comunitarias de bienestar social, contribuyen mucho a reforzar mecanismos psicológicos y conductas "extraviadas" creando en el individuo una identidad doble, normal y extraviada a la vez. La consecuencia es una crisis permanente de identidad para la víctima de esta situación. La persona así marcada es jaloneada entre su polo negativo (antisocial) y el positivo (prosocial). Esta tensión es la piedra de toque en la explicación del extravío.

Goffman, siguiendo a Simmel, profundizó el proceso de estigmatización: lo puso en el origen de esos papeles contradictorios que surgen en el seno de una personalidad sembrando en ella la confusión y alienándola. Estos papeles conflictuales reflejan las culturas, las subculturas y las organizaciones sociales de que forma parte el individuo, que es al mismo tiempo sostén y víctima, sustancia y producto de esas estructuras en situaciones de conflicto.

La criminología clínica postulaba la actitud terapéutica, apuntaba a la reinserción social del delincuente. La criminología de la reacción social proclama el derecho del hombre a ser diferente, y aun extraviado. Kittrie [1971] analiza los datos de esta confrontación entre las dos escuelas. Si los criminólogos clínicos reflejan la sociedad y el orden establecido al aceptar implícitamente el marco jurídico e institucional de la sociedad y de su justicia, los partidarios de la escuela de la reacción social impugnan sus formas y su fondo.

Los especialistas de las ciencias humanas, ya sean psiquiatras, sociólogos o criminólogos, se hacen entonces portavoces de las minorías cultural o legalmente reprimidas y que padecen de alienación por culpa de los grupos mayoritarios. Todos los grupos sociales que cuentan en su seno con un número importante de individuos de conducta "no conformista" o que padecen de discriminación se hallan en la imaginería proyectada por análisis como los de Kaing, por ejemplo. Entre los jóvenes, los artistas, las minorías étnicas o religiosas, se hallarán ejemplos más abundantes de tal epistemología que entre las categorías socioculturales conformistas.

Es así como en las clases medias industriales, comerciales, artesanales y profesionales, en las burocracias oficiales y privadas, entre los técnicos y obreros en movilidad social ascendente, las actitudes no conformistas y "extraviadas" suscitan lo que Lombroso denomina "misoneísmo", o sea el sentimiento de resistencia al cambio, de hostilidad a la innovación y la renovación. Resulta de ahí una oscilación entre los movimientos de reforma y de contrarreforma que privilegia alternativamente los valores de cambio y los de estabilidad. Al cuestionamiento y la lenta erosión de las normas y los valores conformistas corresponde la temible capacidad de recuperación de las estructuras sociales organizadas, que absorben las críticas de las élites impugnadoras al compás mismo de un cambio compatible con la preservación de los intereses ya creados. Es la alternativa de la "larga marcha por los desiertos" de las instituciones.

Los valores del conservadurismo y del progresismo se remodelan después de cada confrontación y se transmiten en forma de una nueva síntesis a las generaciones futuras. Los grupos sociales que son portadores de estos valores permanecen notablemente estables y los factores de estabilidad y de inestabilidad socioculturales se reequilibran sin cesar (véase el análisis de Kahn y Briggs, en particular los capítulos IV y V).

Esta ciencia social puesta al servicio de las causas minoritarias hace evidentemente de los partidarios de otras epistemologías (funcionalistas, positivistas, neokantianos, etc.) los defensores del *statu quo* de la mayoría "conformista"; se convierten en apoyos culpables del mantenimiento de las alienaciones que zapan la salud moral de la humanidad. Cada vez más se plantea la cuestión: ¿con quién está uno?

La ciencia se ha vuelto sinónimo de compromiso personal al servicio de una causa, y entonces uno asimila al no militante con el defensor de las peores iniquidades del sistema social. Y así los ecólogos resultan los más culpables agentes de la contaminación; los demógrafos, del genocidio; los especialistas en relaciones industriales, de la explotación de los asalariados y los politólogos y economistas, del complejo militar-industrial que controla el gobierno. Finalmente, el criminólogo, ya sea psiquiatra o funcionario de probación, responsable de planificación, o investigador universitario, es más responsable del carácter medieval de los servicios judiciales y correccionales que el ex coronel o el abogado que dirige casi siempre esos servicios y que detenta el poder real.

Grandes instituciones sociales que constituyen correas de transmisión de los valores y las aspiraciones de la colectividad aparecen como factores principales de alienación y por consiguiente como instituciones a derribar. No estando ya de acuerdo en cuanto al criterio mismo de la normalidad y de la sanción que debe acompañarla, ¿cómo podrían aceptarse instituciones como la familia, la escuela, el trabajo, la justicia, configuradas en función de los valores declarados falsos y recusados por minorías activas?

De la lectura de ciertos trabajos animados por un empeño revolucionario de rehacer las estructuras de las instituciones para que correspondan verdaderamente a los nuevos criterios, o las nuevas aspiraciones, de las minorías "alienadas" se desprende una verdadera atmósfera de guerras de religión. Es también aquí Laing quien mejor expresa la autenticidad de este llamado a renovarse: "No obstante, cada vez que nace un niño aparece la posibilidad de una tregua. Cada niño es un ser nuevo, un profeta potencial, un nuevo príncipe del espíritu, una nueva chispa de luz deslumbradora en las tinieblas ambientes. ¿Cómo suponer que no haya esperanza?" [p. 26].

Rehacer la sociedad rehaciendo el hombre, tal es el programa de esta renovación que tan frecuentemente ha pasado al banco de pruebas en la historia de la civilización humana. Al reformular las normas que rigen las instituciones se introducirá el fermento del cambio necesario para la dinámica social. Entonces preconiza uno la antiescuela (Ilich), la antipsiquiatría (Laing) o la antijusticia (Versele) para abatir los determinismos alienantes de las estructuras actuales.

Las reformulaciones radicales presentadas de un modo dogmático y propagadas a menudo con un militantismo intolerante suscitan resistencias a veces legítimas, pero casi siempre irracionales. Las proposiciones presentadas en términos de alternativa, tanto de valor moral como de utilidad social, parecen de todos modos tener más probabilidades de ser aceptadas como una pedagogía de la aplicación de los resultados de investigaciones científicas.

Claro está que sería exagerado caracterizar toda la criminología de la reacción social por los rasgos radicales y revolucionarios que hemos esbozado. La sociología del derecho europeo se contenta con describir los mecanismos de las tomas de decisión del aparato judicial, y las reacciones de la opinión pública, sin por eso cuestionar la epistemología científica tradicional.

De todos modos, la puesta en causa de las instituciones no puede evitarse en absoluto cuando se observan las considerables diferencias que hay entre los hechos y las normas en las sociedades de tendencias democráticas e igualitarias. No obstante, la autoridad del estado está más tradicionalmente reglamentada, más circunscrita y es también más abusiva en la tradición europea. Bajo el imperio del derecho consuetudinario, en América del Norte en particular, este poder reglamentario es más reducido, estando aceptado y practicado el principio del estado liberal no intervencionista. El liberalismo definido por J. St. Mill y el espíritu libertario de Voltaire ("Cualquiera que sea el contenido de su mensaje, tiene usted el derecho inalienable de difundirlo y defenderlo") han prevalecido ampliamente en el continente. Entonces no tiene nada de sorprendente que sea en la América del Norte donde se hayan puesto de manifiesto más consecuencias prácticas de estos cuestionamientos sistemáticos. La tradición del comunalismo autogestionario es alentada por el sistema constitucional y por la historia. El derecho de ser diferente es una vocación nacida con la creación misma de los Estados Unidos.

Por eso no es sorprendente que el análisis de las normas de la mayoría desde el punto de vista de la minoría, cualquiera que ésta sea, haya planteado rápidamente el problema de la legitimidad de la sanción. Además, se ha puesto en evidencia el poder discrecional con que cuentan normalmente en un estado liberal norteamericano los órganos que administran la ley y la justicia. Se ha visto que la interpretación dada por la policía al acto "criminal" tiene un margen de apreciación enorme, que da al policía un verdadero papel de "justiciero" que ni la ley ni su formación ni, sobre todo, su vocación prevén ni le exigen. Es una justicia (acusación + sanción) sin proceso (ni garantías judiciarias) según el dicho contundente de J. Skolnick. Para todo fin práctico, lo arbitrario se erige en sistema: D. Cressey compara con razón al agente de la justicia con un diplomático. Los procedimientos de pronunciación de la sentencia, con el poder de apreciación, por lo general elevado, del juez, son desde hace mucho tiempo estudiados, y sus inconsistencias reveladas. El incremento del *case load*, la deficiencia del equipamiento tecnológico de los tribunales han hecho lanzar gritos de alarma a las más altas autoridades judiciales y políticas de los Estados Unidos.

La misma opinión se ha emitido acerca del fracaso del sistema correccional, cuyos efectos de "resocialización" no son convincentes.

Ante las arbitrariedades y la ineficacia del sistema de administración de la justicia (un "no sistema", según sus detractores), algunos investigadores han propuesto proceder a comparaciones entre sistemas semejantes. Los trabajos de investigación más significativos concebidos con la perspectiva de una reacción social al extravío son, pues, monografías meticulosas que describen y analizan el funcionamiento de una institución (por ejemplo la policía, los tribunales y las prisiones) o de una subcultura organizada en torno a valores "minoritarios" (fumadores de mariguana, rebeldes en moto, hippies, comunas de los *drop outs*, etcétera).

Paradójicamente, el aumento de "competencia" de los servicios encargados de administrar la justicia (policías, jueces, trabajadores sociales, criminólogos, etc.), aumenta los efectos nefastos del sistema para quienes lo recusan. En efecto, los especialistas mejor preparados en técnicas de ciencias humanas, administrativas y jurídicas no hacen más que aumentar la separación entre los valores calificados de "auténticos" por las minorías reprimidas y los de la mayoría opresora y conformista. El "mejorismo", el reformismo tradicional de los investigadores preocupados por los problemas sociales y la política social sería entonces una empresa tan nefasta, aunque más insidiosa, que la represión brutal. Por lo tanto será necesario tratar de racionalizar y justificar las ideologías "mejoristas" de las élites *in group*.

Recordemos las implicaciones subjetivas y políticas de estos problemas, porque desde hace algún tiempo presenciamos una "politización" aguda de los debates, tanto en el campo de la criminología como en el de las demás ciencias humanas y sociales. No hay por qué recordar aquí las crisis de conciencia que han sacudido a la historia, a las ciencias políticas, sociológicas, antropológicas y psicológicas. Digamos simplemente que esas confrontaciones, cargadas de un contenido emotivo considerable, no dejaron de afectar a todo y a todos. La denuncia por Szasz de sus colegas psiquiatras no es menos violenta que los portavoces de los grupos minoritarios cuando impugnan la legitimidad del castigo que los hiere.

Los movimientos antipsiquiátricos, anticriminológicos, variantes de la tendencia "anticientífica" general, reflejan la crisis moral de los medios intelectuales. Esta crisis universal golpea de modo muy particular a los medios científicos no norteamericanos [D. Nelkin, 1972]. Resumamos nuestro discurso volviendo a las consecuencias del mayor papel que las ideologías desempeñan en la criminología. Notemos ante todo la *polarización* de las posiciones que cristaliza unas hipótesis en dogmas sagrados y transforma a los partidarios de opiniones diferentes en individuos inmorales y peligrosos. Tomas de posición por lo demás muy semejantes resultan así separadas e irreconciliables. El de extrema izquierda, por ejemplo, juzgará más subversivas las opiniones de la izquierda moderada que las de la derecha; así lo quiere la tradicional división de las opiniones de extrema derecha o de extrema izquierda en grupúsculos cerrados, cada uno de ellos el más terrible defensor de su "verdad". La hostilidad respecto de cualquier tipo de investigación es muy clara. Porque las respuestas están ya ahí, perentoriamente señaladas por la ideología. Los hechos nuevos no pueden hacer más que oscurecer indebidamente el debate, subvertir la verdad ideológica al sugerir su posible relatividad. *El catastrofismo* marca los dogmatismos extremos de la derecha y de la izquierda: si no se aceptan los remedios propuestos *in toto*, no se puede esperar ninguna salvación. Si el régimen sobrevive, será por haber sido advertido de las catástrofes inminentes por las premoniciones de los profetas. La *exageración de los hechos* asociada a las amenazas que representa "el enemigo" es clarísima: el número y la calidad de la organización de los militantes contrarios se consideran, con mucho, superiores a lo que en realidad son. Los grupúsculos extremistas son evidentemente minoritarios y sus sentimientos de miedo e inseguridad hallan su justificación subjetiva en la exageración de los peligros que sobre ellos se ciernen. Finalmente, la *distorsión sistemática* de la posición adversa es un arma utilizada desde siempre en las querellas de carácter ideológico. La lectura de las polémicas, con su recurso sistemático al bestiario y al vocabulario escatológico, impresas en la historia de los partidos comunistas de obediencia trotskista o estalinista, es de las más edificantes al respecto. El carácter sagrado del fin justifica todas las tácticas independientemente de los medios. El debate entre L. Wilkins y W. Korn ilustra lo que decimos.

¿A quién toca entonces decidir la cuestión?

La creciente potencia concentrada en las manos de grupos restringidos que ejercen el poder de decisión asusta al intelectual particularmente sensible a las posibilidades de errores e injusticias. El fracaso de las élites que ejercen esos poderes pone en duda más que cualquier especulación filosófica la legitimidad de ese ejercicio.

En criminología particularmente, es preciso reconocer que son poquísimas las soluciones proponibles para el patente fracaso del sistema actual. ¿Hay un fundamento científico en la mayoría de las reformas que de todos modos el criminólogo no vacila en recomendar? ¿Sabemos siquiera las causas de la conducta extraviante? El terreno es, pues, muy poco firme en cuanto a la evidencia científica ante las confrontaciones ideológicas. En definitiva, tenemos que reconocer el enfrentamiento de una filosofía reformista a una revolucionaria ¡sin que la ciencia tenga mucho que ver en ello!

Uno de los importantes criterios de la legitimidad es el triunfo, el éxito: un sistema es menos impugnado y sus valores son menos violentamente recusados cuando sus élites y sus empresarios morales aseguran una satisfacción bastante general a las aspiraciones de los diversos estratos de la población. El ejercicio del poder se efectúa por delegación democrática en los órganos de ejecución; cuanto menor es la ambigüedad acerca de los valores y las normas a sancionar, mayor es la aceptación tácita de la imposición al servicio de tales valores. El poder constituido resulta así un concepto clave para el criminólogo revolucionario. El acto de violencia expresa una protesta contra las normas-valores del sistema establecido. "Los hombres que tienen una conducta peligrosa y desesperada, y en verdad cualquier conducta, tienen cierto derecho a que se tome en serio el significado que ven en sus propios actos, y que desean que vean los demás" [citado por Skolnik, p. 69].

No se vacila en calificar de contrarrevolucionaria toda aspiración de cierta neutralidad en la actividad científica. En esta visión polarizada y maniquea de la realidad social y del papel del poder, todo gesto revolucionario es manifestación de la reacción a una alienación patológica fundamental del hombre oprimido. No cabe neutralidad entre las fuerzas del bien (minoría oprimida) y las del mal (dominación, represión social y judicial). [Skolnik, pp. 7-72].

"Querríamos ver varias formas de acción colectiva, dentro o más allá de la ubicación social y política 'normal' o convencional a la luz de la capacidad de fomentar (o retrasar) la creación y el mantenimiento de estos valores" [Skolnick, p. 71].

La ira de nuestro autor, dirigida contra el sociólogo Smelser, se alimenta de las mismas fuentes que la de Szasz y Laing. La politización de la ciencia es, pues, total en esta perspectiva y recuerda la de los marxistas leninistas de los países donde la doctrina todavía no ha triunfado. Ellos también eran los portavoces de las minorías alienadas, y recordamos el poderoso atractivo de la dialéctica del amo y el esclavo. No es inútil considerar las condiciones en que se ejerce la actividad científica una vez transmutada la alienación de esas minorías en ejercicio del poder liberador [R. R. Medvedev, 1971; J. Cohen, 1968; W. D. Connor, 1972].

Recordemos para terminar las frases de G. Ferrero: "El poder no se vuelve legítimo y no se libera del temor sino por el consentimiento, activo o pasivo, pero sincero, de quienes deben obedecer. No hay que olvidar nunca este doble movimiento en dirección inversa del poder y de la legitimidad. Es él quien nos explica por qué la democracia no puede legitimarse sin unidad espiritual interior; si todo el pueblo no está de acuerdo no sólo sobre el principio de legitimidad sino también de los grandes principios de la vida moral y religiosa. Si no existe esta unidad, el derecho de oposición se convertirá en campo de un duelo a muerte. Los partidos, en lugar de batirse en torneos caballerescos, tratarán de aniquilarse mutuamente. Ya no será posible el juego de mayoría y minoría; a la primera oportunidad, uno de los partidos contendientes se adueñará del poder por la fuerza y acabará con el adversario. Se caerá en el gobierno revolucionario" [p. 318]. Esta cita no deja de recordar los escritos de Hermann Hesse, y sabido es cómo expresaron éstos la atmósfera de Europa después de la primera guerra mundial. Hay quien no duda en establecer paralelos entre esta época y la que prevalecía en algunos medios intelectuales al finalizar los años sesenta.

Preciso es reconocer los estrechísimos límites dentro de los cuales recurren efectivamente a las luces de la ciencia quienes ejercen el poder político o administrativo. La finalidad de los dos órdenes es radicalmente diferente, porque el poder lo ejerce una *leadership*, sea para defender los intereses tales y como los interpretan los electores, sea en nombre de una mayoría democrática, o bien de una ideología que es declarada "verdadera". Se proclama entonces que la defensa de los intereses "superiores" corresponde al bien común.

El hombre de ciencia, por el contrario, examina y calcula las consecuencias de las opciones normativas, cualesquiera que sean. No le toca a él redefinirlas. En cambio se expresa como intelectual en el orden normativo y puede negarse a servir a causas que él condene. Es ahí donde surgen verdaderos conflictos de funciones; piénsese en toda la literatura que suscitó el famoso proceso de Oppenheimer con relación al empleo de la ciencia en la guerra atómica.

Un principio debe respetarse siempre en criminología comparada: conviene tomar siempre por punto de partida el sistema de control de la criminalidad; el basarse en las condenas de los tribunales no permite sino registrar el funcionamiento del sistema judicial. Y como este control particular pertenece a un sistema más amplio de control social, Christie aboga por una restitución del estudio sociológico a la perspectiva sociológica total que englobe el sistema social en su conjunto: "Tenemos que estudiar sistemas sociales, no atributos aislados" [p. 44]. Y concluye: "El crimen no puede entenderse sino en relación con todo el sistema social. Mientras este sistema no sea suficientemente conocido y comprendido, en la mayoría de los casos tendremos poco que ganar comparando el cuadro de la delincuencia entre dos sociedades diferentes" [p. 44].

Con esta perspectiva, los temas que propone a la atención de los investigadores resultan muy diferentes de los que planteaba Sheldon Glueck diez años antes. Christie desea una discusión metodológica acerca de los medios más adecuados para delimitar la inconsistencia y la insuficiencia de los datos criminológicos que produce la administración de la justicia. Según él, es preciso analizar el funcionamiento real del sistema de control social. Para lograrlo parece ser un medio práctico el estudio de las conductas extraviadas en dos o varias sociedades diferentes y ver, en particular, sus variaciones en el tiempo, la sustitución de una conducta extraviada por otra, etcétera.

Un camino prometedor de la investigación parece ser el análisis comparativo de sistemas sociales relativamente delimitados, como la cárcel, la policía, etc.; monografías nacionales realizadas en varios países permitirían estudiar el papel desempeñado por tales organismos en el sistema de control social y se podrían señalar las especificidades locales por el método comparativo.

Esto es todavía más recomendable cuando se trata de proceder a la comparación de la criminalidad entre países *in toto*: conviene entonces ubicar el análisis en la perspectiva de la sociología del sistema social global.

Como puede verse, la perspectiva de la criminología de paso

al acto y la de la reacción social al extravío parecen inconciliables, porque la confrontación se sitúa en el plano afectivo tanto como en el de las ideas. Pero, ¿se trata verdaderamente de un conflicto irreducible? Es claro que las dos concepciones de la relación existente entre la investigación y el compromiso político del investigador son incompatibles. Para unos, esta relación no puede ser sino inmediata y directa; para los otros sigue siendo mediata y lejana. Citemos al respecto a Arthur Bestor: "Como institución para el progreso del saber, sirve mejor al mundo haciendo que sus miembros se conduzcan como estudiosos y no como propagandistas, y protegiendo de interferencias e intimidaciones a quienes realizan honestamente su labor profesional de inquirir con ánimo crítico y objetivo por toda la gama de intereses humanos y comunicar las conclusiones documentadas, muchas veces controvertibles" [p. 24]. En cuanto a la naturaleza del problema planteado, depende de una toma de posición epistemológica, acompañada de una actitud moral. No pueden aplicársele los procedimientos ordinarios de la ciencia.

En el debate entre los partidarios de las dos criminologías y los que se desarrollan en psicología acerca del papel de los rasgos innatos o adquiridos en el éxito social o escolar del niño; en economía en cuanto a los efectos de una política monetaria en la expansión industrial, o en historia en el papel del dirigente carismático con relación al determinismo económico no deja de haber analogías. Los resultados de observaciones científicas pueden permitir interpretaciones muy diferentes según las ideas teóricas del investigador. Pero el "rigor" de las observaciones y de la experimentación debe ser el único terreno donde se encuentren los criminólogos.

Como destaca Jean Pinatel, la criminología de paso al acto produce hipótesis fecundas en criminología clínica. Tomando un punto de partida diferente en estas observaciones, la criminología sociológica y las criminologías especiales utilizan legítimamente la reacción social como punto de partida y de referencia en sus trabajos [Pinatel, p. 423].

Es el valor de las explicaciones y las predicciones, función del rigor de las observaciones científicas, el que en definitiva reconocerá la fecundidad de uno u otro punto de vista. Y estamos lejos, muy lejos, de haber aportado pruebas que permitan decir la última palabra...

Se trata de destacar el peligro que representan la impaciencia y la intolerancia si embargan el espíritu del criminólogo ante el patente fracaso de sus esfuerzos por traducir en términos de acción terapéutica o política las conclusiones de sus observaciones. No sólo Lenin proclamó que el alba del socialismo científico experimentado en la URSS era también el alba de la experimentación científica a la escala de una sociedad. La pertenencia del investigador a una escuela de pensamiento influye en la elección de sus temas y en el ángulo desde el cual los aborda. Nadie puede negar la existencia del coeficiente personal en ciencia humana. Sin embargo, la autenticidad y la veracidad de las observaciones son los únicos criterios que permiten calificar una investigación científica. Autenticidad quiere decir pertinencia respecto de ciertos valores humanos percibidos, y veracidad significa descripción o medida del fenómeno en sus aspectos más significativos.

En la medida en que las dos criminologías obedecerán a las reglas de *la autenticidad y de la veracidad* podrán sus aportaciones contribuir a explicar la conducta extraviante en la civilización contemporánea. No es hora de balance ni de guerra civil, ni siquiera de querellas universitarias. Lo es de trabajo, de demostración por investigaciones aceptables de la validez tanto de una como de otra posición.

Anotemos finalmente que la aplicabilidad de los resultados de las investigaciones no es criterio suficiente de su veracidad científica; porque múltiples factores extrínsecos al dominio científico pueden alterar las condiciones de aplicación de una teoría en un campo social completo. Esto parece lógico, sin embargo muchos juicios perentorios sobre la "ciencia" se basan en que una teoría no logre predecir o explicar fenómenos humanos o sociales particulares.

La aportación procedente de diferentes sesgos ideológicos de los investigadores puede ser considerable si los cánones de la investigación científica se respetan en lo demás. Así se está esbozando una criminología a partir de la experiencia de la víctima. La victimología explora los primeros datos, clínicos sobre todo. No se tardará en analizar la reacción social de las víctimas respecto de su agresor y de los órganos de la sociedad que se entiende deben protegerlas. Los criminólogos que exploran estas dimensiones aún más inéditas de la realidad social contribuyen también con una sensibilidad y una preocupación que serán muy diferentes de las anteriores. En el plano de la teoría científica propiamente dicha, podemos prever con Wolfgang [1973] una integración creciente entre lo que él llama micro y macrocriminología. "A la criminología se unen otros campos de la ciencia del comportamiento en la búsqueda de otras ciencias de análisis mayores. El extravío criminal se ve como formando parte del tejido de extravío y conformidad, de revueltas y revoluciones, de conflicto y control, de búsqueda de la paz y prohibiciones y contraprohibiciones. Componenda, arbitraje, teoría del juego, agrupaciones intelectuales y movimientos de masas son en general un molde teórico, y la criminología debería irse haciendo, cada vez más, parte de esta gran teoría de la organización social. Las teorías de movilización política y naciones en desarrollo son intelectualmente semejantes a la preocupación criminológica por los sistemas de cultura, los datos sobre industrialización y conflicto cultural. Los modelos de análisis de resolución del conflicto pueden hallar utilidad en programas y teoría de lucha contra el crimen" [pp. 30-31].

Esta "gran teoría" macrocriminológica será enriquecida por la contribución de las técnicas cada vez más adelantadas de análisis multivario, de regresiones múltiples, de análisis por atributos dicotómicos, de análisis de la función discriminante, en suma de técnicas que aplicadas por la econometría en ciencia económica han llevado en el análisis teórico a un nivel de perfeccionamiento totalmente impensable hace cuarenta años.

Este maridaje de mesura y gran teoría, de macro y microcriminología que ansía Wolfgang contribuirá sin ninguna duda al rápido progreso de la criminología. Para que su contribución sea igualmente importante en criminología comparada es preciso añadir la importancia complementaria de la actitud etnometodológica. Porque necesitamos análisis monográficos muy profundos para definir el sentido de las variables a que recurrimos tanto en la micro como en la macrocriminología. Este modo de proceder, ya muy importante en el seno de las criminologías nacionales, se vuelve capital en criminología comparada; la razón de ello es la significación profundamente diferente que adquieren las conductas humanas y la reacción social que suscitan en el seno de las diferentes culturas situadas en niveles de desarrollo socioeconómico muy diferentes. Es útil a este respecto la exploración de las sociedades más simples que la nuestra, y los trabajos de V. Goldschmidt [1973] y de sus colaboradores sobre los inuits indican la fecundidad de esta actitud para el porvenir.

¿Cuáles son entonces, teniendo en cuenta lo que antecede, las prioridades y oportunidades de una criminología comparada para los años 1970-80?

ESBOZO DE UN PROGRAMA PRAGMÁTICO DE CRIMINOLOGÍA COMPARADA PARA LOS AÑOS 1980

Teniendo en cuenta los conflictos, las confusiones y aun el cuestionamiento de la noción misma de criminología y de la aparición de una *Methodenstreit** que ya hace estragos en las demás ciencias humanas, ¿cuál debería ser la estrategia propia para asegurar el desarrollo de una criminología comparada en el seno de la criminología contemporánea?

Orientación actual de las investigaciones

En primer lugar, tratemos de precisar por qué rumbos se orienta la criminología comparada.

a] La criminología del paso al acto se encamina hacia la integración cada vez más pronunciada de las disciplinas. Jean Pinatel y Jacques Léauté tienen razón en afirmar que la criminología como ciencia se basa por entero en la determinación de la especificidad criminal. El primero admite la existencia de esta última, mientras que el segundo parece escéptico.

La criminología de la reacción social, por su parte, preconiza la restitución del estudio del extravío a perspectivas globalistas de la sociología. El control social, del que el judicial es sólo un aspecto fraccionario, se sitúa claramente en el escalón de las consecuencias y no en el de la causalidad primera. Es este modo de ver las cosas el que predomina en los países de lengua inglesa.

b] El carácter aplicado de la criminología, evidente en las dos tendencias, tiene de todos modos significaciones muy diferentes en cada una de ellas. La criminología del paso al acto se alimenta de las investigaciones fundamentales realizadas en las ciencias médicas, psicológicas y sociológicas; se concentra en la crítica de la noción clásica de sanción de la pena y aspira a una estructuración radicalmente diferente del aparato correccional. Sin perder de vista la importancia de las otras partes componentes del aparato de protección social, se privilegia de hecho el sector fenomenológico, porque es ahí donde se concretiza más la posible aportación de la criminología a la reforma penal.

La criminología de la reacción social bebe principalmente de las fuentes de las investigaciones fundamentales realizadas en sociología, en ciencia política y en psicología social. Se favorece

* Querella de métodos. [T.]

la aplicación de los conocimientos de sociología del derecho que indican las distancias existentes entre las normas legales y las sociales; se examinan los criterios utilizados para calificar las normas y los actos, tanto individuales como sociales. Se estudia también el poder: ¿qué, por qué razón y para qué beneficio apoya la aplicación de tal sanción, tal ley, tal pena? Si ha de preconizarse una estrategia de cambio, es en el nivel del reacondicionamiento del poder donde debe situarse la acción.

Observemos al respecto que sería erróneo asimilar a una posición "progresista" o "conservadora" —cualquiera que sea por lo demás el sentido de estas distinciones— la posición de estas dos tendencias. Se trata verdaderamente de valores completamente personales de los investigadores respectivos y lo mismo se puede llegar a un alegato en favor del mantenimiento del orden que a un cambio revolucionario a partir de las dos tendencias.

De todos modos, es preciso observar que el criminólogo del paso al acto concentra sus esfuerzos en la reorganización de los servicios clínicos, en la reformulación de las políticas de tratamiento y de prevención. El criminólogo de la reacción social la emprenderá primeramente con el aparato político y administrativo: la reforma legislativa y la transformación de la opinión pública que rigen, hasta cierto punto, la voluntad de reforma del poder legislativo, serán algunos de sus objetivos prioritarios. El poder discrecional del policía, del juez y de los servicios preliberatorios serán otras tantas señales de una diferencia, considerada excesiva, entre los hechos y las reglas. Los mecanismos de funcionamiento del aparato judicial y su transformación posible serán un tema de estudio privilegiado. Se advierte un entrecruzamiento cada vez más fecundo entre esta criminología y la sociología del derecho, la sociología de las organizaciones y la de los poderes.

c] En lo tocante a la metodología, las diferencias entre las dos tendencias son notables: los criminólogos del paso al acto se apoyan en la tradición neopositivista tan notablemente ilustrada por la obra de los Glueck. Se harán entonces índices cuantitativos para analizar las conductas y las poblaciones "criminales". Se adaptarán tests psicológicos a los problemas propios de la criminología para medir las especificidades características de la personalidad "criminal". Los sociólogos-criminólogos preocupados por medir el fenómeno social de la criminalidad a través de las estadísticas están cerca de esta tendencia. Los estudios de "cohorte" hechos por Christie [1960] y Wolfgang [1973] aspiran a captar con métodos cuantitativos características de las poblaciones "criminales" en el seno de las poblaciones "normales".

La criminología de la reacción social tiene una notoria preferencia por las monografías realizadas gracias a la técnica de observación participante. El análisis en profundidad del "caso privilegiado" revela mucho más de las relaciones entre las "normas vividas" y las "normas impuestas" que mil análisis a partir de índices cuantitativos. Aquí tampoco son impenetrables las fronteras: el análisis de toma de decisión judicial o legislativa, gracias a la teoría de los juegos, puede efectuarse mediante indicios esencialmente cuantitativos. El examen de las funciones policiacas o de la imagen de la justicia en los diversos medios sociales sigue la tradición de análisis cuantitativo bien asentada en las ramas respectivas de la sociología y de las ciencias políticas.

Estrategia de acción

Si estos dilemas caracterizan de una manera muy esquemática la criminología contemporánea, ¿cómo concebir una estrategia de acción para la criminología comparada? Y primeramente, ¿a qué criminología pertenecerá? Formularemos la primera de nuestras tres reglas conservando en la memoria la existencia de las tres divergencias de que acabamos de hablar.

a] *La búsqueda de un universo de discurso,* ya que no común, por lo menos *suficientemente combinado para autorizar un diálogo entre criminólogos,* cualquiera que sea por lo demás su bando epistemológico. Esta búsqueda de un denominador común puede efectuarse por la elección de temas de discusiones que reconozcan toda la complejidad de los problemas a que se enfrenta la criminología contemporánea sin prejuzgar de ninguna toma de posición, sin desechar ninguna aportación, sin privilegiar ninguna epistemología.

Nos parece aquí significativo ilustrar esta regla estudiando su modo de aplicación dentro de una marco preciso que conocemos particularmente bien. En efecto, de 1969 a 1973, el Centro Internacional de Criminología Comparada ha organizado cinco simposios internacionales. El primero tenía por objetivo permitir una confrontación entre los criminólogos y los demás especialistas de las ciencias humanas en el plano de la metodología y la problemática de la investigación. Contando con la experiencia de los sociólogos, los politólogos y los antropólogos (véase, por ejemplo, P. Murdock, S. Rokkan & R. L. Merrit, R. M. Mars, etc.), los criminólogos de todas las tendencias han tratado de examinar los hechos, los conceptos y los métodos corrientes en criminología, y se han preguntado en qué medida pueden ser objeto de una utilización comparativa. En el menor de los muchos temas que emergieron se vuelve a hallar el estudio de la violencia en sus formas individuales y colectivas, lo mismo que el del extravío en el seno de regiones culturales diferentes. Después de esto, la Comisión Eisenhower en los Estados Unidos procedió, con la dirección científica de J. Short y M. Wolfgang a un estudio exhaustivo de ese tema, sobre todo en el plano comparativo. En el CICC y el UNSDRI se han emprendido investigaciones acerca del problema del extravío, y se ha elaborado, y en parte sometido a test, un instrumento de medición de vocación transcultural. Está en marcha una segunda fase de esta investigación, en colaboración con otros centros.

El estudio de la reacción social al extravío permite explicar un problema teórico importante, a saber, cuáles son los límites entre las variaciones de las conductas proscritas, toleradas y aceptadas, de una cultura a otra. ¿Hay un núcleo común de actos proscritos en todas partes, como con el incesto? ¿Una primera regla de la "cultura" que se deslinda de la "naturaleza" (Lévi-Strauss)? La índole del extravío en sí es problema: ¿con relación a qué criterio, qué interés, qué poder la definiremos? Los informes del Consejo de Europa dan una visión de conjunto muy completa de toda esta discusión. De todos modos, el interés de tal estudio en el plano transcultural constituye una prioridad reconocida para la criminología.

El segundo simposio estuvo consagrado a los aspectos económicos de la criminalidad: se estudiaron las posibilidades de poner al servicio de una planificación apropiada servicios de protección social, conceptos de gestión racional probados, como la "racionalización de las decisiones presupuestarias". Con tal motivo se echaron de ver los límites de la colaboración entre investigadores y administradores, responsables políticos y universitarios, sometidos cada quien a objetivos diferentes, al mismo tiempo que obligados a hallar un terreno de reunión y de diálogo.

Se advirtió en particular que las finalidades contradictorias asignadas al aparato de defensa social (policía, tribunales, servicios correcionales) lo condenan a una costosa ineficiencia. Al perseguir varios objetivos al mismo tiempo, el poder y la administración que le sirve son responsables de la quiebra del sistema, con las previsibles consecuencias sobre la autoridad de la justicia en el sistema político del país. Además, los proyectos de reformas debidos a investigadores, en el pasado habían sido siempre formulados en términos científicos basados en una justificación de orden moral (por ejemplo, la inhumanidad de las condiciones de detención se infería del hecho de que tales condiciones deterioraban la personalidad, no resocializaban, volvían peligroso al delincuente, etc...). Estas alegaciones basadas en las investigaciones psicosociológicas han sido traducidas ahora en términos de costos-eficacia; pueden alcanzarse los mismos resultados "morales", pero esta vez mediante un lenguaje que comprende y utiliza cada vez más la administración pública contemporánea.

El tercer simposio plantea el problema de la criminalidad y de su control en las zonas metropolitanas. Porque se ha ido viendo cada vez más que el alarmante aumento de la criminalidad en las grandes ciudades cuestiona el funcionamiento del aparato de justicia penal y la pertinencia de las leyes que lo rigen. La administración y la gestión de la vida en las metrópolis manifiestan las señales de una crisis de que son indicios elocuentes la criminalidad, su represión y su prevención. La planificación urbana, el acondicionamiento regional, aspiran a adaptar e inventar estructuras y organismos para las nuevas necesidades de los citadinos. Por lo tanto, es importante indicar las exigencias criminológicas tanto en la reforma social como en lo tocante a la gestión de los servicios judiciales.

La policía es el tema del cuarto simposio. Insuficientemente estudiada, difícil de acceso pero con un papel de importancia creciente en la definición misma del hecho criminal, la institución policiaca merece la atención de los criminólogos. De una sociedad a otra, el papel de la policía es determinado culturalmente. Desde el aumento de la violencia colectiva, junto con la violencia individual, cada vez se impugna más su papel. Entre los diversos grupos sociales cuyo interés comparativo merece atención, el de la policía llama la atención por su actualidad. No sólo corresponde a necesidades de mantener el orden sino que es además un sensible sismógrafo que indica todo cambio de actitud de la colectividad respecto del extravío y la criminalidad. El problema del control judicial de la policía queda planteado, pero las soluciones que recibe difieren de un sistema jurídico a otro.

El quinto simposio estudia las necesidades de la justicia en función de las transformaciones socioeconómicas rápidas que caracterizan a los países del Tercer Mundo. La influencia de Europa se ha ejercido entre otros en el campo legislativo. Los sistemas legales inglés, francés y español se han implantado en las culturas autóctonas de África, Asia y América Latina.

Las formas de la criminalidad y la significación de la delincuencia son profundamente tributarias de las culturas tradicionales; el aparato judicial producido por las legislaciones de origen occidental crea problemas de pertinencia considerables. Tanto en la penología como en el campo de la delincuencia juvenil, hace falta un pensamiento criminológico totalmente original para proteger las realidades socioculturales nacionales. El desarrollo de las grandes ciudades y la industrialización provocan desequilibrios sociales comparables en ciertos respectos a los problemas creados por el comienzo de la industrialización en los países de Europa y América en los siglos XVIII y XIX. ¿Cómo tomar las lecciones de nuestras tribulaciones, de nuestros fracasos? Éstas son algunas de las cuestiones que este simposio ha tratado de resolver confrontando a criminólogos del Tercer Mundo con los de otras regiones.

Unos cuatrocientos investigadores de unos treinta países participaron en estas reuniones, a las que siguieron seminarios regionales, donde se abordaron los mismos temas en contextos de aplicación más restringidos y más específicos. La interacción y el diálogo no siempre fueron fáciles pero, y de ello dan fe las actas, de todos modos se efectuaron debates e intercambios fructuosos. Y esto puede ser el comienzo de una empresa de colaboración intelectual para mucha gente.

b] *La segunda regla concierne al aunamiento de experiencias y esfuerzos de los investigadores con el fin de explorar las posibilidades de una labor concertada.* Hemos observado el estudio de las formas variadas del extravío o de la reacción social a la criminalidad. Consideremos a título de ejemplo los trabajos emprendidos sobre la utilización del tiempo libre, que apareció como un indicio importante de adaptación o desadaptación de los jóvenes en las megalópolis contemporáneas. Parece un asunto susceptible de ser objeto de una investigación concertada examinar el equipo y su utilización en función de los valores de los jóvenes procedentes de diversos medios socioculturales y en particular de los medios desfavorecidos.

La medición del fenómeno criminal ha hecho algunos progresos gracias a los trabajos de Sellin y Wolfgang y los esfuerzos comparativos a que dieron lugar. Es preciso acentuar este tipo de trabajos y aun extenderlos en el dominio de los indicadores sociales. Los indicadores de los movimientos de la criminalidad, igual que los de la actividad del aparato judicial (policía y tribunales) asegurarán una mejor comprensión macrosociológica de la criminalidad y de su control socioinstitucional. La severidad de las sentencias para delitos definibles con fines de comparación es un indicio interesante de la calidad de la reacción social expresada por el poder judicial; la covariación entre los índices de desadaptación individual y social (suicidios, divorcios, enfermedades sociales como la tuberculosis, mortalidad infantil, etc.) y la delincuencia, constituye otro dominio fecundo para la investigación comparativa. Sin embargo, claro está que se requieren grandes esfuerzos de descombro antes de poder proceder a verdaderos análisis comparativos.

Serían de gran interés monografías minuciosas, ejecutadas sobre comunidades relativamente restringidas, que aspiraran a la comprensión de los mecanismos del control social. Comparar en el plano de los valores y las normas culturales a grupos muy integrados con otros marcadamente heterogéneos en el mismo nivel permitiría comprender mejor qué resortes pueden haberse roto o alterado en las sociedades metropolitanas. Vista la urgencia de investigar nuevas formas de vida en común, toca a la criminología comparada contribuir con algunas luces, gracias a tales estudios cualitativos, comprensivos y comparativos.

c] *La tercera regla concierne a la institucionalización de la difusión crítica de los resultados de investigaciones.* Toca a los investigadores independientes, representantes de todas las tradiciones intelectuales y nacionales, difundir y evaluar todos los esfuerzos de innovación coronados o no por el éxito, todas las ideas nuevas, pero siempre confrontadas con la experiencia. Seminarios anuales intensivos, donde los investigadores presentarían sus reflexiones ante auditorios con cierta experiencia práctica en el campo de la criminología, pueden satisfacer parcialmente esas necesidades. La creación de una enseñanza superior en criminología comparada que se inspire en el modelo del derecho comparado asegurará la formación de los investigadores.

Tales iniciativas permitirían una aceleración considerable de los intercambios. Los callejones sin salida serían identificados más pronto y las ideas nuevas podrían someterse a prueba en mayor escala. Una verdadera corriente de ideas circularía barriendo los hábitos de pensamiento y las tradiciones administrativas seculares.

Acaba de hacerse el balance de los estudios comparativos en las ciencias sociales bajo los auspicios del Instituto de Ciencias Sociales de la Unesco, cuya sede está en Viena. Es instructivo porque señala límites heurísticos severos a la aplicación de los métodos cuantitativos en investigaciones comparadas. Las actas del Coloquio de Budapest del verano de 1972, publicadas bajo la dirección de los profesores Schaff y Szalai, indican tanto los caminos más prometedores como los sembrados de trampas, recorridos por las ciencias sociales desde 1950.

¿Hay un paradigma para el estudio de la criminología comparada? Ante todo conviene distinguir entre las actitudes macrocriminológica y microcriminológica. En la primera, se considera el estudio de los movimientos colectivos, de los fenómenos de masa, de las estructuras de las organizaciones e instituciones cuya configuración de conjunto constituye la sociedad global. En toda sociedad organizada hay ese conjunto de realidades sociales que Durkheim ha caracterizado por su exterioridad y su carácter constrictivo para el individuo. Según Durkheim también, la fisiología y la morfología de la sociedad pueden ser aprehendidas mediante descripciones y análisis de rasgos sociales presentes en las estadísticas de funcionamiento de cada colectividad. En la actitud microcriminológica, el investigador se aplica al análisis del proceso de criminalización, de la aparición de las conductas extraviadas con relación a los valores-normas en vigor en el seno de los grupos o subgrupos de una sociedad dada.

Pero esta distinción es de carácter puramente didáctico: de hecho se debe poder llegar al análisis de las fuerzas colectivas que moldean la sociedad global a partir de los procesos de socialización y de interacción entre el individuo y el grupo, entre el ego y el alter y viceversa. Se llega al análisis de esta interacción fundamental en el nivel de grupos pequeñísimos, tomando por punto de partida las estructuras, la organización y el funcionamiento de las instituciones. Sorokin traduce justamente la definición del fenómeno sociocultural como unidad de base, el análisis en el nivel macro o en el microsociológico. Advierte tres componentes: las significaciones, los valores y las normas. "[...] objetos físicos y biológicos y energías son los vehículos por los cuales se objetivan, materializan o conservan significados-valores-normas; y agentes humanos quienes crean, utilizan y realizan estos significados-valores-normas como su cultura ideológica y/o material y/o comportamental en el proceso de interacción y en el establecimiento y la continuación de relaciones mutuas" [p. 159].

Tres diligencias deben ser sincronizadas aquí, que proporcionan tres tipos diferentes de datos [Nisbet, 1969]. *La primera consiste en recoger datos sobre la organización social de una población que ocupa una zona de cultura determinada.* Las instituciones económicas, políticas, religiosas, familiares y parentales, las clases sociales, la salud, la educación y la justicia deben ser descritas, y precisadas su interdependencia y su significación. Estos datos serán clasificados de una manera lógico-espacial, según el criterio de simplicidad-complejidad.

Esta actividad, muy utilizada por la etnografía e ilustrada por

Thurnwald y Murdock, es esencialmente taxonómica, clasificadora. Ella debe permitir describir la organización y el funcionamiento de los sistemas de control social y judicial que los pueblos de las diversas regiones culturales se han dado en función de las diversas formas de criminalidad y extravío que les eran propias. Se examinan la criminalidad, el extravío y el control social a la luz de los datos sobre las demás instituciones de la organización social. Tal y como lo previera Durkheim, de esa actividad nacerán la morfología y la fisiología sociales.

Para aplicar esta primera diligencia es preciso alentar la preparación de monografías sobre las grandes regiones culturales del mundo, incluyendo el análisis de la criminalidad, del extravío y de las diversas formas de control social y judicial. El África occidental, la América Latina fueron objeto de tales trabajos en el CICC; se están preparando otros sobre el Medio Oriente y la región del Ártico. Gracias a esta diligencia, los materiales criminológicos no sólo servirán para la criminología comparada sino que procurarán asimismo materiales criminológicos a los comparatistas de las demás ciencias sociales. La ausencia de tales datos explica la falta de interés de estos últimos por el dominio que nos interesa. Es de desear, pues, la preparación de trabajos descriptivos precisos, por países o por áreas culturales, sobre la organización judicial, policiaca y correccional; se trata de partes importantes del sistema de control social, testigos de la reacción social a las diversas formas de criminalidad y extravío. A partir de estos materiales, interpretados y analizados en función de la sociedad global, esta primera diligencia demostrará su fecundidad para la criminología comparada.

La segunda diligencia recurre a las series cronológicas y explora la dimensión temporal del fenómeno criminal. Casi no se ha realizado ningún estudio sistemático de la génesis histórica de las conductas extraviadas, ni de las instituciones de control social. En algunas monografías, como la de L. Chevalier, y en trabajos más recientes de N. Christie, se advierte que las definiciones de extravío y el modo de "tratarlo" varían considerablemente de una época a otra. Se nota sin embargo la constancia de cierta cantidad de actos reprobados y variaciones entre cierto número de formas de reacciones sociales, que van de la eliminación física a la reparación por restitución. Para separar los rasgos universales de los rasgos contingentes del extravío y del control social, la diligencia diacrónica y taxonómica debe completarse con esta diligencia histórica y cronológica. En esto también la investigación criminológica está por hacer y la labor comparativa no podrá injertarse sino en trabajos originales cuando se hagan. ¿Podemos siquiera afirmar que baja la criminalidad? ¿Podemos probar su aumento? ¿Estamos en condiciones de conocer la evolución del control social y judicial para una zona cultural dada? ¿Qué tiene entonces de extraño que el método comparativo siga siendo fundamentalmente deficiente, privado como está de todos los datos históricos?

La tercera diligencia se llama "evolutiva": en ella se hace abstracción de la historia concreta de los pueblos o de períodos históricos precisos. Se construyen series a partir de la combinación de rasgos, ideas, elementos que constituyen, se supone, las fases sucesivas del desarrollo o la evolución de la sociedad considerada como un todo, durante toda su historia universal. Se estudian, no la sociedad en su conjunto sino sólo sus rasgos universales, organizados en fases sucesivas como el sistema de parentela, el sistema económico, el religioso, el político, etc. Esta actividad es más abstracta que las dos primeras. Supone también un esquema evolutivo, implícito y universal, en que se prescinde de las variaciones espaciales y temporales. Estas variaciones proporcionan materiales para ilustrar el devenir de una institución o de un subsistema de la sociedad humana universal. Los trabajos de los grandes evolucionistas del siglo XIX y del primer tercio del XX ilustran esta actitud. El sistema de control social y judicial llamaba sobre todo su atención. Maine, Hobhouse y Ginsberg, así como historiadores y sociólogos del derecho como Stavitzki, Duguit, Kelsen y Levy-Bruhl (esta lista es puramente ilustrativa) produjeron obras magistrales al respecto.

El relativo descrédito que cayó sobre la escuela evolucionista-comparatista agotó esta fuente de investigación científica. Ninguna obra importante vino a enriquecer el quehacer "evolutivo" en el curso de los últimos decenios que pudiera atribuirse a la criminología comparada.

En conclusión, el paradigma macrocriminológico se caracteriza por la labor taxonómica y su referencia al mismo tiempo a una sociedad global y una evolución histórica. Rasgos comunes y particulares deben desprenderse de los factores específicos y las características universales del control social y judicial por una parte y de las diversas formas de extravío y criminalidad por la otra. En su expresión más fundamental, la diligencia macrocriminológica comparativa equivale al estudio de la aparición y el funcionamiento de los arquetipos de las normas sociales y legales en sus relaciones con valores. Expresan éstos las aspiraciones fundamentales del hombre a la realización de sí mismo, a la seguridad de su persona y de sus bienes. Los fundadores de la sociología del derecho y la de la moral hicieron una labor considerable en el siglo XIX y principios del XX, que podría servir de base a unos trabajos en que se utilizaran materiales contemporáneos de orden demográfico, socioeconómico, jurídico, psicosociológico y criminológico.

El paradigma microcriminológico parte del proceso de interacción entre valores-normas, vehiculados por los individuos por una parte y esos mismos valores-normas tales y como se expresan por los agentes del control social [Robertson, Taylor, 1973]. Pueden establecerse comparaciones entre sociedades pertenecientes a la civilización industrial, posindustrial o preindustrial. Partiendo de una clasificación tomada de la criminología, el paradigma microcriminológico comprenderá el análisis de los cuatro factores siguientes, teniendo en cuenta a sujetos que sufren el control social por una parte y a los agentes que ejercen ese control por la otra: *a*] el grado de autoridad de la norma, medida por su aceptación; *b*] el grado de coherencia del control social ejercido por grupos e instituciones sociales; *c*] el grado de accesibilidad de las culturas extraviadas alternativas para personas y grupos extraviados; *d*] el grado en que las definiciones estigmatizantes de los agentes del control social son aceptadas efectivamente por los extraviados, individuos o grupos.

a] Existe una dicotomía entre las sociedades cuyos miembros, entre ellos los extraviados, perciben con claridad las normas que los agentes y los organismos de control social imponen (y cuya legitimidad no es cuestionada) por una parte y las sociedades cuyas normas son ambiguas y las perciben de modo diferente extraviados y no extraviados (y cuya legitimidad puede ser impugnada) por la otra. Los "valores-normas-reglas de aplicación" son poco ambiguos y poco diferenciados en las sociedades simples y la ley consagra por lo general esta percepción coherente de los miembros de la comunidad. El espíritu de equidad manifestado por los organismos y las personas encargadas del control social y judicial basta para mantener la adhesión de todos a las reglas cuya transgresión es de todos modos fuente de culpabilidad y de arrepentimiento.

En las sociedades complejas esta autoridad no es reconocida en la misma medida por todos los grupos y todos los miembros de la organización social. Los delitos de moralidad no son los únicos impugnados por el cuestionamiento de la validez de la norma que los subtiende. Otros delitos, como los de la circulación en carretera por ejemplo, pueden ser percibidos de modo diferente por los sujetos del control social y por quienes ejercen el control en nombre de la ley. Esta vez es la eficacia de las reglas la impugnada y no se puede achacar la responsabilidad a los factores que incitan a esa delincuencia (insuficiencia de las redes de carreteras, de las señales de tránsito, de la construcción de los vehículos, etc.). De ahí resulta una percepción y aceptación diferenciales de norma y reglas para quienes padecen y quienes imponen el control social.

b] El grado de homogeneidad de los organismos de este control varía, y esta variación tiene por consecuencia una inconsistencia en la aplicación de las reglas derivadas de las normas de conducta. En sociedades simples, hay un consenso entre los padres, los grupos semejantes, de vecindario, de escuela, la policía y los tribunales, los servicios de resocialización y de terapia individual y colectiva, acerca de las funciones y los objetivos del control social. No ocurre igual con las sociedades complejas, donde el creciente poder discrecional de todos esos organismos es, para quienes padecen su control, un poder arbitrario. La incoherencia puede medirse por los conflictos que surgen en los debates sobre los métodos de educación utilizados por los padres y los educadores profesionales, por los policías, sobre la práctica inconsistente del *sentencing* de los magistrados y por la crisis que se advierte en penología en lo tocante al valor de los métodos de resocialización aplicados. Esta incoherencia en el nivel de los "valores-normas-reglas" se refleja en el nivel de la organización, mal ajustada en sus diversos elementos y que acaba por verse condenada a un estado de crisis permanente.

c] El grado de accesibilidad a culturas extraviadas representa una alternativa viable para quienes se adhieren a conductas extraviadas. En las sociedades simples, el exilio solo, con la eliminación física como alternativa, sanciona a quienes no quieren someterse a la regla dictada por la moral, impuesta por las costumbres y la ley.

En las sociedades complejas se forman las subculturas y aun las contraculturas, y su aparición y proliferación aseguran el apoyo de un medio social organizado a quienes recusan la legitimidad del orden social dominante. Las minorías eróticas, las minorías narcóticas, sociopolíticas y religiosas pueden hallar los modos de vida alternativos cuya realización se debe a un aumento de la tolerancia de los organismos del control social. Esta mayor tolerancia dimana en línea recta, claro está, del debilitamiento de la autoridad de los "valores-normas" dominantes y por consiguiente de las reglas de aplicación.

d] El grado de resistencia de los que padecen el control respecto de la etiqueta de "extraviado" que les cuelgan las entidades de estigmatización. En las sociedades preindustriales y en particular en las culturas tribales, la aceptación de la etiqueta de "extraviado-delincuente" es casi automática. No sólo no se impugna su legitimidad sino que el individuo "extraviado" sufre por su estado y reconoce su "delincuencia". No sucede lo mismo con las sociedades complejas: las técnicas reprobadas como el chantaje, la prostitución, la extorsión, ciertas formas de robo entre otras, pueden ser utilizadas por individuos que no se consideran ni extraviados ni delincuentes. El control social no causa entonces ningún efecto en esos individuos o esos grupos "resistentes", que son socializados en contraculturas, sostenidos por "valores-normas-reglas" fuertemente integrados y que constituyen así apoyos sólidos para la autoperpetuación de esos grupos. Algunos de ellos acaban por reclamar cierta "legitimidad" en el seno de la sociedad global.

Claro está que no toda conducta criminal puede "legitimarse" así. La actividad comparativa tendrá por misión clasificar actos y conductas en los diversos sistemas socioculturales que deben cierta legitimidad a la tolerancia de los agentes y los organismos del control social, tolerancia que es resultado de la resistencia de los "extraviados" a ser catalogados como tales.

El paradigma microcriminológico se aplica, pues, a sistemas socioculturales cuyas diferencias y tipología han sido determinadas gracias a la diligencia macrocriminológica esbozada anteriormente. El examen de los cuatro factores sugeridos por Robertson y Taylor permite analizar el proceso de convertirse en "delincuente-extraviado", e indica una disociación progresiva entre los dos conceptos, y por lo tanto de los diferentes tipos de sistemas socioculturales.

En conclusión, puede entonces preverse que el esbozo de los paradigmas macro y microcriminológicos inspirará a los investigadores que se entregan a trabajos de criminología comparada.

La sociología del derecho y la moral, la de la historia y las instituciones políticas fecundarán la actividad comparatista del criminólogo. En lo tocante a la microcriminología, los materiales son menos abundantes. La etnografía, la psiquiatría transcultural y la psicología comparada enriquecerán de todos modos la perspectiva del criminólogo.

La metodología comparatista, ya sea de orden macro o microcriminológico, apunta a discernir los elementos universales tanto en la conducta humana como en el seno de la reacción social. De hecho, estas dificultades de aplicación están en proporción con sus ambiciones: distinguir lo permanente y lo cambiante de la condición humana.

¿Qué porvenir se reserva la criminología comparada? La teoría de la evolución cíclica de las civilizaciones, puesta en evidencia por Pareto y apoyada por Sorokin, es perfectamente ilustrada por las crisis en las ciencias humanas. Los especialistas de estas disciplinas se esfuerzan en descifrar, cada quien con sus propios métodos, la marcha del cambio social, sus orientaciones y sus implicaciones en términos morales. Como escribe S. Cohen: "Los sociólogos se están haciendo cada vez más tratantes en definiciones y colocan sus versiones de la realidad a quien quiera comprárselas" [p. 24]. El relativo fracaso de las élites en el poder precipita una crisis de la legitimidad que, procediendo del campo de la política, invade el científico. Cada generación tiene su propia sensibilidad, sus escándalos, sus resentimientos, que alimentan los debates y orientan las críticas y los planes de acción.

La generación de los Glueck, cuya obra maduró entre 1930 y 1960, es contemporánea de la maduración de la criminología del paso al acto. Corresponde a una sensibilidad ideológica y a una fase de la evolución sociopolítica cuyos valores han pasado, en buena parte, al acervo del ala progresista de las élites en el poder. El movimiento de la defensa social, favorable a estas ideas, ha ejercido en el continente europeo una influencia importante en la reforma legislativa penal; las comisiones presidenciales norteamericanas y las reales comisiones británica y canadiense han acreditado ideas hace poco denunciadas como subversivas y extravagantes por los elementos conservadores. Pero el nuevo éxito, muy relativo, de la criminología ya con carta de ciudadanía, constituía al mismo tiempo su condenación a los ojos de las jóvenes generaciones de investigadores.

¿Por qué esta nueva resistencia? Se debe principalmente a la formidable capacidad, a la vez inercia y poder de recuperación, de la organización social, y a la flexibilidad del poder "poliárquico" [Dahl, 1972]. El sistema, tan fácil de criticar y denunciar, acaba por triunfar, al menos en parte, de los reformadores más generosos y violentos. Cuando hay que poner manos a la obra, los proponentes de reformas, de experiencias, de cambios radicales o graduales, comprenden cuán pequeño es el margen de que disponen para llevar a efecto sus modificaciones.

Ahora bien, esta recuperación de la criminología, sustancial para la criminología del paso al acto (las reformas penológicas y correccionales) y que va camino de serlo para la criminología de la reacción social (intento de reformas de las estructuras en legislación penal y en lo tocante a la organización de los servicios), desacredita a la ciencia a los ojos del moralista y la vuelve vulnerable a los ojos del crítico. Como apunta también con mucha justeza S. Cohen: "los criminólogos deberían ser más sinceros y explícitos acerca de lo que son sus valores y sus intenciones. Si quieren ser tecnólogos para ayudar a resolver los problemas políticos y administrativos del estado, que lo digan. Pero por muy interesante y digna de elogio que sea tal investigación, con seguridad hay algunas cuestiones que requieren algo más" [p. 22]. Y destaca la dificultad de definir y entenderse acerca de ese "algo más", cosa nada sorprendente. Porque hay que formular, o mejor reformular, una nueva crítica y un nuevo proyecto a partir de los elementos del pasado con el fin de precisar un plan de acción y una estrategia para esas nuevas fuerzas sociales. No corre uno peligro de equivocarse mucho y no debe ser acusado de escepticismo desmoralizador si prevé que en ese plan de acción, una vez establecido y llevado por el camino del triunfo, se producirá el mismo fenómeno de "recuperación" por el misoneísmo social que con las "criminologías" precedentes.

Se comprueba, pues, que la criminología, como las demás ciencias humanas, forma parte del arsenal de las estrategias utilizadas por los poderes; se asocia más o menos directamente a los ensayos de acondicionamiento del lugar para vivir los hombres, y ello conforme a sus propios deseos de reforma y mejora de la condición humana. Es lógico entonces que pague, como otros pagaron antes, lo que cuesta el haber servido al poder.

La criminología comparada, igual que la criminología, debe proseguir con esta búsqueda de identidad; debe aprender del pasado, aunque se sepa cuán poco aprovecha la experiencia de los unos a los demás en materia de moral. Debe crear también las condiciones favorables al surgimiento de nuevas interrogantes, de nuevos puntos de partida y nuevos métodos.

Es todavía demasiado pronto para prever el efecto que producirá la criminología de los Glueck; la criminología que tanto ansiaban avanza lentamente; pero nada indica que esos progresos no se acelerarán siguiendo el modelo de la psicología comparada. En cuanto a la criminología de la reacción social, tomará los derroteros trazados por la sociología y la ciencia política. Es probable que veamos el lento brote de esta criminología comparada que recurra a los modelos ya experimentados por esas disciplinas mejor constituidas y organizadas en el plano académico y el de la investigación universitaria.

SEGUNDA PARTE

¿QUÉ HACER CON LOS CRIMINALES? LA POLÍTICA EN MATERIA CRIMINAL: LOS BUENOS Y MALOS USOS DE LA CRIMINOLOGÍA

1. CRIMINOLOGÍA Y POLÍTICA EN MATERIA CRIMINAL

Raros son los campos del quehacer humano que se han librado del poder de atracción de la política. La ciencia acababa de tomar junto al estado el lugar que dejara vacío la iglesia cuando la criminología, apenas nacida, se lanzó de cabeza a la pelea. Reinaba todavía la confusión entre las creencias ideológicas y las conclusiones científicas. No obstante, el "hacer política científica" fue una de las grandes tentaciones y podríamos decir el flaco de los hombres de ciencia, que en esto experimentaban la influencia de Saint-Simon, Condorcet, Marx o Comte. Parece innegable que esta política social tenía un tinte ideológico.

Inmediatamente comprendemos en qué terreno resbaladizo y peligroso se adentraba esta joven ciencia, y cuán temibles eran las sanciones que la esperaban en la medida en que sus hipótesis resultaban erróneas o insuficientes. Ahora bien, la ideología no es verdadera ni falsa, como dice Baechler [1976] y no puede ser sino eficaz o ineficaz, coherente o incoherente. Desde el momento en que la criminología entra en la liza ideológica será medida con este criterio. No puede esperarse que sea ése el criterio de la "verdad" científica.

Ahora bien, durante el primer siglo de existencia de la criminología, su influencia en la política fue desdeñable. Las polémicas que suscitaban sus investigaciones, las aplicaciones que se trataba de sacar de ellas, fueron periféricas entre 1860 y 1960. Los movimientos de política criminal como la "Defensa social" en Europa, el "Código penal modelo" en América del Norte y del Sur se circunscribían a los medios universitarios y a algunos magistrados y funcionarios de inspiración progresista. Sólo después de 1950 las preocupaciones de los poderes públicos por la criminalidad galopante en Norteamérica y por la delincuencia juvenil en Europa hicieron que el "criminólogo" se planteara cuestiones.

Marginal en las universidades, más marginal todavía en los laboratorios de investigación, la criminología científica no estaba nada equipada para recoger el guante que el aumento de la criminalidad lanzaba a los poderes públicos. No olvidemos que hacia la mitad de nuestro siglo, las universidades del mundo tenían un puñado de cátedras de criminología, casi siempre instaladas en facultades de derecho en Europa y de ciencias sociales en Estados Unidos, y contaban con un personal científico reducido, debido a los pocos créditos para investigación. Junto con unos escasos conocimientos científicos verificados, los criminólogos podían ofrecer, principalmente, una ideología. En aquel tiempo no tenían cabal conciencia del hecho.

El conservadurismo de las instituciones, su insuficiencia respecto de ciertas necesidades consideradas esenciales, de acuerdo con la ideología liberal, fue una invitación a la acción reformista para aquellos intelectuales. La ciencia, por escasos que fueran sus resultados, se convertía fácilmente en pretexto para una generación de universitarios deseosos de oponer por fin una "sabiduría no convencional", como dijo J. Q. Wilson [1975], al conservadurismo del *establishment*.

Fue, pues, por razones ideológicas por lo que los criminólogos avanzaron con la bandera de una ciencia poco segura pero finalmente establecida y participaron en la gran aventura de una política social bastante intervencionista en el campo de la administración de justicia en los sesenta. Los escritos de la época permiten ver que esta opción no fue muy consciente en la mayoría de ellos. No sólo estaban científicamente poco equipados sino que a menudo se hallaban demasiado mal informados políticamente para no sucumbir a esta tentación exaltante. Fue entonces cuando los criminólogos hicieron a los hombres políticos toda una serie de indicaciones susceptibles de influir en las tomas de decisiones. Citemos algunas: la resocialización debe ser considerada como el objetivo principal del sistema penitenciario; como el efecto disuasivo de la pena no se produce, reorganicemos los tribunales en función de la resocialización. Inseguros en cuanto a los valores que protege el derecho penal, los criminólogos proponían "desjudicializar" muchos comportamientos extraviados para someterlos a controles sociales o administrativos y sustraerlos a la sanción penal. En suma, a la ideología conservadora de "nada es posible" oponían los criminólogos la opción de "todo es posible"... Y obviamente recibieron las mismas críticas que los hombres políticos, expuestos como ellos a las duras reglas de una democracia parlamentaria pluralista y liberal.

La criminología contemporánea mantiene complejas relaciones con la política de lo criminal. La distinción clásica entre el "ser" y el "deber ser" señala para los hombres de ciencia la frontera entre dos órdenes, ciertamente independientes pero que siguen sus reglas propias. Una criminología "pura", que desprendida de contextos jurídicos e institucionales que designan el acto criminal, "trata" al hombre condenado, aparece tan ficticia como el estudio de la personalidad humana fuera del contexto de las clases sociales, los grupos étnicos, el nivel de desarrollo social, cultural, etc.

La política de lo criminal consiste para los juristas en aplicar principios decididos por el legislador en el código penal (la carta magna de los criminales, según von Liszt); para el criminólogo comprende también una parte descriptiva, que es el estudio científico de los mecanismos de represión y de prevención, y una parte evaluativa, que tiene por objeto su eficacia respecto de las normas fijadas por la ley.

Conviene insistir en el diferente sentido atribuido a la expresión de "política de lo criminal", por los juristas y los criminólogos. Observemos cierta analogía en el diferente uso que dan los psicólogos y los sociólogos a la expresión "psicología social", que no es exactamente la misma practicada por quien ha recibido formación psicológica o formación sociológica. Los conceptos, el modo de enfocar, la tradición en la manera de plantear los problemas serán diferentes. Un curso de psicología social dado en un departamento de sociología no tendrá el mismo contenido que si lo diera un departamento de psicología. Otro tanto ocurre en lo tocante a la política en materia criminal: las facultades de derecho y las escuelas de criminología tendrán cursos de política de lo criminal diferentes.

Definiendo el dominio de la política en materia criminal, apunta M. Ancel [1975] la casi identidad de política en materia criminal y derecho penal. Oigámoslo: "Todo sistema de derecho penal, o sea toda organización estatal, sistemática, de un régimen legal de incriminación y de sanción tiene necesariamente una política de lo criminal, siquiera embrionaria... no se puede hablar verdaderamente de política de lo criminal... sino cuando el sistema de represión está organizado siguiendo directrices concertadas. La investigación consistirá entonces en despejar y definir esas directrices de la represión a partir del derecho de lo criminal positivo" [p. 16].

Para la mayoría de los penalistas, la política criminal se limita a la dogmática penal. La exposición de los principios de incriminación legal constituye el núcleo de la diligencia. Los penalistas interesados en la política en materia criminal, como M. Ancel, amplían el campo de la investigación incluyendo en él el procedimiento criminal que es el sistema en acción.

El procedimiento penal aplicado es, pues, una componente principal del campo de la política de lo criminal.

Lo que la tradición europea llama la "política penitenciaria" y la tradición norteamericana "correcciones" depende también de la política de lo criminal, siguiendo siempre a M. Ancel. La aplicación administrativa de las políticas gubernamentales es su parte esencial.

Finalmente, la prevención del crimen, el aspecto curativo de la política penitenciaria, la medida de seguridad, la legislación tocante a la delincuencia juvenil donde los principios de reeducación pasan antes que los de la represión, constituyen partes integrantes de la política criminal. Para nuestro autor, el campo abierto a la investigación en la política de lo criminal son "las realidades positivas de la vida social... en toda su complejidad" [p. 19]. En resumen, se distingue un *nivel legislativo*, donde se determinan las opciones decisivas; un *nivel ejecutivo*, que normalmente pone por obra las decisiones del legislador según los medios técnicos con que cuentan los ejecutantes; y un *nivel judicial*, con el que el sistema en acción se traduce en decisiones apremiantes [p. 18]. Y precisa M. Ancel que hay que incluir ahí las reacciones o actitudes del foro, de la policía y de los servicios de ejecución de las penas. Finalmente se añade a esto la interacción entre los diferentes subsistemas en presencia, la coherencia o falta de coherencia de las diversas fuerzas en acción, las disparidades u oposiciones que pueden manifestarse entre los teóricos y los prácticos, entre la política de lo criminal declarada y la que se realiza en los tres niveles indicados [pp. 18-19].

Examinando las relaciones de la política en materia criminal con las preocupaciones de índole práctica del derecho penal, las especulaciones y las investigaciones criminológicas orientadas hacia lo que llamamos la "criminología del sistema penal", M. Ancel concluye acerca de la especificidad de las investigaciones de política en materia criminal que define así:

□ por una parte (orientación propiamente científica), la investigación consiste ante todo en la observación de la política criminal tal y como se practica efectivamente en los diversos países, y entonces se estudia como un hecho social; la investigación de la política de lo criminal reviste así un carácter de ciencia de observación;

□ por otra parte (aspecto funcional y prospectivo), teniendo en cuenta circunstancias y enseñanzas de la observación, la investigación tiende a despejar las mejores condiciones de una organización racional de la protección social contra el crimen. La política de lo criminal puede entonces considerarse un arte, más que una ciencia, o bien... una estrategia metódica de la reacción anticriminal [p. 22].

Podemos señalar nuestro acuerdo con la definición de la política de lo criminal como ciencia de observación. En los diversos capítulos que siguen se verá que lo que consideramos criminología del sistema de administración de la justicia es en realidad lo que M. Ancel caracteriza como la política de lo criminal en tanto que ciencia de observación. De todos modos, la parte normativa de la política de lo criminal, lo que él llama "aspectos funcionales y prospectivos" no forma parte, según la perspectiva aquí adoptada, del quehacer del criminólogo. En efecto, es probablemente en eso en lo que difiere la noción de "política de lo criminal" del jurista de la del criminólogo. Para éste, la definición de la norma es consecuencia de insistencias y de un orden diferentes de los de la ciencia. La ciencia comprueba, mide, evalúa las relaciones entre objetivos y resultados; no propone una definición de lo que es peligroso para la "cohesión y el desenvolvimiento armonioso" [p. 23] de la colectividad.

El criminólogo contribuye a la política criminal aportándole el estudio científico de la reacción social tal y como se concretiza en el derecho, el procedimiento penal y la práctica de las instituciones que forman parte del sistema de justicia criminal. Las otras componentes de la política de lo criminal proceden de los penalistas (juristas) que transcriben en lenguaje jurídico los deseos del legislador y en lenguaje reglamentario las directivas del burócrata, que dirigen efectivamente la administración de la justicia.

El criminólogo, formado más por las ciencias sociales que por el derecho, sobre todo en América del Norte, ha desempeñado tradicionalmente un papel más activo en el sistema de justicia de lo criminal que sus equivalentes europeos. Éstos, principalmente médicos o psicólogos, se interesaban menos, en realidad, en observaciones e investigaciones sobre la justicia penal tales y como las define M. Ancel. Entonces es perfectamente natural que éste la incorpore a su definición de política de lo criminal (obra de jurista). En cambio nuestra experiencia norteamericana, tanto en Estados Unidos como en Canadá, nos ha llevado a participar en calidad de criminólogo en tareas de investigación que según la definición de M. Ancel pertenecen a la política de lo criminal.

Este enfoque refleja también una diferencia en el papel histórico del derecho y de las instituciones judiciales tanto en los países del derecho continental como en los de *common law.* Los juristas del continente europeo son muy diferentes de los *lawyers* de los Estados Unidos. Sus relaciones con los demás practicantes del sistema penal son asimismo muy diferentes. No lo apuntamos aquí más que con el objeto de destacar la importancia del contexto histórico e intelectual donde razonan los juristas como M. Ancel y los criminólogos, principalmente los de la América anglosajona.

Creemos que la política de lo criminal como la define M. Ancel es obra de varios grupos de personas.

Esto se refleja en el vocabulario utilizado, en el marco de las referencias contextuales invocadas en las actividades privilegiadas, etc. Estamos lejos todavía de un cuerpo de conocimientos y de un universo de discurso bien delimitados, de una "ciencia" de la política de lo criminal. Se advierte la existencia paralela de dos tradiciones, continental la una y de la cual es Ancel uno de los representantes más eminentes, y angloamericana la otra, en la que participan Quebec y Canadá. Los diversos capítulos de la segunda parte de este libro reflejan estas diferencias. Compartiendo la filosofía de la defensa social que, preciso es destacarlo, nunca pudo penetrar verdaderamente en los países de *common law*, por mi parte he actuado de acuerdo con su espíritu. Pero teniendo que adaptarme a las exigencias de las tradiciones específicas, así como a una coyuntura histórica particular, he tratado los problemas de política de lo criminal a la manera de un criminólogo.

2. TRIPLE PAPEL DEL CRIMINÓLOGO FRENTE AL CAMBIO SOCIAL

FUNCIÓN CRÍTICA, CREADORA Y PROFÉTICA DEL CRIMINÓLOGO

Suelen asignarse tres funciones al intelectual en la nación: la primera es la función crítica, que se caracteriza por la aplicación de métodos estandarizados de investigación, por un constante esfuerzo en pos de la objetividad, tanto en la elección de los sujetos de estudio como en la de los métodos de examen. El hecho de mantenerse lo más posible fuera del conflicto aparece como una garantía más de ese papel, mitad de árbitro y mitad de sabio, que es la función crítica.

La segunda función del intelectual es creadora: consiste en inventar tanto por la aplicación de la función crítica como por el recurso a la intuición de los nuevos modos de enfocar, de interpretar y comprender una realidad física o sociocultural habitual. Haciendo muchas veces lo contrario de la enseñanza tradicional, en la mente de los raros elegidos cuyo genio ha hecho progresar de modo decisivo las artes y las ciencias surgen nuevas visiones de comprensión del mundo y de sus problemas.

Finalmente está la función profética, que se apoya y en cierto modo dimana de una facultad de entusiasmo o de indignación moral. Esta facultad se nutre de aspiraciones, de valores de carácter absoluto y cuyo respeto no se concibe más que en una sociedad ideal, proyectada sobre el porvenir lejano. En su apasionada adhesión a esos valores, al intelectual le causan la mediocridad y la iniquidad actuales una repulsión y provocan en él una indignación que recuerda los fuertes sentimientos en que se inspiraron los profetas del Antiguo Testamento.

Estas tres funciones están inextricablemente entremezcladas. Cada una de ellas tiene sus perversiones y cada sociedad tiene cierta cantidad de intelectuales de índole predominantemente crítica, creadora o profética. El burócrata sin entrañas ni ilusiones que pone sus grandes logros técnicos al servicio de cualquier causa es la perversión más frecuente de la función crítica. El soñador inconsistente, vago, enemigo de hacer esfuerzos, desacredita muchas veces la función creadora. El agitador activista, fanático y de cortos alcances pervierte gravemente la función profética, que nunca podrá consistir en justificar el recurso a cualquier medio, por muy loable que sea el fin.

Ahora bien, el criminólogo es un intelectual, un buscador que aplica su inteligencia al estudio de las complejas causas de la criminalidad y que se pregunta cuál podrá ser el mejor modo de prevenirla. Es la suya una disciplina aplicada y por ende simultáneamente positiva (describe y analiza los fenómenos) y normativa (prescribe las medidas de profilaxis social). El criminólogo, como todo intelectual, es libre de adherirse a un sistema de valores, a una *Weltanschauung* que corresponda a sus preferencias subjetivas. Pero en su calidad de investigador debe someterse a los cánones de la lógica formal, de la observación y la experimentación científica y dar muestras de un máximo de objetividad en materia social y política.

De la presencia irrevocable de las tres funciones que acabamos de mencionar puede resultar cierta confusión acerca del papel del criminólogo en la sociedad. En efecto, la visión profética revela los postulados, los prejuicios más o menos conscientes del investigador y debilita su credibilidad científica. Por otra parte, su credibilidad moral ¿no se vería afectada por una actitud indiferente respecto de la prevención de la delincuencia? Es ésta una contradicción que impone la aplicación de una ciencia social a quienes a ella se consagran.

IDEOLOGÍAS CAMBIANTES, INSTITUCIONES ESTABLES

Todo intelectual es también un misionero: su misión consiste no sólo en aclarar los determinismos complejos que dominan el mundo físico y el social; debe también calmar la sed inextinguible del ser humano en las creencias, los mitos de todo tipo acerca de las contradiciones de la condición humana; junto a su papel de "desengañador", el intelectual se ve obligado a ser también engañador: todas las explicaciones globales participan del mito de la simplicidad, por decirlo como Alfred Sauvy. A pesar de los escollos y las contradicciones que revela el examen crítico de la realidad que nos rodea, *debemos* también dar una explicación intuitiva y global. Esos mitos simples que se expresan a menudo en fórmulas poéticas representan variaciones sobre temas inmemoriales y traducen sueños del hombre ansioso de un papel prometeico. Nada tiene entonces de sorprendente el espectáculo de este o aquel sabio, a veces premio Nobel, propalador de mitos de tal simplicidad que verdaderamente requieren la fe del carbonero.

Ahora bien, esos mitos no pueden concebirse sino a costa de una simplificación excesiva, de una traición consciente a la complejidad y aun la grosera banalidad de las realidades de la vida cotidiana que nos rodea y de que cada ciudadano, intelectual o no, tiene una experiencia vivida y permanente. ¿De qué están hechas las "instituciones" —de la familia en el medio del trabajo, de los grupos de ratos libres en las organizaciones profesionales— si no es de relaciones sociales basadas en el equilibrio precario realizado entre las aspiraciones, las repulsiones, los intereses egoístas y las concesiones altruistas dictadas por la necesidad de cohabitar en el seno de un mismo espacio físico y moral? Obedientes a las reglas, por lo general no escritas, de un juego infinitamente complejo, los actores (o víctimas...) van de afrontamiento en afrontamiento, de componenda en componenda, por la difícil protección de sus respectivos intereses.

El mundo en que vivimos no es el mundo en que pensamos: esta observación de Gaston Bachelard expresa perfectamente la diferencia existente entre los efectos de brillantes espejos de que es capaz la mente humana cuando se empeña en explicar —embellecer o denigrar— las muchas y enmarañadas acciones de que se componen las relaciones humanas. Las penosas confrontaciones seguidas de transacciones a veces sórdidas caracterizan la vida cotidiana: constituyen el verdadero ritmo "respiratorio" de las instituciones.

Recordar la formidable resistencia al cambio que opone cada uno de nosotros a toda iniciativa, a riesgo de hacer entrar en juego un privilegio, una ventaja real o supuesta, es un insulto para el ideólogo, puesto que disfrazamos con toda naturalidad la defensa de nuestros intereses y la trasvestimos con las prendas deslumbrantes de ideas o de ideales que por su parte se doblegan sin gran resistencia a nuestros deseos. La defensa de cada palmo de terreno ganado es fruto de una lucha implacable en que cada individuo está disfrazado, como en un gigantesco baile de máscaras, con galas que simbolizan virtudes imaginarias, cuando en realidad se esfuerza en conservar o aumentar su ventaja sobre los demás.

En lugar de subestimar el gran papel de las ideologías vehiculadas por las capillas de intelectuales, tratemos de explicar el desencanto que sienten muchos jóvenes y menos jóvenes.

Comparan el carrusel sin fin de los ideales y las teorías en el gran jardín de las mitologías con la desesperante lentitud, el implacable egoísmo (siempre calificado de miopía) que se revelan al analizar el potencial o la capacidad de cambio verdadero (luego mensurable) en el seno de las instituciones sociales tales y como son.

Ya los filósofos griegos se asombraban de la oposición entre *physis* y *nomos*: el primero explicaba lo natural y espontáneo y llevaba la marca del desenvolvimiento. El hombre se proyectaba en la naturaleza o en su semejante por el trabajo creador o por una relación humana, sin alienar su libertad, su sentimiento de disponer de sí. El *nomos* designaba el peso y la resistencia de la naturaleza, de la complejidad, poco flexible y poco manejable, de las relaciones humanas cristalizadas en instituciones. El hombre perdía en él su libertad y la espontaneidad de sus relaciones en beneficio del mundo exterior, cuyo peso y cuyas reglas propias de funcionamiento amenazaban su autonomía individual. Con la sociedad industrial, el conflicto entre *physis* y *nomos* no ha hecho más que aumentar.

Todas las instituciones sociales ofrecen muchos ejemplos en apoyo de lo que decimos. El método de investigación y exposición no es muy difícil: los objetivos y las justificaciones de una reforma o de una reivindicación se expresan en términos generales, de gran contenido moral, que apelan a sentimientos profundos y elementales como "justicia", "solidaridad", "seguridad", etc. Nada hay de maquiavélico en ello, puesto que el deseo profundo de cada uno de nosotros es ver expresar sus propias necesidades vitales en términos subjetivos, sentimentales. Pero inmediatamente es preciso superponer al vocabulario "ideológico" la rejilla de desciframiento que hace esas "palabras" inteligibles en términos de intereses materiales precisos. Tomemos nuestros ejemplos de Canadá, del campo de la criminología y la administración de justicia. Podríamos remplazarlos fácilmente por ejemplos sacados de experiencias de otros países.

Cuando se anuncia el principio de una reorganización más racional de las fuerzas policiacas de Quebec, que empezaría por la región metropolitana y aspiraría a dar un mejor servicio a los contribuyentes, todo el mundo se declara de acuerdo. En cuanto se consideran reformas concretas, como las esbozadas en el Libro Blanco del ministro de Justicia sobre la policía, no tardan en manifestarse las oposiciones más impetuosas. Todo el mundo está de acuerdo con el mito de una "policía honesta y eficaz al servicio de los ciudadanos", pero surgen los más graves conflictos, que llegan hasta el desafío a la ley, en cuanto parece que no son respetados los intereses considerados vitales por algunas partes.

La profesionalización de la policía es un mito poderoso, y muchos se adhieren a él. Pero su contraparte puede imponer algunas constricciones que los representantes de los intereses corporativos de los guardianes del orden no querrán aceptar. Todavía no se ha hecho un análisis a fondo de la huelga de la policía de Montreal y la de la Seguridad de Quebec: se puede presumir de todos modos que detrás de los pretextos invocados para justificar esos actos domina claramente la decidida defensa de ventajas materiales. Por lo demás, nada hay en ello de molesto ni sorprendente. Lo que debe observarse es que a la globalidad y la imprecisión del mito corresponde siempre la extrema precisión de los intereses de todo tipo afectados.

Los poderes municipales, provinciales y federales encarnan a su vez una coalición de intereses de que se debe dar cuenta a sus comitentes. En nuestras democracias liberales no hay mucha igualdad de trato para los grupos de intereses: el más poderoso, el que más fuerza tiene en los mecanismos sociopolíticos, en general ganará al más débil. Sería un error creer que el gobierno es siempre el más fuerte.

¿Policía centralizada o descentralizada? ¿Agentes especializados o polivalentes? ¿Existencia de una deontología profesional o de comités de vigilancia "civiles"? Son éstas otras tantas cuestiones a las que se podría responder, a condición, claro está, de efectuar las investigaciones y las experiencias necesarias.

El principio de la independencia y de la competencia de los magistrados es asimismo un mito que pocas gentes recusan. De todos modos, en cuanto se quieren reformar los criterios de nominación, determinar el monto de los sueldos, establecer exigencias de formación o de adiestramiento de los jueces, la más enconada oposición se manifiesta, tanto en los diversos estratos de la sociedad como en el seno de la magistratura.

Sin embargo, se podrían evaluar perfectamente las ventajas y los inconvenientes de los jueces "funcionarios" en relación con los jueces cuyas actividades serían regidas por un consejo profesional.

La defensa de la sociedad contra la agresión de los malhechores es un principio que figura en el programa de todos los movimientos políticos: ¿agrandaremos para ello nuestras prisiones y agravaremos el carácter punitivo de la detención, o se trata de recurrir a métodos preventivos, incluso la rehabilitación? Las opiniones, como sabemos, están violentamente divididas. No tenemos más que hacer la experiencia de una línea abierta radiofónica o seguir las encuestas de Gallup para convencernos de la diversidad de convicciones al respecto.

Pero, ¿de verdad impiden las prisiones la reincidencia? ¿Cuál es su alternativa, cuál su valor? El tratamiento con vistas a una resocialización es otro de esos grandes mitos que nunca fueron confrontados seriamente con la realidad.

¿Es un mito la reforma? Los ejemplos citados, y podríamos fácilmente multiplicar su número, tienen varias características en común. Helas aquí:

a] La expresión de los mitos corresponde a la vaga aspiración de los hombres a formular deseos, sin ayuda de un examen científico satisfactorio de los medios a emplear;

b] los hombres o los grupos de individuos se adhieren a un mito en la medida en que creen útil su principio para la defensa de intereses precisos;

c] el verdadero efecto de los mitos en la realidad institucional de la sociedad es en extremo superficial: las organizaciones sociales disponen de mecanismos de selección, de transformación, de neutralización, de absorción o de rechazo de toda "idea nueva" que contravendría a las reglas propias del juego en la sociedad política;

d] los intelectuales, los políticos, los fabricantes de opinión, los administradores practican un juego del escondite que sigue reglas infinitamente complejas pero cuya consecuencia más evidente es el mantenimiento del statu quo de las relaciones de fuerzas en presencia... El hecho de que se cambien periódicamente las inscripciones del rótulo no significa que la realidad institucional haya cambiado en verdad.

Estas razones bastan para explicar el sentimiento de frustración y de decepción regularmente experimentado por los intelectuales-misioneros: como su arma principal es la palabra, regularmente los despoja de ella el ala "ilustrada" o "reformista" de los poderes administrativos o políticos, que entran tanto más fácilmente en un nuevo universo de discurso por cuanto ellos mismos son intelectuales tránsfugas. Ahora bien, el mejor modo de neutralizar los efectos de un mito nuevo es adoptarlo... con palabras, en el nivel del discurso. La ambigüedad es, pues, total de todos modos y provoca la creación y el lanzamiento de nuevos mitos basados en las contradicciones entre el mito antiguo (adoptado) y la inadmisible mediocridad y aun torpeza de la realidad institucional. Lo que hay que comprender aquí es que a un cambio con frecuencia radical en el nivel del "mito" corresponde una estabilidad a toda prueba en el nivel de las instituciones. La comparación entre la *pretensión* del sistema y sus *logros* naturalmente hace gritar de escándalo y de hipocresía. Y la decepción llega hasta la población, que se pregunta si en definitiva no será ella la víctima.

Y si bien es verdad que la "verificación" de un mito no puede ser obra sino de un acto de fe, lo que indica su capacidad de sobrevivir a toda contradicción sacada de la experiencia, no es menos cierto que la evaluación de los medios propuestos considerados o justificados por un mito es perfectamente realizable. En otras palabras, nunca (o casi nunca) se hará cambiar de opinión a un partidario de la mano dura acerca de la oportunidad de abolir la pena capital, como tampoco se persuadirá a un marxista de los méritos de una política que apunta a reducir los antagonismos entre las clases sociales. Pero es del todo lógico examinar los efectos de las medidas represivas en la reincidencia y la lucha contra la criminalidad, y los de una política de redistribución de los ingresos en los conflictos sociales.

El callejón no es entonces del todo sin salida, pero sería engañarse a sí mismos el negarse a reconocer que a un mito sólo pueden oponerse otros mitos; los hechos parecen totalmente no pertinentes en los conflictos de carácter ideológico, ya lo dijimos. En cambio, los medios que proponen algunos ideólogos pueden ser objeto de un análisis metódico, razonablemente objetivo. Pero el callejón quedará totalmente cerrado si no se reconoce la autonomía, por lo menos relativa, de los dos órdenes. Tomemos por ejemplo el descrédito en que caen la noción de tratamiento y la de comunidad terapéutica en criminología. De dos a tres generaciones de investigadores y de practicantes de la penología han creado y después opuesto una teoría de resocialización a la práctica de la encarcelación punitiva heredada del siglo XIX. Han conseguido sembrar la duda en el ánimo de muchas personas que, por otra parte, advertían la poca eficacia que tenían simples medidas de privación de libertad. Se manifestó, pues, un inicio de conversión de las mentes, y los gobiernos, los partidos políticos, haciéndose eco en esto de la opinión pública ilustrada, han trazado unas reformas penitenciarias. La lentitud de esta reforma en la práctica no tiene nada de sorprendente porque no sólo los edificios seculares se oponen a los cambios bruscos, sino que la mentalidad del personal encargado tampoco cambia de la noche a la mañana. Se hicieron algunas experiencias de comunidades terapéuticas, por lo general, en condiciones poco favorables, y espíritus críticos impacientes proclamaron su fracaso, sin que se efectuaran las evaluaciones. Puede decirse otro tanto de los tribunales para jóvenes, sometidos a duras críticas desde hace unos años, cuando jamás contaron con recursos ni condiciones de funcionamiento indispensables para llevar a bien el mandato que se les diera en su origen de proteger a la juventud.

Estos dos ejemplos, claro está, no agotan el tema. Tampoco se pretende que las teorías y las hipótesis sobre la naturaleza de la criminalidad que inspiraron a los investigadores y los prácticos de la época resistan, hoy como ayer, a la prueba de una crítica basada en otras teorías, todas igualmente válidas en principio. Pero nadie podría negar que no se han alcanzado los verdaderos logros del sistema y que se emiten juicios apresurados sobre experiencias apresuradas. Por desgracia, es larga la lista de semejantes ejercicios de futilidad intelectual.

¿Qué conclusión sacar? Estos pocos ejemplos ponen de relieve las contradicciones que caracterizan las explicaciones globales y las proposiciones de reformas que inspiran: cuando se ponen a prueba los hechos, cuando se trata de doblegar la realidad institucional a las condiciones de la "experiencia", se comprueba que hay resistencia al cambio. Si fueran necesarias pruebas para indicar los límites de una analogía entre las ciencias del hombre y la sociedad y las ciencias de la materia, los ejemplos que acabamos de citar las dan rotundas.

3. INVESTIGACIÓN EVALUATIVA Y POLÍTICA SOCIAL

Para esta parte de la exposición, pongámonos en el contexto del estado liberal occidental, principalmente del tipo de América del Norte; porque la concepción y el papel de la política social, y de su variante "criminal" son muy diferentes en los estados socialistas y en aquellos que obedecen a otras maneras de ver distintas de las de una democracia liberal. En las democracias sociales, europeas occidentales, el poder de la burocracia estatal en la aplicación de una política social es tal que sería necesario plantear los problemas que enfocamos de una manera muy diferente.

En el escenario americano anglosajón, las grandes iniciativas de política social se iniciaron al principiar los años sesenta; la mentalidad de las "nuevas fronteras" de la "gran sociedad" inspiró muchos proyectos y estrategias de acciones orientadas hacia la supresión de las causas de las desigualdades sociales. Estas desigualdades y las discriminaciones que producían en la educación, el empleo, la vivienda y la justicia debían ser eliminadas, según las declaraciones de los políticos.

Los parlamentarios aprobaban subvenciones importantes para eliminar las causas socioeconómicas de índole estructural de tales desigualdades con el fin de dar las mismas oportunidades a todos en la sociedad americana anglosajona.

Los especialistas de las ciencias sociales, durante mucho tiempo ignorados por la opinión pública y las élites políticas, han aprovechado la ocasión que se presentaba para poner a prueba sus teorías y sus hipótesis; querían contribuir así al progreso de su disciplina, y al mismo tiempo, tratar de influir en su sentido, en la evolución política y social de su país. Ante el conservadurismo de los dirigentes burocráticos, ante la indiferencia y a veces la hostilidad de la mayoría silenciosa, se esbozaba una suerte de desquite de los intelectuales de las ciencias sociales, que trataban, por emulación, de aportar la misma contribución a la "guerra interior" contra las injusticias sociales que sus colegas de las ciencias exactas aportaron en la guerra exterior para la defensa de los regímenes democráticos, en los años cuarenta.

Durante este período de aplicación de las grandes políticas sociales, en particular en los dominios de la educación y del trabajo, nacieron las investigaciones evaluativas. En efecto, se trataba de medir los efectos de las nuevas políticas aplicadas por la administración. Apuntemos aquí que éstas fueron lanzadas para responder a una necesidad política: se planteaba entonces un juicio de valor, se tomó una opción por organismos políticos que traducían así las aspiraciones de su clientela electoral. Los hombres de ciencia, que podían o no compartir las mismas opciones o juicios de valor, fueron llamados a evaluar los efectos de estas iniciativas políticas. La investigación evaluativa ha llegado a ser un instrumento indispensable para una administración pública cada vez más intervencionista.

Los más importantes trabajos de investigación en las ciencias sociales en América del Norte durante los años sesenta fueron consagrados a la evaluación de políticas sociales. El informe Coleman [1966] es un buen ejemplo. A fines de los años sesenta se hacía el primer balance de las investigaciones evaluativas y por carambola, de las políticas cuyos efectos debían medir. Ese balance era en gran parte negativo en lo científico, y sus efectos en el ánimo de los reformadores sociales, ya fueran universitarios, burócratas o políticos, resultaron más bien desalentadores.

Las principales críticas pueden resumirse así: insuficiencias teóricas y metodológicas; insuficiencias políticas.

De la debilidad teórica de las ciencias sociales se desprende que muy pocas proposiciones coherentes pueden relacionar la conducta social con este o aquel factor causal.

Entonces, ¿qué papel desempeña la agresividad en un contexto sociocultural? Ninguna teoría experimentada puede interpretar sus efectos en el comportamiento o las escenas de violencia comunicadas por la televisión o el cine. La interpretación de indicadores sociales presenta la misma dificultad: un ausentismo mayor en la industria por razones de salud ¿refleja un deterioro de la salud individual o un mejoramiento de la salud pública, o sea el mejor acceso a los servicios médicos? [Sheldon, E. B., Freeman, H. E., 1970].

Al exigir que en una investigación evaluativa haya congruencia entre los objetivos del proyecto y los resultados obtenidos, se subestima metodológicamente la importancia de las variables que intervienen. Para ciertas investigaciones, su importancia puede ser estratégicamente decisiva [Guba, 1972]. La experiencia histórica colectiva de la institución o del grupo evaluado, los papeles de las personalidades, la percepción diferencial de los individuos o los grupos implicados, relativos a los sujetos, a los objetivos o a los medios propios para realizarlos, constituyen otras tantas variables que la medida cuantitativa tiende a subestimar, cuando no a eliminar [Suchman, 1967].

La creación de grupos testigos es una tarea difícil. Como destaca D. C. Cohen [1970], los efectos mesurados de una política nueva deben compararse con una situación que no necesitaba de esa medida para funcionar debidamente. Es, pues, una evaluación en relación con la población "normal", o sea aquella a la que no conciernen las medidas aportadas por la política social.

Una de las experiencias más interesantes en investigaciones evaluativas en el campo correccional fue la realizada por D. A. Ward y G. G. Kassebaum [1972], que estudiaron —en condiciones experimentales particularmente favorables— los efectos de cuatro programas diferentes de tratamiento aplicados en una nueva institución correccional de seguridad mediana en California. En las diferentes alas del establecimiento, que constituían otras tantas unidades de vida casi autónoma, se practicaba la terapia de grupo (*group counseling*), la terapia de grupo especial (*research group counseling*), la comunidad de vida terapéutica y finalmente, toda forma de tratamiento excepto la terapia de grupo y la comunidad de vida terapéutica. De 150 a 600 hombres escogidos al azar formaban cada uno de los grupos que entraban en los tres programas. Después de un *follow up* de 24 meses, basado en el 70% de la muestra estudiada, se advertía que en el 43% de los casos había reincidencia, que en el 26% no la había, y que el resto tenía problemas menores con la justicia. Pero, y ésta es la conclusión capital, ninguna diferencia era atribuible al género de trato que habían recibido los individuos [pp. 306-307].

La dificultad metodológica que presentaba este estudio era de importancia: repartiendo los detenidos al azar entre los diversos grupos sometidos a programas de tratamiento diferentes se postulaba:

a] que los delincuentes encarcelados representan, en términos de genotipos biopsicológicos, categorías homogéneas o cuando menos comparables; pero el proceso de selección judicial de los lelincuentes es tal que el postulado resulta sumamente impugnable;

b] se supone que las técnicas complejas de tratamiento, como la terapia de grupo y la comunidad terapéutica, pueden considerarse una variable homogénea de efectos precisos y mensurables. Es éste un postulado que la mayoría de los clínicos impugnarán, dada la diferente reacción de los individuos a los diversos métodos de tratamiento y el carácter complejo de su utilización, en particular para el equipo terapéutico (véase para este tipo de dificultad Mann, 1972, pp. 267*ss.*).

Veamos ahora *las insuficiencias políticas*. No se comprende suficientemente que la investigación evaluativa, por muy científica que sea en su actitud y su tecnología, es una operación política. En efecto, la autoridad encarga a la administración aplicar una medida que espera le reporte ventajas políticas. Las necesidades de objetividad y el respeto de la libertad de expresión, que son valores fundamentales para el investigador universitario, no son apreciados del mismo modo por los eventuales comanditarios de este tipo de investigaciones. Se puede afirmar que cuanto más importante es el proyecto, más elevada es la apuesta política en cuanto al éxito o fracaso de los objetivos. Los resultados muchas veces están asegurados de antemano. Para tomar otro ejemplo de la América anglosajona, la evaluación de la política lingüística del gobierno canadiense, tanto en el campo de la función pública como en el de la industria privada, suscita las más animadas controversias y a veces crea verdaderas crisis políticas.

Igual dificultad, y aun más grave, se halla en el campo criminológico, porque es la protección de la seguridad y la libertad individual lo que está en juego en esas medidas.

Peter Rossi [1972] desctaca por lo demás la enorme capacidad que tienen las burocracias para ignorar los resultados de las investigaciones evaluativas, sin embargo totalmente inequívocas. Por ejemplo: aunque se haya demostrado que la importancia numérica de las clases no influía en los resultados escolares o en la aplicación de los métodos pedagógicos, tanto los sindicatos de maestros como las administraciones de las escuelas siguen pidiendo clases pequeñas, con lo que dicen mejoraría el rendimiento. La misma observación puede hacerse para otras muchas instituciones sociales, cuya capacidad de resistencia al cambio "racional" es digna de nota. Se comprobaba la ausencia de relación entre el sistema de becas y la selección de candidatos capaces, pero pobres, para la enseñanza superior: el sistema continúa como antes, utilizando el mismo argumento. Se señalaban no hace mucho los decepcionantes resultados de los métodos de tratamiento en las instituciones penales; sin embargo, ningún estado ha proclamado que renuncie en adelante a tratar de "resocializar" al individuo condenado. El alcance preventivo de la acción policiaca y judicial no ha sido todavía evaluado satisfactoriamente, ni sobre todo, en gran escala: puede de todos modos suponerse que la resistencia al cambio de las instituciones de que se trate será tan grande como la importancia de las medidas de reforma propuestas.

La solución que puede entreverse consiste en hacer que se reconozca la índole radicalmente hipotética de los efectos de las medidas de política social tomadas por la autoridad política. Además, hay que hacer aceptar fundamentalmente, tanto por la administración como por los investigadores, el carácter de *pari* en lo tocante a los resultados de la evaluación. Se trata de crear un estado de ánimo experimental, de intentar la aplicación progresiva y parcial de las reformas consideradas, para que pueda aparecer una retroacción adecuada en el curso de la aplicación progresiva de las reformas. Tal es la función de las investigaciones evaluativas. Es concebible la prudencia y sabiduría que supone aceptar tal regla de conducta en las democracias liberales, donde los partidos políticos compiten despiadadamente por el poder y donde todo fracaso o éxito en política social es un arma eficaz en manos de adversarios implacables.

Actualmente se pueden observar progresos lentos pero seguros en la investigación evaluativa, tanto en el plano metodológico como en el teórico y el político, en cuanto al efecto producido por programas particulares en poblaciones seleccionadas para la experiencia. Los resultados son empero totalmente inseguros en cuanto a la posible extensión de los resultados obtenidos en las poblaciones experimentales a categorías más amplias de poblaciones.

La diferencia entre "efecto" y *coverage** sugerida por P. Rossi [1972, p. 230] permite entrever el objetivo a que debe apuntar la investigación evaluativa en los próximos decenios: multiplicando la cantidad como la calidad de las investigaciones para evaluar el efecto (*impact*) de las nuevas medidas se acabará por comprender mejor y evaluar teórica y metodológicamente las variables de que se trate. Nuestro arsenal heurístico aumentará mucho y se reflejará en la calidad de las interpretaciones que podamos dar.

Con demasiada frecuencia han sacado conclusiones, se han entusiasmado o desalentado sin razones suficientes, investigadores y administradores, ante los resultados de un estudio parcial y de alcance forzosamente limitado. Antes de erigir modelos experimentales complejos, susceptibles de contener muchas imprecisiones, errores de teoría y metodología, habría que utilizar métodos exploratorios más aproximados para delimitar los problemas en un contexto de evaluación. Con tal disposición mental serán norma-

* Difusión, abarcamiento, ampliación en inglés. [T.]

les actitudes más ambiciosas, pero es preciso reconocer que nos hallamos todavía lejos de una situación en que éstas puedan ser desmultiplicadas.

Entre las grandes dificultades que obstaculizan el desenvolvimiento de las investigaciones evaluativas en criminología es preciso apuntar la ausencia de coordinación entre los diversos componentes o subsistemas de lo que suele llamarse el "sistema de justicia en materia criminal". Además, los problemas específicos surgen al aplicar técnicas de evaluación ultimadas originalmente en el campo de los servicios públicos. Examinémoslos brevemente.

El sistema de justicia en materia criminal está organizado en virtud de los principios del código penal. De hecho, representa la puesta por obra de la intención que tenía el legislador al dictar reglas que protegen a las personas, así como los bienes y los valores morales comunes de la sociedad. Las leyes y los reglamentos determinan la misión de la policía, de los tribunales, de las autoridades judiciales, del servicio penitenciario. Pero estos cuerpos constituyen también organizaciones burocráticas que interpretan y adaptan, muchas veces a su manera, las leyes y su espíritu. Los muchos estudios realizados en Estados Unidos y Canadá sobre los poderes de apreciación de esos servicios (*discretionary power*) indican perfectamente la inquietud que origina estas investigaciones. Efectivamente, se preguntan si es grande la diferencia entre la intención, la letra y la aplicación concreta de la ley. Pronto aparecen las contradicciones entre la función principal de la policía, que es la lucha contra el crimen, y el quehacer efectivo de los policías, que realizan actos más bien propios del servicio social. La tasa de éxito tan poco elevada de los policías en la solución de los delitos graves de nuestras grandes ciudades (del 10 al 30%) contrasta seriamente con el peligro que se dice representan para los elementos criminales de la sociedad. Dificultades particulares aparecen para la policía en la presentación de la prueba para justificar la inculpación por el ministerio fiscal. Las decisiones de la Suprema Corte norteamericana que tienden a proteger las libertades individuales (en particular el hecho de no poder presentar ante el juez las pruebas obtenidas sin orden de hacer pesquisas) constituyen de hecho una garantía de impunidad para muchos criminales profesionales, que a menudo conocen el código tan bien como sus abogados. El sistema de fianza, utilizado muy liberalmente, pone en realidad fuera del alcance de la ley a los criminales reincidentes que no tienen más fuentes de ingresos que el producto de sus actividades delictuosas. Hay cierta contradicción, en la escala del tribunal, entre un papel doble tradicionalmente asumido: protector de los valores sociales por la aplicación de las leyes en un espíritu de justicia y equidad, el tribunal debe proteger también las libertades individuales ante los abusos de poder de los órganos policiacos o judiciales. Las mismas contradicciones pueden observarse en lo que concierne al servicio de penitenciaría que debe al mismo tiempo castigar, resocializar, y proceder a una segregación de los condenados. Estas contradicciones se reflejan, evidentemente, en la práctica de las personas que laboran en cada uno de esos subsistemas.

Las contradicciones en el interior de los subsistemas se agravan con las que distinguen el conjunto de la administración de la justicia. Porque no sólo los servicios dependen de varios ministerios o secretarías sino que el estatus de los magistrados les garantiza libertades excepcionales. La interpretación que cada cuerpo constituido hace de la ley no es ajustada, coordenada ni integrada en realidad por ninguna autoridad superior. Muchos investigadores han calificado este conjunto de no sistema. El cuidado de la protección de las libertades individuales es sin duda primordial tanto para los ciudadanos como para los dirigentes políticos y judiciales. En algunas circunstancias esto se hace en detrimento de una organización racional, eficaz, de la defensa social para proteger al público de la criminalidad. En estas condiciones se comprenderá cuán difícil es determinar criterios objetivos de evaluación, siendo los objetivos del sistema como tal vagos y los de los subsistemas contradictorios [Rizkalla, S., Szabó, D. *et al.* (1976)].

Examinemos ahora la diferencia entre los sectores privados y los públicos en cuanto a los criterios de evaluación de la eficacia. Al contrario de lo que suele creerse, el sector público no padece de falta de mandos calificados y competencia en relación con el sector privado. Pero la clientela, cuyos intereses deben servir las instituciones/sistemas, es a todas luces menos homogénea que los servicios públicos. Como hace observar P. F. Drucker [1973], el sistema escolar, por ejemplo, debe servir al mismo tiempo los intereses de los alumnos, de los maestros, de los padres, de los contribuyentes y de la comunidad en general. Estos intereses son a veces contradictorios y siempre parciales. En particular resulta difícil traducirlos a un concepto operacional y mensurable. No se puede evaluar el interés general del mismo modo que en una fábrica de productos alimenticios pueden precisarse los objetivos y los medios apropiados para alcanzarlos.

Esta heterogeneidad del público a servir aparece en el campo de la justicia penal. Lo que es eficaz para unos no lo es para otros. Una sociedad pluralista presa de graves conflictos de intereses, demasiado móvil y heterogénea, difícilmente puede llegar a un acuerdo sobre criterios de evaluación de costo-eficacia de su sistema de justicia penal. No es sorprendente que en los primeros debates relativos al costo de los servicios penitenciarios algunos se inquieten por el hecho de que no se reduzca la comida de los presos.

Según Drucker, una diferencia principal y a menudo desdeñada hace la transferencia de las tecnologías de evaluación particularmente precaria entre el sector privado y los servicios públicos. Está en el financiamiento radicalmente diferente de estos dos sectores; porque la eficacia de los servicios privados se evalúa en función de la satisfacción de la clientela. En cambio los organismos públicos son financiados con asignaciones presupuestarias, aprobadas por el Parlamento y administradas por el estado. No hay relación clara y directa entre la producción y el costo, cubierto éste por los gravámenes impuestos por el legislador.

Además, en lugar de competir con otros organismos privados que producen bienes semejantes, como suele ocurrir, los servicios públicos tienen el monopolio de las funciones que realizan. Para ellos, según Drucker, el "resultado" de sus actividades se mide en términos de presupuesto: mejor resultado es igual a presupuesto mayor. La eficacia de un organismo público en estas condiciones no consiste en producir más con un costo menor, como en la industria privada. La eficacia es para los servicios públicos sinónimo de capacidad de mantener y aun aumentar el presupuesto del organismo.

Cuando se presentan argumentos para aumentar el presupuesto de los servicios públicos, la justificación no se basa en la consecución de tal o cual de sus objetivos. La argumentación debería acordarse a la medida de la intención de alcanzar sus objetivos. Por pura fórmula se habla de eficacia y de control de los gastos. En realidad, la importancia de un servicio público se basa en dos criterios íntimamente ligados: la importancia del personal y el monto del presupuesto. Al contrario que en el sector privado, donde la virtud suprema consiste en lograr mejores rendimientos a un costo menor y con el mínimo de personal, el servicio público debe cumplir sus "promesas" a una clientela grande (por monopolizada) con intereses heteróclitos y aun contrarios.

Hay que servir a todo el mundo y gustar a todo el mundo; ésta es la lógica de los servicios públicos. Aplicadas al sistema de justicia criminal, la punición como la rehabilitación, la prevención como la represión tienen en la sociedad clientelas poderosas. Se trata de quedar lo mejor posible con todos. Lo que aparece como un gasto injustificable para unos puede ser la medida más "funcional", más "eficaz" para otros. Y así, desde la creación de los servicios de asistencia a la administración de justicia en el Ministerio de Justicia norteamericano hacia el final de los años sesenta, los medios criminológicos han denunciado con vehemencia los gastos que ese servicio ha efectuado para el equipamiento tecnológico de las fuerzas policiacas. Se consideraba que las subvenciones no tenían en cuenta las apremiantes necesidades de los demás sectores, como la prevención, la formación del personal, la investigación, etcétera.

Las conclusiones de Drucker merecen meditación. Según él, un organismo financiado directamente de los fondos públicos, que goza de un monopolio impuesto por la ley, es compensado por sus servicios no según criterios de "rendimiento" sino de "mérito". Estas instituciones son remuneradas no porque reporten algo a la comunidad sino en función de las buenas intenciones y la generosidad de sus programas. Es ilusorio esperar milagros gracias a las investigaciones evaluativas sin realizar un mínimo de consenso entre los elementos de los subsistemas y el conjunto del sistema de administración de la justicia. A lo sumo se trata de ejercicios de escuela que indican lo que sería posible una vez realizado el consenso relativo a los criterios.

Es interesante de todos modos examinar la sugerencia de N. Morris y G. Hawkins [*Letter on crime control to the President*, Prensas de la Universidad de Chicago, 1977], que constituye una proposición bien estructurada con fines de determinación de una política criminal. Las recomendaciones de reformas de la comisión Katzencach datan de más de diez años y la criminalidad ha aumentado un 70% mientras la población norteamericana nada más ha aumentado un 7%. Sólo la mitad de los robos son denunciados, y menos de la mitad de todas las agresiones contra personas y violaciones se ponen en conocimiento de la policía. El carácter endémico e incontrolable del aumento de la criminalidad es tal que un joven norteamericano nacido en 1974 tiene más probabilidades de morir a manos de un criminal que un soldado norteamericano tenía de morir en campaña durante la segunda guerra mundial.

Ante este agravamiento de la situación, las autoridades federales han destinado recursos considerables a la lucha contra el crimen. Entre 1969 y 1974, los presupuestos se duplicaron, de 7.3 mil millones a 15 mil millones de dólares. Los gastos en personal absorbieron una parte importante del presupuesto: de más de 700 000, el número de personas empleadas en la administración de la justicia pasó a más de un millón. Pero durante este mismo período, la criminalidad violenta registrada por la policía aumentó ¡en más de la mitad! Los poderes públicos no sabían qué hacer. Las ideas y los principios de los criminales se expresaban en forma lapidaria en la respuesta dada por el joven y popular gobernador de California, M. Brown, a un periodista alarmado ante la ineficacia de las medidas de prevención y represión de la criminalidad: *Stay low, move fast, and don't carry a lot of money* (en traducción libre: No se haga notar mucho, desplácese con rapidez y nunca lleve mucho dinero encima).

Ante esta carencia de los poderes públicos en materia de política de lo criminal, nuestros autores hacen estas precisas sugerencias:

☐ Es preciso determinar claramente las prioridades de la acción gubernamental, que sólo pueden concernir a las medidas destinadas a reducir el número de crímenes violentos y predatorios. Para ello conviene liberar a la policía y los tribunales de todas las tareas no directamente relacionadas con este objetivo; habrá que crear otras jurisdicciones para tratar de los asuntos que hasta ahora entorpecían los servicios de policía y de justicia;

☐ el control de las armas de fuego debe ser objeto de una legislación precisa que se está esperando hace mucho. Consecuencia suya deberá ser una disminución considerable del número de pistolas en circulación entre los particulares;

☐ las actuales disposiciones para combatir el empleo de las drogas son al mismo tiempo ineficaces y criminógenas. Se requiere de una nueva estructura administrativa que vaya de la mano con una nueva legislación;

☐ la sobrecarga de los tribunales ha provocado prácticas abusivas (*plea bargaining*) que no sólo escarnecen la noción de justicia sino que hacen infructuosa la lucha contra el crimen. "Comprar" el ministerio fiscal la cooperación del acusado a la presentación de la prueba, negociar el reconocimiento de la responsabilidad en tal o cual delito en relación con otras informaciones (por lo general más graves), es una práctica generalizada que debe cesar. De igual manera, la pronunciación de la sentencia debe obedecer a cierto número de reglas elásticas ultimadas con la colaboración de la asociación de los magistrados por el American Law Institute Model Penal Code. Otro tanto ha de hacerse con los procedimentos de apelación y para las sentencias en materia criminal;

☐ aunque se reconoce que las prisiones existen para castigar al condenado, no por eso se le deben negar las posibilidades de resocialización, que algunos podrían reclamar. Los servicios de resocialización actualmente existentes deben ampliarse, el papel de los funcionarios de probación y de liberaciones condicionales precisarse, y su número aumentar.

Con el fin de poner por obra sus recomendaciones, nuestros autores proponen la creación de un derecho penal administrativo. Este derecho tendrá por objeto toda reglamentación relativa a la circulación, la alimentación, la construcción (vivienda, renta de casas), el alcohol y las demás drogas, la seguridad industrial, la discriminación en el empleo, las reglamentaciones de los mercados. Todos estos reglamentos y los delitos que determinan son calificados por los autores de *social welfare offenses*, o sea de ataque contra los reglamentos que protegen la calidad de la vida colectiva. Además, este mismo derecho deberá incluir la criminalidad de las corporaciones o personas morales. La distinción entre competencia aceptable o fraudulenta, los márgenes de beneficios decentes o inadmisibles, etc., deben figurar en este tipo de derecho. El derecho en materia criminal actual sirve de poco en este caso, y el derecho civil por su parte resulta insuficiente.

Semejante sistema jurídico requiere de un personal distinto del de los tribunales habituales de lo criminal. El que está bien preparado para combatir como policía, procurador o juez los delitos de sangre o el proxenetismo probablemente no lo estará tanto para tratar las infracciones de una compañía transnacional, susceptible de entregarse a actividades fraudulentas, o de una industria contraventora de la protección al medio ambiente.

El sistema de justicia en materia criminal podría también aligerarse quitándole los "delitos sin víctimas", cuya persecución constituye actualmente la mitad de las detenciones practicadas por la policía. El derecho criminal no debería reglamentar lo que, según opinan la mayoría de los ciudadanos, depende de la moral privada de cada quien, ya se trate del comercio sexual entre adultos consentidores, del empleo de drogas en privado y sin fines de lucro o de los juegos de azar.

El diagrama siguiente ilustra y resume la argumentación de Morris y Hawkins [p. 24]. Los crímenes de categoría *A* comprenden los delitos predatorios como el homicidio, la violación, el robo a mano armada y con fractura, el incendio y el robo de tipo tradicional. Los crímenes de categoría *B* comprenden las prácticas ilícitas, como los fraudes, la corrupción, la criminalidad de los negocios, la criminalidad fiscal, los juegos ilícitos, el tráfico de drogas, el encubrimiento, etc. Los crímenes de categoría *C* comprenden las prácticas ilegítimas, sobre todo las relativas a la protección de la calidad de la vida, como la reglamentación relativa a los productos alimenticios, el urbanismo con los reglamentos de zonaje, la protección del medio ambiente, el derecho al trabajo, los juegos ilícitos, la violación y los atentados al pudor, el abandono de la familia, la mendicidad, el vagabundaje, la prostitución, el alcoholismo y el empleo de drogas, etcétera.

Tipo de crímenes	*Investigador*	*Toma de Decisión*	*Pena máxima*
A	Policía	Tribunales de lo criminal.	Prisión
B	Agentes civiles, inspectores, agentes secretos, etcétera.	Tribunales de lo criminal.	Prisión
C	Agentes civiles, inspectores, agentes secretos, etcétera.	Comisiones, administración, tribunales de lo criminal sólo para multirreincidentes.	Multa, privación de permiso, etcétera.

Hemos presentado la proposición de estos dos autores para ilustrar los problemas que plantean la política criminal y su arma principal, la investigación evaluativa, en un gran país de *common law*. Se advierte que el estado liberal americano anglosajón está particularmente privado de medios, tanto en el plano legislativo y reglamentario como en el de la aplicación de la ley (servicios, organismos, personales), cuando se trata de concebir y poner en práctica una política de lo criminal. No ocurre otro tanto con los países socialistas, donde la política de lo criminal forma parte de una política social y administrativa coherente. La situación es mucho menos delicada también en los países que viven con la regla del derecho continental: los códigos y los servicios públicos de administración de la justicia constituyen firmes puntos de apoyo en la lucha contra el crimen, más que el aparato legislativo y administrativo de los países de *common law*, en particular los Estados Unidos.

El balance que acabamos de esbozar puede parecer, con razón, más bien sombrío para los usuarios en potencia de los servicios criminológicos. La introducción de la dimensión dinámica basada en una perspectiva temporal puede hacer entrever el papel más decisivo que la investigación evaluativa criminológica podría desempeñar en la política social. Porque los problemas planteados adquieren un relieve particular según se les ubique en una perspectiva de plazo corto, mediano o largo.

Son muchas las medidas *a corto plazo* de orden práctico, y su justificación dimana sea de estudios ya efectuados, sea de una convicción humanitaria y moral compartida por una fracción importante del público y de los cuadros dirigentes. La acción no requiere aquí de investigaciones profundas ni de experimentaciones socioculturales complejas. Lo que se exige es una voluntad política de proponer y después imponer una solución aceptable para la mayoría de las personas o de los grupos a quienes concierna. Por ejemplo, la mayoría está de acuerdo en disminuir los efectos deshumanizantes del sistema penitenciario, acelerar los procesos en los tribunales, asegurar la accesibilidad de la asistencia judicial a todos los justiciables, disminuir la arbitrariedad discrecional de los agentes de la justicia, tanto en las instituciones penales como ante los tribunales para menores. Hay también con toda probabilidad una mayoría que aprueba el aumento de la competencia académica de los técnicos auxiliares de la justicia; que desearía que se legislara contra las maniobras del crimen organizado y que reclama la protección de los consumidores contra el fraude organizado.

Esta perspectiva de una duración de 5 a 10 años agota por lo general la capacidad de innovación de los gobiernos en el poder. Para llevar a efecto esos cambios se necesita una inquebrantable voluntad de obtenerlos, basada en la convicción, proclamada públicamente, de que esas medidas son justas. A esta voluntad debe acompañar una habilidad táctica, una aplicación del arte de la persuasión para crear un consenso.

El intelectual-técnico, "revelador", tiene aquí un papel que representar, desenmascarando los argumentos falsos y ayudando a ubicar los datos del problema dentro de una perspectiva racional.

Este tipo de medidas figura en el programa electoral de los partidos políticos que no son decididamente reaccionarios. Tampoco es necesario ser deliberadamente progresistas para proponerlas y apoyar su puesta en práctica.

El establecimiento de los modelos, las normas de intervención de los poderes públicos cerca de los delincuentes constituye un buen ejemplo de investigación cuyo efecto en plazo breve es tan evidente como su importancia en plazo mediano. Las mismas Naciones Unidas han propuesto reglas mínimas aplicables en las condiciones de detención de los criminales. También han propuesto, en su Congreso de Ginebra de 1975, reglas tendientes a la eliminación de la tortura en la fase policiaca del proceso penal.

Últimamente, M. Cusson y D. Laberge-Altmejd [1977] han emprendido una investigación relativa a las normas de intervención respecto de los jóvenes mal adaptados. Examinando la situación en Quebec, su investigación se extiende no obstante a todas las normas actualmente disponibles y practicadas. Sugieren la adaptación de esas normas a la situación local. He aquí cómo definen sus propósitos:

"Los modelos o normas de intervención cerca de los jóvenes mal adaptados son reglas que indican las líneas de acción que deberían adoptar las instituciones, los hogares de grupo, los servicios de probación... cuyos clientes son jóvenes con problemas de adaptación como la delincuencia. Estas normas determinan las condiciones a respetar para ofrecer a los clientes y a la sociedad los mejores servicios posibles. Se presentan en forma de enunciados breves sobre lo que deberían ser, y por eso proporcionan un modelo con el que se comparan una práctica y una acción. A condición de ser suficientemente precisa, la norma ofrece un criterio... a quien quiere evaluar las políticas y las intervenciones de los practicantes."

Los modelos definen la excelencia y deben ser elaborados en función de los conocimientos científicos, de los principios de política criminal, de las exigencias de justicia y de la experiencia. Representan una síntesis de conocimientos y experiencias y evolucionan a la luz de estos dos factores. Pero esta evolución es mensurable y susceptible de evaluación por parte de quienes están encargados de los servicios.

Según los aficionados, la determinación de los modelos aclara para empezar las reglas del juego. Los programas de intervención precisa y coherente sustituyen a las obligaciones vagas e imprecisas. Se reducen así lo arbitrario y los riesgos de abuso. A continuación, los modelos aseguran una operacionalización sistemática del sistema de los principios de política en materia criminal, lo que reduce la distancia que separa la teoría de la acción.

Más importantes aún en el nivel de los medios, los modelos invitan a controlar la calidad del trabajo no sólo en cuanto a los servicios ofrecidos sino también en el proceso decisional en el medio de vida del cliente, etc. Los modelos hacen asimismo posibles procedimientos de acreditación y evaluación, incluso la autoevaluación y la evaluación continua.

Insistiendo bastante en el peligro de burocratización que puede provocar la implantación de los modelos, así como en el carácter dogmático que pueden tener para personas poco sagaces, los autores las agrupan en cinco capítulos. Los enumeraremos poniendo entre paréntesis las diversas secciones que abarca cada uno de ellos: I. Principios y objetivos (enunciados de política, objetivos, principios, derechos); II. Decisión (la admisión, en curso de intervención); III. Servicios (educación y formación escolar, trabajo-empleo, horas libres, trato, trabajo con la familia, reinserción social, utilización de los recursos externos); IV. Marco de la intervención (relaciones personal-cliente, reglamentos, sanciones, medidas de control, medio de vida, contactos con el exterior); V. Organización (personal, expedientes, información, coordinación con la red, investigación y evaluación).

Los esfuerzos parecidos a los de M. Cusson y D. Laberge-Altmejd se multiplican desde el desenvolvimiento de las investigaciones criminológicas y son indispensables para todo progreso. Indican con precisión la contribución de la investigación cuyos beneficios son ya perceptibles en corto plazo.

Para el examen de problemas más complejos conviene una perspectiva de *plazo mediano.* ¿Cuál debe ser la amplitud de los servicios jurídicos comunitarios? En lo tocante a las personas elegibles, ¿dónde debe ubicarse la línea de demarcación en cuanto al ingreso mínimo aceptable? En el derecho impugnado, ¿habremos de incluir tan sólo el derecho penal o también el derecho familiar, civil, comercial? La alternativa al encarcelamiento cada vez tiene más partidarios, pero la selección de medidas divide tanto a los expertos como a la opinión. ¿No serían la multa o los entredichos profesionales sanciones más apropiadas que el encarcelamiento en el dominio del derecho laboral y del comercial? ¿Qué tipo de apoyo y de vigilancia debemos prestar y a qué tipo de reincidente aplicarlo para permitir la resocialización después de una encarcelación prolongada?

La víctima es la más olvidada en las reformas judiciales. Más allá de las tímidas medidas de indemnización, ¿no habría que pensar en un sistema que pusiera directamente en contacto a agresores y víctimas sustituyendo la reparación "moral" (punición) por una restitución y una compensación efectiva por los daños infligidos? Hacer trabajar a los choferes en las salas de urgencia, a estafadores para madres necesitadas, a borrachos en clínicas de desintoxicación son otras tantas medidas que parecen presentar un interés evidente. Otro tanto ocurre con la conservación o eliminación del código penal de toda una serie de delitos que hieren los sentimientos morales de una parte de la sociedad pero que en realidad sólo perjudican a aquel a quien se inflige esta práctica. Los juegos, los delitos contra las buenas costumbres entre adultos consentidores, la pornografía, etc. —todo cuanto se denomina crímenes sin víctimas— podrían ser objeto de medidas administrativas, de reglamentaciones sanitarias, etc., en lugar de seguir sometidos a la legislación penal.

Pero todos estos ejemplos tienen en común el carácter hipotético de los resultados previstos. ¿Disuaden acaso las amenazas de sanciones del mismo modo a todas las personas? ¿Basta la reglamentación de los actuales delitos contra las buenas costumbres para proteger el orden público y a los menores? ¿Disminuye la legislación del uso de ciertas drogas las consecuencias criminógenas de la situación actual? Preciso es reconocer que no se sabe. Se supone que puedan darse ciertos resultados en función de la experiencia pasada pero también, justo es reconocerlo, de nuestras preferencias morales e ideológicas. La manera de plantear el problema, de interrogarse respecto de algunos puntos, delatan una propensión, una toma de posición.

En estas condiciones colabora el criminólogo con organismos públicos o privados bien intencionados en poner por obra experiencias cuidadosamente concebidas, rigurosamente ejecutadas y evaluadas. Una buena ilustración de lo que decimos es la experiencia realizada en Massachusetts por la comisión del estado para la infancia delincuente y el Centro de Estudios Judiciales de la Universidad de Harvard. Con un año de aviso previo y por orden del gobernador del estado se suspendieron las operaciones de todas las instituciones de acogida y tratamiento de jóvenes delincuentes. Los presupuestos congelados debían destinarse a la ejecución de medidas de recambio propuestas por los servicios. Los investigadores de Harvard realizan investigaciones acerca de los efectos de estas medidas. Después de la evaluación pueden considerarse nuevas direcciones de reformas.

En efecto, el número de las instituciones estaba muy reducido y la resocialización debía basarse en los recursos comunitarios. La considerable tasa de reincidencia (más del 50%) de las instituciones tradicionales, el estigma infligido a los jóvenes internados para el resto de su vida y finalmente la obligación del tratamiento, contraria al derecho de los jóvenes a "ser diferentes", favorecían un reenjuiciamiento radical del sistema institucional tradicional. Nada garantizaba empero que los recursos comunitarios constituyeran una alternativa realista y válida de la institucionalización actual. La obra de los señores Ohlin, Miller y Coates, en curso de publicación, nos dirá lo que hay al respecto: esos libros serán probablemente el primer esfuerzo sistemático para la evaluación de un cambio social planificado en política criminal [L. E. Ohlin, A. D. Miller y R. E. Coates (1977)].

Las funciones críticas creadoras y proféticas del criminólogo pueden combinarse venturosamente. Cada quien es libre de insistir en el aspecto que le plazca: los pesimistas como los optimistas, los escépticos como los ingenuos, pueden componerse justificaciones suficientes para un compromiso efectivo.

Las medidas para plazo mediano abarcan de 10 a 30 años; por ello están sometidas a variaciones considerables en la interpretación de los resultados, puesto que las esperanzas como los gustos cambian notablemente durante tal lapso de tiempo; pueden no obstante figurar, cuando menos marcado con líneas de puntos, en el programa político de los movimientos sobre todo de carácter ideológico. Su parentesco con los grandes mitos ideológicos es bastante visible; la sociedad se reparte por lo general al respecto entre las familias políticas habituales escalonadas de la izquierda a la derecha. Sin embargo, es posible el compromiso en el nivel existencial puesto que el término medio se integra fácilmente en el ciclo de vida de una generación.

Las explicaciones estrictamente científicas, los efectos de las tendencias ideológicas y las exigencias de una coyuntura política, testigos de las preferencias de la opinión pública, se entremezclan en plazos corto y mediano, sin de todos modos amalgamarse. Se realiza una dosificación a consecuencia de los conflictos, de negociaciones, simulaciones y concesiones reales o fraudulentas entre los diversos puntos de vista y los diversos intereses aplicados. Cada quien puede, aunque a veces sea en extremo complicado y peligroso, tratar de proteger sus propios criterios de integridad moral. Nada de esto es posible cuando se trata de los problemas que requieren una solución de *largo plazo.* Todo está subordinado ahí a la función profética, todo depende de la concepción que se tenga del destino último del hombre y de la sociedad. Aristotélicos y platónicos, tomistas y agustinianos, hegelianos y otros partidarios de filosofías materialistas o idealistas, evolucionistas, funcionalistas o estructuralistas se reparten desde siempre a los filósofos, a los intelectuales y a los "profetas". La propensión de los individuos —ninguna palabra hay más precisa para designar esta apertura y esta capacidad de impregnación de cada uno de los intelectuales respecto de una u otra proposición filosófica–, su pertenencia a una u otra de las familias espirituales, obedecen probablemente a reglas por lo menos tan complejas como las que fijan el patrimonio genético de la humanidad.

En una *perspectiva larga* pierden interés de una manera radical los medios previstos para la solución de los problemas. Sólo cuentan aquellos valores a los que uno se adhiere visceral, intelectual y moralmente. El que espera el advenimiento de un nuevo Adán –y en él cree– considerará y luchará por medidas que supriman la imposición alienante de la sociedad, soñará con una organización social donde la sanción de un acto ilícito entrará directamente dentro del marco de una democracia de participación directa y total.

"La tarea consiste en crear una sociedad donde los hechos de la diversidad humana, sea ésta personal, orgánica o social, no estén sometidos a la facultad de criminalizar" [Taylor *et al.*, 1973]. Esto es lo que proclaman los protagonistas de la nueva criminología. Otros sólo tendrán una sonrisa burlona para semejantes esperanzas, y pondrán las suyas en una sociedad regida por las leyes de la cibernética y sometida a las manipulaciones biogenéticas de las élites dirigentes, de acuerdo con un pueblo preocupado principalmente por la calidad de su propia vida. Todas las experiencias y soluciones parciales a corto y mediano plazo parecen mitos, ridículos remiendos, intentos simultáneamente fútiles y culpables de conciliar lo inconciliable. El que juzga a largo plazo asume el papel prometeico por excelencia del hombre.

Sin embargo no hay ningún criterio, salvo la fe, para poner de acuerdo a los protagonistas; sabido es que las guerras de religión, desde la Inquisición hasta las guerras civiles revolucionarias, fueron de las más sangrientas y largas de la historia y dejaron en el corazón de los hombres heridas incurables. No hay más criterio que el certamen verbal y después, rápidamente, físico, para separar a los "creyentes" de los "herejes". Se podría esperar que los grandes enfrentamientos ideológicos de la primera mitad del siglo hubieran dejado bien sentada su terrible esterilidad y su índole suicida. Pero no parece que todos hayan aprendido la lección, porque a cada generación nacen nuevos bárbaros, heraldos fanáticos de sus míticas verdades simplistas... Y las lecciones que tanto costaron a la generación anterior son pagadas a su vez, regularmente, por las nuevas. El criminólogo reformador que prosigue sus experiencias de corto plazo será el blanco de los nuevos integristas que inclinados sobre las cimas de su verdad primaria, lo tacharán de comunista si son de extrema derecha o de capitalista si son de extrema izquierda.

Las funciones críticas de los intelectuales se consideran ridículas y sus funciones creadoras parecen grotescas ante las pasiones asesinas creadas por la indignación moral del profeta que blande el azote del juicio final. Sólo podemos recordar el dicho: *inter armas silent musae.*

Para terminar, sería un grave error ver en estas pocas reflexiones la marca de un alma desengañada. Muchas razones pueden motivar el interés de los ciudadanos, criminólogos o no, por la obra de Sísifo que es el reformar la condición del hombre en la sociedad. El espíritu milenarista de los profetas de la felicidad o la infelicidad eternas no es el único que pueda suscitar el empeño en servir a un ideal. Pero el compromiso con vistas a una acción encaminada a modificar las instituciones existentes obedece a reglas diferentes según se sitúe en un plazo corto, mediano o largo. En las dos primeras perspectivas se tiene conciencia de intervenir en situaciones en desequilibrio permanente, donde la solución de cada problema crea otros que, a su vez, deberán ser resueltos con un espíritu pragmático, aunque inspirado en juicios de valor y opciones filosóficas más o menos explícitos. El criminólogo, cualquiera que sea su función social, está armado para ese tipo de acción y puede asegurarse la salvaguardia de su integridad frente a intereses antagonistas dentro del marco de un estado no totalitario. La intransigencia del hombre de ciencia, por otra parte, será función de su propensión profética: cuanto más pujante sea la pasión alimentada por la indignación moral respecto del medio, más preconizará soluciones y métodos de intervención que tiendan hacia la utopía. Ahora bien, a plazo corto y mediano hay métodos de evaluación; en ciertas condiciones favorables, las lecciones que se extraen de ahí pueden ser acumulativas y transmitidas. La política económica es el único sector del dominio sociocultural que presente el ejemplo convincente de tal sucedido. Como hemos tratado de indicar, los demás sectores de la política social, en particular la criminología, no pueden apoyarse en tales argumentos, por no haber podido experimentar en una escala elevada las diversas hipótesis posibles. Pero estamos todavía en el alba de la investigación científica en materia política y social.

Para terminar, preciso es afirmar que todo compromiso, cualquiera que sea su perspectiva, no es en definitiva sino individual. Al contrario de lo que pensaba Durkheim, la conciencia colectiva no es un sustituto de la divinidad. La dualidad entre el hombre y su semejante, el individuo y la sociedad, es un dato fundamental propio de la historia de la humanidad. El mal absoluto, si existe, se encarna en la mente y los actos de los hombres y no en las estructuras abstractas de las organizaciones colectivas. Por consiguiente, de nada sirve querer cambiar las instituciones sin recurrir a los sentimientos de los hombres, que son quienes en gran parte las inspiran y quienes las hacen funcionar. La democracia política con la extensión progresista de la democracia económica asegura el máximo de margen a la expresión libre de la creatividad y de la espontaneidad de cada quien, de acuerdo con el ejercicio de la libertad del prójimo.

Finalmente, tal vez pudiera meditarse una reflexión de Hannah Arendt [1972], en que parafraseando sin duda un antiguo proverbio, niega la legitimidad de la violencia como medio de acción en la solución de los conflictos entre individuos o grupos. En efecto, no habiendo mitos "buenos" ni "malos", no hay criterios universales para apreciar los objetivos que asignamos al hombre o a la sociedad, loables todos desde determinado punto de vista. En cambio, los medios empleados para realizar esos objetivos pueden ser objeto de medidas y evaluaciones. El intelectual-investigador puede desempeñar un papel importante en el modesto campo de los medios: a corto o largo plazo, sólo él puede tener experiencia y capacidad de evaluación y finalmente, sólo él puede producir un cambio en la estabilidad premiosa de las instituciones.

4. CRIMINOLOGÍA APLICADA: CONDICIONES PARA LA COLABORACIÓN ENTRE LA UNIVERSIDAD Y EL ESTADO

CRIMINOLOGÍA "PURA" O "UNIVERSITARIA": CONCEPTOS Y FUNCIONAMIENTO

Hasta hace poco, la inmensa mayoría de las investigaciones fue de tipo fundamental, según el sentido que da Pinatel [1975] a la palabra. Efectivamente, se trata de trabajos destinados a aumentar el conocimiento científico por la exploración y aclaración de los aspectos teóricos de la criminología: su objetivo inmediato no es el mejoramiento ni la corrección de un estado de hecho, y su financiamiento es independiente de una aplicación a situaciones concretas. Estas investigaciones pueden ser etiológicas o comparativas e inspirarse ya en ciencias naturales, ya en otras humanas. ¿Cuáles son las consecuencias de esta concepción en el estado actual de la investigación, y qué balance puede hacerse? Cuatro puntos nos parecen resumir la cuestión:

a] la diversidad de los temas tratados;

b] la creciente complejidad de los instrumentos de investigación;

c] el carácter unidisciplinario de la mayoría de las investigaciones;

d] la ausencia de coordinación de las investigaciones universitarias.

La diversidad de los temas tratados

La curiosidad intelectual del investigador orienta sus labores y la elección de sus asuntos, por eso no nos extrañaremos de hallar en criminología la mayor variedad de temas y metodologías. Aunque pocos problemas han escapado a la curiosidad de los universitarios, no son muchos los conocimientos acumulativos que subsisten. Raras son las investigaciones sometidas a la prueba de un verdadero control, y escasos los trabajos sometidos a confrontación crítica.

Los conocimientos resultantes están impregnados de un impresionismo intelectual que es a la ciencia lo que la poesía es a la prosa. Justo es confesar que la situación no es mucho mejor en la mayoría de las ciencias sociales, cuya orientación "pura" se asemeja bastante por lo demás a la de nuestra disciplina. Las precarias fuentes de financiamiento de las investigaciones universitarias obligan al investigador a un gran oportunismo: debe aprovechar la ocasión favorable y explotarla con gran economía de medios. Esto contribuye también a crear una imagen poco coherente del universo de la investigación criminológica. Por otra parte, no hemos destacado el carácter ilusorio de la actitud de las ciencias exactas que preconizan la acumulación paciente de hechos y observaciones como principal fuente del progreso científico. El fenómeno criminal es tan inestable y los vínculos con el contexto sociocultural tan íntimos que una experiencia suele no ser transponible sino a costa de simplificaciones que la privan de lo medular.

La creciente complejidad de los instrumentos de investigación

Los progresos de la tecnología y de la metodología científicas avanzan rápidamente y los que copian de ellos en el dominio de la criminología han aumentado sustancialmente el arsenal de los instrumentos de investigación. Los modos de medir más perfeccionados han tenido aplicaciones sumamente interesantes desde hace algunos años; el control de las variables ha hecho progresos innegables. De todos modos, los resultados son decepcionantes, o bien no están de acuerdo con la cuantía de la inversión intelectual o material. El ejemplo más espectacular es la evaluación de los métodos de tratamiento de grupos de individuos en libertad vigilada en California. Los diferentes métodos de tratamiento (o de no tratamiento) no parecen producir ningún efecto en el comportamiento del individuo. Entre las múltiples causas posibles del fenómeno es preciso destacar la que ilustra nuestro actual discurso: la ambigüedad de los conceptos (que recubre la ambigüedad de una realidad) de tratamiento, de libertad vigilada, de delincuentes, etc... Nuestras unidades de medida fundamentales no están claramente definidas y por consiguiente son rebeldes a una manipulación científica compleja. Los cuadros de predicción de los Glueck dan otro ejemplo: elaborados con base en porcentajes, su valor predictivo corrobora la aplicación de procedimientos complejos como el análisis de regresión.

El carácter unidisciplinario de la investigación criminológica

El carácter unidisciplinario de la investigación criminológica se debe sobre todo a la organización de la infraestructura institucional de que depende. Se le puede describir como una investigación que se concibe y ejecuta en los institutos de la universidad, y dirigida por un maestro. Concebidos según el modelo de laboratorio de las ciencias naturales fundamentales, unos minicentros se dedican con toda libertad y pobreza al estudio de los fenómenos que preocupan al titular de la cátedra. El examen de los textos publicados por el Consejo de Europa o el NCCD es instructivo al respecto. Los títulos de nobleza de la investigación criminológica son más bien recientes en el mundo académico y los créditos que se le otorgan reflejan perfectamente esta situación.

El profesor, que dedica por lo demás una parte importante de su tiempo a la enseñanza y la administración, dirige a algunos ayudantes o estudiantes que preparan una tesis: ésta es la ingenua imagen de la investigación criminológica universitaria que se desprende limpiamente del panorama trazado por Radzinowicz [1961] en *L'avenir de la criminologie*. La mayor parte de las publicaciones llevan la firma de un solo investigador, lo que denota la inspiración unidisciplinaria de esos trabajos. La creciente abundancia de los profesores-investigadores y de los fondos para investigación en la América anglosajona no altera fundamentalmente esta imagen de la investigación universitaria. En efecto, las estructuras académicas no aseguran una permeabilidad mayor y los criminólogos por lo general forman parte de departamentos o facultades por los cuales su preocupación es parcial, cuando no marginal. La práctica cada vez más común de la investigación contractual se inserta dentro de los marcos académicos donde predomina lo unidisciplinario y no modifica sensiblemente el cuadro.

Ausencia de coordinación de las investigaciones universitarias

La ausencia de coordinación remite al problema de las prioridades. El postulado implícito está claro: es prioritario el sujeto que el buscador considera interesante. Expresó últimamente esta concepción con coherencia el doctor T. C. N. Gibbens en su informe general, presentado en la séptima conferencia de los institutos de investigaciones criminológicas celebrada en Estrasburgo en diciembre de 1969. Declara que debe concederse prioridad a los estudios que los investigadores, teniendo en cuenta las posibilidades, los métodos y las técnicas existentes, consideran que podrán llevar a cabo y que creen harán una contribución sustancial a la teoría y, en segundo lugar, a la práctica. En esta perspectiva, las prioridades son iguales a los temas generales de investigación y Gibbens desglosa, a partir de los informes internacionales que le presentaron, los puntos siguientes:

□ estudio de la sociedad: el comportamiento criminal inconsciente o no advertido por las autoridades o el público; efectos de disuasión de las penas; actitud del público ante la gravedad de los crímenes y el trato a los delincuentes; sociología de los servicios médicos y jurídicos consagrados a los criminales;

□ estudio de las instituciones sociales: estudio sociológico del funcionamiento de los tribunales, los servicios de protección a la infancia, los servicios medicopsicológicos, la policía; los métodos de establecimiento de estadísticas del crimen y los criminales;

□ estudio de los delincuentes: estudios fenomenológico y psicológico, sobre todo de los nuevos tipos de delincuentes; estudio de *follow-up* de las carreras criminales en relación con las demás formas de comportamiento social; tipología de los delincuentes; estudios etiológicos de tal o cual tipo de delincuente en relación con el tratamiento aplicado;

□ estudio de las instituciones de tratamiento: las implicaciones criminológicas de eventuales modificaciones jurídicas relativas al fraude, los jóvenes delincuentes adultos y los delincuentes peligrosos; estudio comparativo de los tratamientos; la duración del tratamiento; las características de las instituciones penitenciarias y los medios que permiten obtener y medir la transformación realizada; la influencia de la ayuda pospenitenciaria prestada por funcionarios o voluntarios en los efectos del tratamiento.

Como se ve, esta lista deslinda y precisa las tendencias de la investigación universitaria, y en ella se observa la ausencia de toda clasificación prioritaria. En efecto, se define la criminología en función de los intereses de la sociedad, cuyo objetivo es la lucha contra el crimen. Esta misma tendencia prevalece en la nota de orientación sobre la política de investigación del Ministerio de Justicia francés como en el informe presidencial norteamericano Katzenbach, publicado en 1967. En una obra reciente y que ha merecido la atención tanto de los medios universitarios como del público ilustrado, Morris y Hawkins distinguen los campos siguientes sin atribuirles ninguna prioridad:

□ análisis de sistemas;
□ investigaciones etiológicas;
□ investigaciones de predicción;

- □ investigaciones evaluativas;
- □ investigaciones sobre la intimidación.

Corresponde a este fraccionamiento de las orientaciones una igual dispersión de las organizaciones de estructura de la investigación. En ausencia de prioridades marcadas, cada departamento o facultad universitaria, cada ministerio u organismo de protección social se organiza como le parece, lo que entraña una distribución poco económica de los recursos y las energías.

¿Qué conclusión nos permite sacar este cuadro de los aspectos de la investigación criminológica "pura" o "universitaria"? Inserta en la universidad, cuyas tradiciones más poderosas protegen y valorizan la total libertad de iniciativa del investigador, su diversidad es la imagen de la multiplicidad de facetas que presenta la criminalidad y de la reacción social que suscita. Tributarios de epistemologías, de formación y de obediencia metodológica sumamente diversas, los buscadores universitarios tienen una concepción personal de "su universo científico" y de las prioridades de investigación correspondientes a esa concepción personal. Ahora bien, sin haber podido hacer un censo preciso puede afirmarse que los criminólogos que dedican cuando menos la mitad de su tiempo a la investigación son en un 80% investigadores universitarios. Una notable excepción se advierte en los países socialistas, que han creado grupos de investigación dentro del marco de sus ministerios y sus academias y donde ese porcentaje parece aproximarse más a 50%. Actualmente no tenemos ningún censo preciso y sólo con un margen considerable de error podemos arriesgarnos a hacer estimaciones: probablemente no hay más de 1 500 personas dedicadas más de medio tiempo a la investigación criminológica en el mundo entero. Los dos tercios de estas personas están probablemente integrados en las estructuras universitarias y practican la investigación "universitaria" tal y como la hemos analizado aquí.

Aplicación de los conocimientos criminológicos: problemas de comunicación

Aunque la historia de la investigación criminológica se confunda con la de la criminología universitaria, de todos modos no tenemos un análisis histórico del papel que la administración desempeña en la evolución de estas investigaciones, que se caracterizan probablemente por la incomprensión, la desconfianza y la resistencia tanto respecto de los investigadores como de la posible aportación de sus trabajos a la administración de la justicia. Después nos plantearemos cuáles pueden ser las razones de tal estado de cosas, antes de buscar las mejores condiciones para un cambio social y una fructuosa cooperación.

Razones de la reticencia de la administración en aplicar los resultados de la investigación criminológica

Las razones que motivan la resistencia de la administración pueden resumirse en cinco puntos:

1] la ideología de la administración, donde predomina por lo general el espíritu del statu quo y sobrevive una tradición secular encarnada en las estructuras y las instituciones;

2] el alcance práctico limitado de las conclusiones confirmadas de los trabajos de investigación;

3] la ideología reformista de los investigadores, que podrían crear un conflicto de autoridad;

4] la ideología de la opinión pública, por la influencia del peligro que representan para la colectividad las actividades criminales;

5] la actitud del parlamento y del gobierno, que refleja los movimientos de opinión del público y las preocupaciones de la administración.

La administración: espíritu gestor

El administrador de justicia, ya sea responsable de los servicios de la policía, de las penitenciarías, de la libertad vigilada o de la elaboración de las sentencias y de su ejecución, está encargado de la aplicación y la interpretación de las leyes dentro de límites severos. La autoridad de que está investido deriva de la del estado, cuyo agente ejecutivo es. Para comprender la administración es preciso entonces examinar la ley, en este caso el código penal y las decisiones o decretos ministeriales, que prescriben los reglamentos, los procedimientos, etc... La casi total ausencia de una sociología de la administración de justicia nos reduce a las simples comprobaciones de sentido común, aun cuando éste pueda conducirnos a graves errores de apreciación.

A menudo se hace resaltar el inmovilismo, el conservadurismo de quienes están encargados de administrar justicia y no comprenden que la función de esta administración está definida por otras cosas además de ella misma. Si la policía está encargada de mantener el orden público, cualquiera que éste sea, ¿es razonable de su parte un análisis crítico de la situación de crisis que se ve obligada a afrontar? Si la ley prescribe la responsabilidad moral individual de los acusados, ¿puede reprocharse a la magistratura el que haga poco caso de los expedientes de personalidad o de los elementos socioculturales en la evaluación del acusado? Si la administración penitenciaria está encargada del castigo al mismo tiempo que de la rehabilitación de los detenidos, ¿puede sinceramente esperarse que lleve a cabo experiencias complejas y aventuradas que privilegien de modo decisivo las técnicas de resocialización en detrimento de las de punición?

Añádese a estas consideraciones el peso de las tradiciones y las estructuras, sin hablar de los límites que imponen la arquitectura judicial y la penitenciaria a todo cambio de orientación, aun ordenado por los poderes constituidos, y sin olvidar las mentalidades que se expresan en los modos de abordar, de tratar a y disponer del acusado o detenido, rebeldes a toda transformación radical. Aquí también faltan investigaciones precisas. Muchas memorias consagradas a los recuerdos de la cárcel o de persecución policiaca llaman empero la atención por la semejanza de los relatos... Pocas relaciones sociales parecen afligidas de continuidad y perennidad comparables a las que rigen las relaciones entre justicieros y justiciables.

Conviene también apuntar al respecto la formación intelectual de los miembros de la administración de justicia. Las facultades de derecho, las escuelas militares y a veces las escuelas de administración pública son los semilleros de la inmensa mayoría. Las facultades de ciencias humanas (inclusive medicina) cada vez proporcionan más candidatos: pero éstos calzan botas fabricadas para otros. Sin pronunciar un juicio categórico podemos destacar que esta formación jurídica o militar no predispone a sus titulares a la mentalidad de investigación científica. El administrador lleva el peso de una organización jerárquica cuya regla de oro es no hacer nunca gastos inútiles. Administra y si acaso interpreta prudentemente las instituciones y las leyes que le son confiadas por el legislador o el superior jerárquico. Por lo demás, ciertos acontecimientos se encargan de recordar a los más audaces los peligros de las iniciativas nuevas y arriesgadas: los motines estallan más fácilmente en prisiones con cambios de régimen de vida, porque la "cultura carcelaria", garante de estabilidad, siente en peligro sus privilegios; el ladrón a mano armada por primera vez y puesto a probación, puede reincidir espectacularmente; los jóvenes depositan mercancía robada en el club de prevención organizado bajo la protección de la policía... etcétera.

Como vemos, el sistema social que carateriza esta burocracia no estimula la iniciativa de cambio de ningún tipo; por el contrario, parece que todo el peso del sistema va hacia un conformismo en el nivel de los fines y las prácticas tradicionales. No es un especialista de las ciencias sociales el que debería entonces asombrarse de la poca receptividad y aun de la hostilidad de esos medios respecto de la investigación criminológica. Porque, ¿qué les proporciona o produce esa investigación?

Alcance práctico limitado de los trabajos de investigación

Como las demás ciencias humanas, la criminología da pocas certidumbres o leyes científicas, y por ende tiene pocas aplicaciones. Berelson [1964] ha tratado de resumir todas las conclusiones verificadas a que han llegado las ciencias del comportamiento. El examen crítico de esta lista revela 50 proposiciones originales y válidas entre las 1 045 enumeradas por el autor. Importa recordar aquí el carácter universitario de la investigación criminológica contemporánea. Los sabios que casi siempre están a cien leguas de los lúgubres ambientes donde se administra la justicia y lejos de los problemas poco intelectuales que preocupan a quienes la administran, sienten poca atracción por los practicantes, y viceversa. Bajo las diversas presiones, las administraciones han comenzado a introducir desde hace unos diez años los servicios de investigación en los ministerios de justicia y a establecer mediante contratos, relaciones de trabajo con ciertos centros universitarios. El ejemplo más antiguo e interesante al respecto es el del Home Office del Reino Unido, cuyo modelo ha inspirado las demás iniciativas gubernamentales. En los países socialistas en particular, en Polonia, Yugoslavia, la URSS y la RDA, hay importantes servicios de investigación dependientes del ministro de Justicia o de los servicios de la Procuraduría General. Es probablemente demasiado pronto para hacer el balance de estas experiencias, pero los universitarios han debido de todos modos renunciar a la iniciativa en la elección de tema, aceptar las limitaciones en la selección de método y renunciar a veces a la publicación integral de los resultados de sus investigaciones. Se reconocerá que esto es un crimen de lesa majestad según el modo de ver tradicional del investigador universitario. Por eso no es de extrañar que el entusiasmo por esta colaboración no sea desbordante.

Tampoco es muy grande entre los administradores. ¿Qué interés presenta para el magistrado un estudio completo sobre la toma de decisión judicial y el papel de los expedientes de personalidad cuando los servicios de probación del tribunal son perfectamente insuficientes en relación con las necesidades de la clientela, y cuál es la utilidad de una investigación en tales condiciones? ¿Qué entusiasmo puede esperarse del administrador penitenciario para los refinamientos de los test de clasificación o de diagnóstico o para experiencias prometedoras en tratamiento de toda suerte si sabe que la arquitectura de las instituciones existentes, el nivel de formación actual de su personal, la persistencia de una cultura carcelaria constituyen un dogal de hierro que se opone a toda veleidad de reforma?

La aplicación de los conocimientos debidos a la investigación exige crear una estrategia de aplicación, con una actitud administrativa todavía inédita en casi todos los sectores de la administración pública. Pensemos en el fracaso de las políticas sociales en campos tan vastos como la educación, la salubridad, el fomento regional, etc... De esto hablaremos detenidamente más adelante. Baste decir aquí que en el estado actual de la investigación científica y de la administración de la justicia no se ven posibilidades de aplicación de los conocimientos destinados a mejorar la administración. Anotemos a título indicativo las dificultades que encuentran los economistas frente a los hombres de negocios y los industriales, los biólogos frente a los clínicos y prácticos, antes que se establezcan modos institucionalizados de colaboración con respeto para la vocación particular de cada quien. Estamos todavía lejos, muy lejos, de semejante *modus vivendi* en lo tocante a la criminología y la administración de la justicia.

Ideología reformista de los investigadores

La ideología vehiculada por la investigación científica añade aún a las dificultades de cooperación. Todo universitario está apegado con una intransigencia frecuentemente celosa a la libertad de elegir sus temas de investigación, sus instrumentos de medición y a la publicación de sus resultados con el fin de confrontarlos públicamente con los de otros investigadores.

Esta filosofía es la garantía indiscutible de la libertad académica que ha hecho de las universidades focos de libertad de pensamiento y aun de la libertad a secas. Nadie piensa en atacar esta posición y la actitud consiguiente para el investigador individual en los países donde sobrevive la tradición de una democracia liberal. Pero a partir del momento en que el investigador se convierte en promotor de cierta concepción del hombre y de la sociedad, de ciertos medios para lograr la plenitud del uno o de la otra, sale de su santuario y se enfrenta a los defensores de otras concepciones opuestas a la suya. No se puede ya invocar en este momento los principios que garantizan la intangibilidad de su libertad. El "saber para poder" de Augusto Comte ha hecho de una categoría importante de investigadores y universitarios los protagonistas de cierta reforma social que se ubica en el lado izquierdista y progresista del ajedrez político. Es normal que los protagonistas de otras concepciones filosóficas, sociales y políticas no concedan ningún privilegio particular a los investigadores: su opinión es una entre tantas y se le aplicarán reglas extrañas a los procedimientos de debate en los seminarios universitarios.

Concretamente, nos hallamos en esta situación: los criminólogos clínicos preconizan en el plano de la práctica una reforma radical de la institución penitenciaria tal y como existe e invocan en lo esencial los resultados de sus investigaciones en el medio ambiente carcelario. Describen el fracaso total de los (modestos) esfuerzos de resocialización realizados por la administración. El menor esfuerzo de transacción o de redondeamiento de los ángulos suscita al investigador las peores dificultades: recuérdense los ataques de que fue objeto el eminente criminólogo que se entregó al análisis probablemente más exhaustivo de la eficacia del sistema correccional norteamericano, no sólo por parte de la administración sino también de algunos de sus colegas "progresistas" [D. Glaser]. La menor concesión a los unos suscita acusaciones de "vendido", y la menor oposición de reforma un poquito sustancial hace que se tache a su autor de utópico o subversivo. El sociólogo que analiza el funcionamiento de la policía o de los tribunales, raramente es partidario de una filosofía punitiva y de los métodos violentos para con los acusados.

Los resultados de estas investigaciones podrían adolecer de cierto prejuicio; pero aun cuando las deformaciones tendenciosas fueran limitadas en ese respecto, nada impedirá por lo general que el sociólogo-ciudadano invoque su autoridad y su experiencia en apoyo de una política más liberal en la administración de los tribunales y de la policía.

¿Cómo puede esperarse, en estas condiciones, que los jefes responsables de tales administraciones no vean en los investigadores a uno de los grupos de presión política en la arena de las luchas sociales y cuya arma tiene por nombre "la investigación científica"? Ferri en Italia, Prins en Bélgica, Bates en los Estados Unidos en cuanto a los antiguos, y lady Wooton, Jean Pinatel, Noël Mailloux, Thorsten Sellin entre los contemporáneos, han sido no sólo investigadores sino también militantes ardorosos y combativos de la reforma penal; por eso, su ejemplo es lo más instructivo que pudiera desearse.

No hay que subestimar en este contexto la fragilidad de la defensa que los métodos objetivos de la ciencia proporciona a los investigadores frente a la administración, así como frente a la opinión pública dividida. Recordemos la experiencia, recientísima, del grupo de investigación de la administración de justicia en el departamento de Criminología de la Universidad de Montreal, que llevó a cabo un análisis de la opinión pública acerca de las actividades policiacas y judiciales. Se desprendió de este análisis que el público tenía una opinión bastante favorable de la policía y negativa en muchos respectos de la magistratura y los miembros de la barra. Ahora bien, la comisión por cuenta de la cual se hizo la encuesta era percibida como de orientación decididamente reformista y liberal. La reacción a la publicación de los resultados no se hizo esperar: los medios de izquierda acusaban a los investigadores de parcialismo en favor de la policía y de la juventud impugnadora y de representar un peligro para las libertades de los ciudadanos. Los más conservadores no fueron menos severos: ¿aspiran los criminólogos a minar la autoridad de los cuerpos constituidos, denigrar a los tribunales y los togados? Los métodos de las ciencias sociales no tienen nada de muy objetivo y en todo caso de inofensivo para aquellos cuya formación profesional se basa en la crítica implacable de toda opinión. Las opiniones de algunos sociólogos que toman posición en favor de una sociología comprometida no hacen más que confirmarlos en las sopechas que ya tenían.

Puede entonces llegarse a la conclusión de que los investigadores que se hacen voceros de las reformas son para la administración los representantes de un grupo de presión cuya herramienta, la investigación científica, muchas veces sirve tan sólo para disfrazar el designio de una lucha con miras al ejercicio del poder.

Reacción de la opinión pública

Es aquí donde debe abordarse la cuestión de la influencia en la opinión pública, de las actividades criminales y sus efectos en la actitud de la administración y en los investigadores. Tal vez no hayamos destacado suficientemente la relación existente entre el miedo a la criminalidad que tiene la opinión pública y el grado de tolerancia que manifiesta la opinión liberal. Tomemos el ejemplo de los países escandinavos: la idea de las reformas liberales no tropieza en estos países con sentimientos de frustración o de vindicta de la opinión pública o de la administración de justicia, como en la mayoría de los demás países. Si imaginamos por un instante las condiciones de seguridad pública trasladadas de Washington a Estocolmo, podemos suponer que la opinión pública liberal se deterioraría rápidamente. El peligro cotidiano que representa para los ciudadanos la actividad criminal vuelve a la opinión pública sumamente nerviosa y cerrada a los cambios o reformas, cuyos efectos beneficiosos nadie podría garantizar. Además, la mediocre calidad de la crónica de los tribunales en la mayor parte de los países, la existencia de los periódicos sensacionalistas que frecuentemente viven en simbiosis con los elementos menos recomendables, desempeñan un papel importante al respecto.

Lo que conviene destacar, no obstante, es la importancia del peso de la criminalidad en relación con las leyes, y la administración nacional de la justicia. Los resultados obtenidos en las encuestas de opinión pública se interpretan en función de éstos. La opinión pública hace representaciones que reflejan las filosofías políticas y sociales. Los órganos de información ejercen un papel nada desdeñable, y así los periódicos de izquierda serán más abiertos a las ideas de reforma y los conservadores lo serán menos. El papel de los medios de comunicación masiva, aunque haya sido poco considerado en las investigaciones de opinión pública hasta ahora realizadas, puede constituir un centro de interés para los investigadores en la medida en que se preocupan por una reforma penal, y puede contribuir en particular a los cambios de actitud para fortalecer la opinión liberal.

Posición del gobierno

En último lugar debemos destacar cuánto la actitud de los parlamentos y los gobiernos refleja la de la opinión pública, por una parte, y es condicionada por las administraciones, por la otra. Es una tautología afirmar la independencia de la opinión pública y de los poderes políticos en países de democracia liberal. Ningún hombre político podrá sobrevivir, en el plano electoral, si se halla en contradicción flagrante y prolongada con las corrientes mayoritarias de la opinión pública. Las excepciones confirman aquí la regla, y el que tal personalidad no conformista haya podido incluso labrarse un capital político con opiniones "reformistas" o "sumamente reacionarias" no altera el hecho: la opinión pública vive en estricta simbiosis con el poder político.

Conviene detenerse aquí un poco más a examinar las relaciones entre la administración y este poder político. Las investigaciones acerca de la burocracia gubernamental nos enseñan hasta qué punto es estrecho el margen de maniobra del ministro, sin embargo único responsable de la política, frente al que tienen los altos funcionarios de su ministerio. Además de la legislación, de los reglamentos heredados de un pasado secular y de las costumbres de pensar y obrar modeladas según esas reglas, está la convicción, profundamente metida en la mentalidad de los servidores del público, de que ellos saben mejor que nadie lo que es preciso hacer para administrar bien sus servicios. Todo hombre político conoce este síndrome y trata de remediarlo edificando un gabinete bien dotado de "consejeros especiales" que en ciertos países y respectos acaban por dividir o saltarse la jerarquía administrativa oficial.

No nos proponemos analizar detenidamente el fenómeno: los "politólogos" le han consagrado ya su atención desde hace algunos años. Baste para nosotros atraer la atención y señalar la necesidad para la comunidad de los investigadores de determinar una estrategia de acción y colaboración si quieren que sus ideas tengan un efecto en la política social de su país.

Condiciones de un cambio social

¿Cuáles son los medios para lograr un cambio social adaptando la administración de la justicia a las necesidades de la criminología contemporánea?

Si admitimos que de las investigaciones criminológicas se desprende cierta concepción de la administración de justicia y si reconocemos la legitimidad para los investigadores de preocuparse por una reforma que apunta a realizar esa concepción, puede uno preguntarse cuáles son los papeles respectivos de las diversas partes en cuestión:

1] la universidad, que reúne el mayor número de investigadores;

2] después la administración, encargada de las instituciones;

3] finalmente, el poder político, que debe arbitrar los diversos proyectos de reforma y a quien corresponde la responsabilidad de hacer respetar el bien común.

Papel de la universidad

En la universidad, sin detrimento para las tradiciones de libertad académica, se puede desarrollar en el dominio de las ciencias sociales un sector que acepte la perspectiva de la aplicación de los conocimientos debidos a las investigaciones. A la manera de las escuelas politécnicas y de medicina que se han formado junto a las facultades de ciencias dedicadas a la investigación fundamental, es de desear la creación de escuelas de ingenieros sociales o de "politécnicos psicosociales" que abarquen el conjunto de los campos económicos, sociales y políticos. Preciso es reconocer que nuestras universidades están lejos de haber reconocido la necesidad de formar prácticos, de proveerlos de técnicas de acción y de intervención y de desarrollar actividades de investigación de las transformaciones sociales. Las imperiosas necesidades de la formación científica de los investigadores tienden a instruir estudiantes con el fin de saber cada vez más cosas acerca de fenómenos cada vez más delimitados y precisos. Ahora bien, la actividad de una ciencia aplicada procede a la inversa: es de un campo o dominio cada vez más complejo, la salubridad y el urbanismo, por ejemplo, del que se trata de saber cada vez más cosas. Todos los intentos de injertar la aplicación en la investigación fundamental están destinados a fracasar: las dos actitudes son incompatibles en el seno de un solo currículum de deontología y epistemología. Son más bien complementarias: se habla de cosas semejantes, pero con una perspectiva y una finalidad diferentes. Entonces es preciso crear para ellas, y por cierto que ya se ha hecho, instituciones distintas.

Con semejante perspectiva y en semejante contexto institucional pueden concebirse la fundación de grupos de investigadores capaces de colaborar, con muchas probabilidades de éxito, con una administración orientada hacia el progreso.

Papel de la administración

¿En qué condiciones puede la administración volverse receptiva a la aportación sensible de la investigación? Podríamos señalar algunas: primeramente, los funcionarios deberán ser reclutados cada vez más en los medios de las ciencias humanas aplicadas y podría haber cierto denominador común, cuando menos en el nivel de la formulación de problemas y de medios para estudiarlos y resolverlos. La elección de los objetivos sigue siendo una cuestión aparte, porque depende del nivel político. Pero magistrados y abogados más enterados de las ciencias humanas, funcionarios encargados del tratamiento y formados dentro del marco de las ciencias humanas deberán crear, sin duda alguna en condiciones actualmente desconocidas, un diálogo entre la comunidad de los investigadores y la de los practicantes-administradores.

Otra consecuencia de este estado de cosas será que la administración integrará en su seno un servicio de investigación, de programación y de desarrollo a ejemplo de otras ramas de la administración pública. Esta práctica, ultimada en la industria privada, ha provocado considerables progresos en el campo de la racionalización de los métodos de gestión administrativa. Unos administradores de justicia formados con ese molde no tendrán ninguna dificultad en integrar la investigación y sus resultados en la regla interna de su gestión. Las universidades deberán estar en condiciones de satisfacer estas necesidades, que irán en aumento una vez encarrilada la tendencia. El momento de esta transformación no está tan lejos como podría creerse: las creaciones como el Instituto Nacional de Justicia Criminal de Washington o los servicios de investigaciones del Subfiscal General de Canadá y las realizaciones análogas en varios países europeos justifican un optimismo seguro en el porvenir.

Papel del poder político

Ahí es donde llegamos a deslindar el papel del poder político en esta estrategia del cambio. Cada gobierno, cualquiera que sea su color político, debe enfrentarse a la diferencia existente entre el espíritu y la letra de la ley, la tradición de la administración y las aspiraciones de los grupos más o menos poderosos a un cambio más o menos radical. ¿Cómo canalizar estas fuerzas, cómo solucionar estos problemas lo más útilmente posible? Tal es la cuestión que se plantea a quienes ejercen el poder. Una de las técnicas, en los países de tradición de derecho consuetudinario, es crear cada 25 o 50 años una Real Comisión de Encuesta cuyos trabajos abarcan un período de dos a cinco años y constituyen una base de acción para la administración y el gobierno.

Se trata de una operación esencialmente política, ya que esta comisión debe hacer recomendaciones relativas a la decisión política: tiene toda la latitud y la independencia deseadas para averiguar en todos los aspectos del problema que dependan de su mandato. El inconveniente del sistema es que el gobierno que ha instituido esa comisión raramente tiene ocasión de estudiar las posibilidades de puesta por obra de las recomendaciones, y raramente se dan todas las condiciones políticas que garanticen una realización integral de las recomendaciones. Las comisiones de planificación, compuestas principalmente por funcionarios, corresponden a las mismas necesidades de los países del continente europeo. Las reales comisiones laboran públicamente, con audiciencias ampliamente comentadas por la opinión pública, y presentan un informe al parlamento. En cambio, las comisiones de funcionarios por lo general laboran con la gran discreción que caracteriza al poder del estado, ya sea de tradición napoleónica, metternichiana o bismarckiana.

Parece que el sistema de las reales comisiones de investigación, por libres que sean de garantizar el examen más completo y objetivo de un problema complejo y peliagudo, peca casi necesariamente por las demasiado grandes ambiciones de sus informes. Raramente el pragmatismo, que es la regla de oro de la acción política, puede utilizar éstos a tal grado que el hecho haga justicia a la importancia de las recomendaciones de la comisión. Por su parte, la comisión de funcionarios peca de una discreción demasiado grande y por ello resulta demasiado dependiente de la coyuntura política cotidiana de que es tributario todo poder político. Hemos hecho observar ya la tradicional tendencia de la administración a mantener el statu quo, el poder ministerial por sí solo parece un contrapeso demasiado ligero para asegurar una orientación suficientemente dinámica, suficientemente centrada sobre el cambio.

Sin descartar estos dos sistemas de operación con que cuentan los gobiernos y que probablemente pueden estar justificados en contextos políticos particulares, debería considerarse la posibilidad de una tercera solución, consistente en la institución de una comisión permanente, responsable ante el parlamento, que recomendaría cada año las reformas que le parecerían oportunas a la administración de justicia del país. En la aplicación de las leyes se tratará de vigilar no sólo la letra sino también el espíritu y de opinar en función de las necesidades de los justiciables y de la protección de bienes y personas, así como de las libertades cívicas. Semejante comisión no remplazará ni al poder político ni a la administración: el primero conservará siempre la responsabilidad de las iniciativas y la segunda, la de la ejecución. Pero una comisión de la reforma permanente de la justicia permitirá introducir la flexibilidad necesaria en las tentaciones de inmovilismo o de reformas demasiado incoherentes que sólo tendrían en cuenta aspectos parciales del problema. La opinión pública podría así conocer la complejidad y la meta de las reformas en curso. Además, tal comisión podría hacer de agente estabilizador en los períodos de disturbios o de crisis políticas.

Condiciones de una colaboración más armoniosa entre investigadores y administración

Tales son por lo demás las mejores condiciones de una colaboración más armoniosa entre investigadores y administradores. En efecto, actualmente no están dadas las condiciones de semejante entendimiento: la universidad, donde reina el espíritu de la investigación pura, sigue sorda a los problemas de la administración de la justicia. (¿Quién de nosotros no ha oído las reflexiones de algunos colegas, y no de los menos importantes, sobre el carácter desagradable o degradante que supone para un universitario el interesarse en los problemas de la policía, por ejemplo?. . .) Es preciso que se cree un sector de las ciencias humanas y sociales aplicadas con una parte integrante consagrada a la criminología y a la administración de justicia. Para compensar, la administración debe redefinir los criterios de reclutamiento de sus agentes, integrar en su gestión principios racionales de innovación, de test y de evaluación que subordinen progresivamente a estos nuevos criterios los modos de gestión tradicionales. Finalmente, el poder público podría garantizar una adaptación permanente de la administración de justicia a las cambiantes necesidades de la situación instituyendo una comisión permanente de reforma penal. Las comunidades de investigadores, de los ciudadanos y la administración podrían estar representadas en el seno de esta comisión cuya misión, aunque tan sólo consultiva, podría adquirir gran importancia como catalizador y estabilizador de las diversas fuerzas en interacción y aun en conflicto unas con otras.

No pretendemos que estas innovaciones garantizarán con toda seguridad evoluciones regularmente armoniosas. Parece, empero, que en una época de rápidos cambios socioeconómicos y socioculturales, la administración de justicia debe salir del torpor provocado por su relativo subdesarrollo. Aunque las ciencias humanas no ofrezcan tantas seguridades como quisiéramos, la creación de una gran escuela de las ciencias humanas aplicadas en las sociedades más importantes del mundo acelerará con toda seguridad el fomento de los conocimientos, de las investigaciones y la formación de un personal de elevado nivel técnico en todos los dominios donde los cambios socioeconómicos y socioculturales necesitan especialistas sagaces. Aun cuando el poder político debiera normalmente, con una administración competente, asegurar la adaptación de las leyes y las estructuras pasadas a una realidad nueva y cambiante, la creación de comisiones permanentes de reforma penal dará una mayor garantía de estabilidad y de movimiento reformista equilibrado. Gracias a estas pocas innovaciones podrían instituirse las condiciones de un diálogo y de una mejor colaboración para todos los intereses entre quienes desean una misma administración más humana de la justicia.

MODELO DE CRIMINOLOGÍA APLICADA

El tercero y último problema que abordamos concierne a la posibilidad de establecer un modelo de criminología aplicada susceptible de contribuir mediante una actitud apropiada a una administración más racional de la justicia. Hemos visto cómo el interés intelectual del investigador es el motor de la investigación universitaria, y su único criterio de evaluación consiste en su aportación teórica original. Las investigaciones de este tipo solamente podrían conducir, en el nivel de la práctica, a aceptar la necesidad de otras investigaciones con vistas a esclarecer o verificar el papel de las variables poco exploradas en las investigaciones presentes. Se concibe el impaciente encogerse de hombros de la administración ante tales resultados estando ella dedicada a la resolución de problemas de un orden muy diferente. La investigación contractual cuya iniciativa corresponde ya sea a la administración, ya a la universidad, pero cuya orientación es conforme a tal o cual necesidad específica de la administración, permite hacer alguna luz, si bien en orden disperso, en la solución de problemas concretos. Se concibe asimismo el escepticismo de algunos universitarios ante tales investigaciones que no cuestionan las bases de ningún sistema y en realidad contribuyen, según ellos, a mantener servicios o prácticas decididamente nefastos o injustificados. Pero la casi totalidad de las investigaciones criminológicas actuales puede entrar en una u otra de las dos categorías.

La consecuencia de esta situación es fácilmente previsible: no reinan la confianza ni el respeto entre universitarios investigadores y funcionarios u hombres públicos encargados de administrar la justicia. Las recientes confrontaciones en el plano internacional y la experiencia cotidiana vivida por la mayoría de nosotros en el contexto nacional demuestran la existencia de una atmósfera poco propicia a la comprensión y colaboración mutuas.

Parece que sólo un cambio radical de la situación de hecho actual podría sacarnos del atolladero. Los cambios que se observan en las transformaciones de las técnicas de gestión estatal por una parte y las preocupaciones de ciertos medios universitarios por la otra nos proporcionan elementos con que llegar a soluciones concretas. Se trata de hecho de llegar a una concepción de ciencia aplicada que pueda satisfacer al mismo tiempo las exigencias de la administración pública y las de los investigadores.

Ese cambio a que nos referimos consiste en la racionalización de las decisiones presupuestales --el *planning, programming, budgeting system* ideado en la industria privada e importado en la administración pública, primero en los Estados Unidos y ahora cada vez más en Europa. El análisis de los costos y beneficios derivados de una operación o una decisión políticas constituye la piedra angular de esta técnica, así como el análisis de sistemas, que permite evaluar en términos de *input* o *output* el rendimiento de un servicio dado. No tenemos por qué desarrollar aquí los conceptos teóricos ni hacer el balance de este nuevo esfuerzo de gestión y de contabilidad nacionales. Precisemos simplemente que gracias a ellos han podido explicitarse en términos precisos los objetivos de una política en relación con los medios necesarios para su realización. Pueden preverse métodos apropiados para evaluar, mientras se va trabajando, las consecuencias y el alcance exacto de cada fase y de cada elemento que interviene en la operación.

Se ven inmediatamente las revolucionarias consecuencias de este procedimiento de gestión en nuestro dominio: aparte las abstracciones generales del código penal, ningún estado ha aclarado los objetivos en términos de medios necesarios para su realización en el campo de la protección de los ciudadanos contra la criminalidad. La orientación de los servicios, que deberían estar todos consagrados a un mismo fin, depende de una media docena de ministerios, incluso en los estados de estructura sumamente centralizada. ¿Y qué decir de una multitud de jurisdicciones en el caso de los estados americanos anglosajones donde la unificación simple y aun la coordinación de las fuerzas policiacas tropiezan, por ejemplo, con obstáculos considerables? Son de imaginar los radicales cambios que requerirían la introducción de semejante sistema en la administración pública. Ante la apremiante urgencia de los problemas de seguridad pública, sin embargo, no es nada inconcebible ni utópico el que se acelere el proceso de cambio.

El objetivo fundamental es la reducción del costo social que acompaña a la criminalidad gracias a un programa de investigación, de innovación, de test y de evaluaciones (RDT). Concretamente, se trata de contar con una mejor descripción de las características de la criminalidad, de las relaciones entre sus diversos componentes y las acciones, los reglamentos y las prácticas previstos para controlarlos, reprimirlos o prevenirlos; es preciso mejorar los medios de prevención, de represión o de control y asegurarse de su eficacia por medio de test y de evaluaciones periódicas.

En esta perspectiva, la investigación criminológica tiene tres funciones: la prevención del crimen y la rehabilitación del criminal, la lucha contra la criminalidad, y los sistemas judiciario, policiaco y correccional. Al contrario del enfoque universitario, esta actitud permite seleccionar mejor las prioridades. Vistos así, muchos elementos comunes al conjunto permiten una planificación del sistema total; otros indican relaciones entre componentes del sistema; otros más comprenden consideraciones exteriores al sistema de justicia (como las causas del crimen) y finalmente algunos se aplican a todos los subsistemas (asignación de los recursos).

Para reducir el costo total asociado con el crimen se propone la reducción de la necesidad y el deseo de cometer crímenes así como la reducción del costo asociado con la represión y la prevención, haciéndolas más eficaces. Una segunda tarea consiste en tratar de reducir el costo inherente a las operaciones y al funcionamiento del sistema de justicia penal; la última considera la preparación de programas de complemento y apoyo.

Blumstein enumera once programas que resumimos así:

Función I: Reducción de la necesidad y el deseo de cometer crímenes: prevención y rehabilitación;
Programa I: identificación y reducción de las causas del crimen;
Programa II: rehabilitación de los delincuentes.

Función II: Aumento de los riesgos y las dificultades de cometer crímenes: lucha contra el crimen;

Programa III: prevención directa del crimen;
Programa IV: mejoramiento de la probabilidad de captura y convicción de los criminales.

Función III: Reducción de los costos de operación del sistema de justicia criminal;
Programa V: mejoramiento del rendimiento y la eficacia del sistema de justicia criminal;
Programa VI: mejoramiento de las relaciones entre el sistema de justicia criminal y comunidad;
Programa VII: mejoramiento de la selección y formación del personal.

Función IV: Programas de complemento y apoyo;
Programa VIII: determinación de equipo para los test y el laboratorio de evaluación;
Programa IX: determinación y funcionamiento del centro de estadísticas y de mensuración del crimen;
Programa X: fundación de institutos de investigación privados;
Programa XI: disposiciones para el apoyo técnico a la administración del programa.

Se ha considerado la aplicación inmediata de este concepto nuevo: los recursos del novel instituto de Justicia Criminal de la Secretaría de Justicia norteamericana se aprobaron gracias a la colaboración de una comisión de expertos, teniendo en cuenta las prioridades. Veamos una idea general de este programa:

Funciones	*Programas*	1968	1970	1975
I Prevención	1 reducir las causas	39%	10%	6%
Rehabilitación	2 reducir la reincidencia	26%	13%	12%
II Lucha contra el crimen	3 prevención directa	5%	10%	10%
	4 aprehensión y convicción	1%	21%	20%

III Sistema de justicia	5 eficacia	15%	14%	10%
	6 relación con la la comunidad	3%	8%	6%
	7 personal	5%	4%	6%
IV Complemento y apoyo	8 centro de evaluación	0%	3%	6%
	9 estadísticas y mediciones de la criminalidad	5%	3%	10%
	10 centro de investigación	0%	10%	10%
	11 gestión del programa	1%	4%	4%
Fondos totales:		$18.2 millones fondos privados y oficiales	$10 millones fondos oficiales	$50 millones fondos oficiales estimados

Puede uno preguntarse si las indicaciones de este cuadro son válidas para los países europeos. Lo damos a manera de ejemplo y será interesante verificar variaciones transculturales, reflejos probables de las tendencias diversificadas de la criminalidad y de la reacción social que suscita.

En este cuadro se pone de relieve el interés en la prevención, la aprehensión y la convicción de los criminales, en detrimento de los estudios etiológicos o de los consagrados a la reincidencia. Las cantidades destinadas al estudio de estos últimos fenómenos son de todos modos sustanciales. La aplicación del modelo permite dar seguridades a aquellos practicantes y ciudadanos que se preocupan esencialmente por el mejoramiento del sistema de protección social sin por ello sacrificar la investigación de las causas más generales.

¿Cómo podría organizarse la investigación siguiendo este modelo aplicado? Es evidente que ni la universidad ni la administración pueden, en su contexto habitual, asegurarle las condiciones óptimas de funcionamiento, como hemos tratado de demostrar en el capítulo anterior. Un instituto nacional anexo a la Comisión Permanente de Reforma Penal, pero con una gran autonomía de gestión, donde estén representados tanto los diversos servicios del estado como los criminólogos consagrados a la investigación, parece el lugar más apropiado. En él deberían figurar tres grandes servicios:

a] Un centro de investigación de la prevención y la rehabilitación, que tendría por objetivo reducir las necesidades y los deseos de cometer crímenes.

b] Un centro de investigación de la represión y la lucha contra la actividad criminal que apuntaría a dificultar la comisión de crímenes y aumentaría los riesgos de ser atrapado.

c] Un centro de investigación de todo el sistema de administración de la justicia (policía, tribunales, servicios correccionales, etc.) cuyo objetivo sería reducir los costos de operación y al mismo tiempo hacer más eficaz el sistema.

¿Quiere decir esto que no debiera existir ningún servicio de investigación fuera del instituto nacional, tan firmemente orientado hacia una investigación aplicada? Claro está que no. Sin hablar de las investigaciones universitarias tradicionales, cuya importancia sólo puede aumentar, los diversos sectores como la policía, las penitenciarías, los servicios de libertad vigilada, pueden tener, ya que no centros de investigación, cuando menos investigadores a su servicio, cuya misión consistirá en realizar las operaciones de investigación ligadas íntimamente al funcionamiento de estos servicios, como el economista o el ingeniero-consejero contratado por los bancos o las empresas industriales. Serán los empleos normales para los egresados de las escuelas universitarias de criminología que forman investigadores aplicados.

No parece que esta concepción sea utópica ni inalcanzable para la criminología contemporánea. Cuatro consideraciones creemos que militan en favor de la hipótesis optimista y podrían inspirar iniciativas de gran envergadura en los próximos decenios:

a] La preocupación cada vez mayor de la opinión y los poderes públicos por el aumento de la criminalidad, y la aparición de formas nuevas de criminalidad tanto en la América anglosajona como en Europa. La reforma penitenciaria, pariente pobre de la política social contemporánea, no es ya la única cuestionada: se comprende el papel de la policía, la importancia del equipamiento de los tribunales, de los servicios de prevención social, etc., sin hablar de la reforma del código penal. Para ilustrar lo que decimos anotemos que la lucha contra el crimen precedió a la guerra de Vietnam, la lucha contra la pobreza y por la seguridad del empleo entre los puntos del programa del Partido Republicano en las últimas elecciones para la presidencia norteamericana.

b] La segunda razón concierne al costo vertiginoso de la administración de la justicia sin que haya ningún modo de evaluar sus efectos ni prever sus límites. ¿Qué hay que mejorar primero? ¿Qué inversión da un mejor rendimiento: aumentar el número de policías, el nivel de su formación o las facultades con que cuentan? Nadie puede responder de una manera "científica" a estas preguntas, sin embargo simples. ¿Hay que construir prisiones de seguridad máxima o idear regímenes de tratamiento en comunidad? ¿A qué cadencia? ¿Para qué tipo de delincuente? Van en ello millones de dólares, sin hablar de las consecuencias humanas de esas medidas; pero nadie está en condiciones de responder.

c] La justicia acaba de salir de la antecámara de la política social: figura ahora junto a la educación, la salubridad y el bienestar como un servicio esencial y prioritario cuyo funcionamiento equitativo y eficaz deben garantizar los gobiernos. El estado crea procedimientos de gestión presupuestaria que permiten determinar prioridades ligadas a los medios disponibles: nada le impedirá aplicarlas a la administración de la justicia. La racionalización de las decisiones presupuestarias y todo cuanto eso implica sacarán a ese sector, como está sacando a otros, del atolladero, y la investigación desempeñará ahí un papel decisivo.

d] Las crisis que han agitado a las universidades desde hace algunos años han obligado a muchos profesores a realizar un examen de conciencia. Junto al investigador en su torre de marfil y al partidario de una ideología, dos extremos que se encuentran más o menos por doquier, en las ciencias humanas está apareciendo un tipo nuevo de investigador, profundamente preocupado por el alcance concreto de sus trabajos y su enseñanza. El nuevo tipo de enseñanza coincide con el profundo deseo que las nuevas generaciones tienen de consagrar sus esfuerzos y sus talentos al mejoramiento de su legado físico y sociocultural. Parécenos que pocas disciplinas son tan aptas como la criminología para canalizar tal consagración por parte de los investigadores-profesores y de los jóvenes en busca de un campo de actividad en la sociedad que abordan. Es entonces perfectamente posible prever en lo porvenir la creación de escuelas de criminología que sean focos de investigación y de formación en ciencia aplicada.

5. SOCIEDAD POSINDUSTRIAL, EXTRAVÍO Y CRIMINALIDAD: OJEADA AL PORVENIR

Veinte años de experiencia y de reformas, en el campo de la prevención del crimen, dejan una imagen desoladora. ¿Por qué? Hay a esto varias explicaciones concurrentes:

a] Ni el lapso de tiempo ni las condiciones de experimentación sociales y administrativas han sido suficientes para que se puedan sacar conclusiones de los hechos estudiados, los programas de corrección o de prevención aplicados, las medidas de política social y económica de más vasto alcance.

b] Faltan datos y criterios precisos para establecer evaluaciones convincentes, pero ha habido mejorías notables, como por ejemplo la encuesta sobre la victimación emprendida desde hace poco por la Oficina del Censo norteamericana, el mejoramiento del sistema de colecta de datos para crear estadísticas integradas, el estudio comparado de las tasas de éxito observadas en diversos sistemas correccionales que utilizan métodos de intervención diferentes, etc. De todos modos, estos resultados son demasiado parciales e imperfectos para conducir a políticas coherentes.

c] La finalidad de la acción preventiva y curativa y la legitimidad de la intervención pública han resultado ambiguas y contradictorias para una fracción creciente, aunque minoritaria, de los medios sociales. Esta toma de conciencia de todas las dimensiones del problema relativo a la criminalidad ha sido letra muerta hasta ahora, debido a varios factores.

Se presumía demasiado fácilmente que el progreso de la política social y económica sanearía la sociedad y que su consecuencia sería una disminución masiva y casi automática de la delincuencia: la experiencia no corrobora ese postulado, muy común sin embargo entre los responsables de la política socioeconómica.

Se subestimaba asimismo, y sin pruebas suficientes, el sentimiento de justicia o injusticia difundido en la población en lo relativo a la igualdad de oportunidades en la economía, la educación, la salud, etc. En el orden de prioridades, la justicia iba a la cola hasta los últimos años.

La doctrina y el espíritu mismo del neocapitalismo liberal que caracterizan la sociedad norteamericana y en gran medida también la del occidente europeo, excluyen toda opción, toda toma de posición en el nivel de los valores. Sólo la expresión de las preferencias por soluciones cuantitativas traducidas a los mecanismos de los mercados debe ser salvaguardada cueste lo que cueste; toda transacción en el nivel de los valores puede conducir a una limitación de las libertades y constituir el principio de un totalitarismo. Esta doctrina ha recibido muchos correctivos, en particular de la socialdemocracia; de todos modos, persiste en su principio mismo y de ahí se desprende el carácter esencialmente amoral de nuestro sistema económico. Ahora bien, los sentimientos de justicia, cualquiera que sea el análisis o la descripción que de ellos se haga, son tomas de posición hondamente ancladas en la emoción y el subconsciente humano.

A continuación de este razonamiento sugerimos que la crisis de los valores de la civilización occidental se expresa, de modo prioritario, en el campo de la justicia. Por consiguiente, si se quiere buscar respuestas a las cuestiones planteadas, es preciso aplicarse con la misma energía y el mismo sentimiento de urgencia manifestados respecto de la seguridad colectiva, el problema del desarrollo o el de la contaminación.

Tenemos la profunda convicción de que reflexiones creadoras, imaginativas y perseverantes contribuirán a los mismos progresos, modestos pero reales, observados en los sectores mencionados. Se trata, claro está, de vencer las vacilaciones debidas a nuestra formación, a nuestro espíritu fundamentalmente liberal, que se niega a abordar el problema de los valores en el plano colectivo por considerar que dependen de la conciencia individual.

Como quiera que se cuestionen los fundamentos mismos de la acción colectiva, justo es reevaluar esos mismos fundamentos a la luz de la conciencia contemporánea, de todas las experiencias científicas y administrativas pertinentes y de las diversas opciones filosóficas.

Algunos han afirmado que esta falta de consenso amenaza mucho más nuestra seguridad y nuestra sobrevivencia colectiva del pasado que las guerras externas.

Las proyecciones que podemos hacer a partir de las tendencias actuales de la criminalidad así como la evolución de la legislación justifican un profundo pesimismo. El aumento de la criminalidad es alarmante y el arsenal de disuasión parece atrozmente inadecuado. Desde los tiempos más antiguos, nuestros conceptos como nuestras técnicas se han mantenido iguales, mientras la sociedad se modificaba considerablemente. Por tradición, el derecho expresaba las normas que regían el control de la sociedad sobre sus miembros; según parece, ese control se ejerce cada vez con menos eficacia y todo indica que de aquí al año 2000 el aparato judicial, con la policía, los tribunales, los servicios penitenciarios y los consagrados a la delincuencia juvenil, se derrumbará ante las tareas que lo abruman. Recordemos los motines en las prisiones, las reivindicaciones de los sindicatos de magistrados y policías, etcétera.

Desde siempre, la ley es reactiva y no proactiva. Esto implica que el legislador no precisa las normas, no prevé las sanciones sino una vez impuestos los hechos en número suficientemente grande a su atención. El orden social inspirado por una moral no impugnada no necesita muchas leyes, porque la conducta de las gentes es razonablemente previsible. Mientras la conciencia individual, la colectiva y las leyes forman un solo todo, no hay crisis en el sentido en que aquí la evocamos.

El problema se plantea cuando se separan las tres divisiones como actualmente; muchas personas han notado que hemos recorrido más camino desde fines del siglo XVIII que durante toda la revolución neolítica, que abarca milenios. Desde mediados del siglo XX, los saltos en la evolución se miden por decenios.

Ahora bien, se advierte que el legislador que traduce en las leyes los sentimientos morales de la sociedad cada vez tiene más dificultad para encontrar criterios aceptables no sólo para los delitos contra la moral sino también para los delitos contra la integridad física de la persona o de las propiedades. Luego no son sólo la conducta homosexual o la prostitución los que cada vez se han vuelto más problemáticos para la moral del ciudadano común y corriente sino que cada vez es más difícil mantener los criterios tradicionales de "peligrosidad" social que oponían el asesinato, el robo y el fraude a los peligros de la contaminación, de los vehículos de motor, de los alimentos y medicamentos defectuosos. El fraude electoral y político, la penalización de las infracciones económicas y comerciales afectan más al público cada día.

La relación entre el proceso político, la actividad legislativa y la aplicación de las leyes por los organismos judiciales más o menos dependientes de los poderes públicos cada vez se hace más evidente a medida que hay alejamiento de un consenso sobre la legitimidad de la sanción prevista para imponer la ley.

El carácter reactivo de la ley, opuesto a una concepción proactiva, se manifiesta aun en la incapacidad de legislar a tiempo acerca de toda una serie de conflictos de intereses nacidos de las aceleradas transformaciones técnicas y socioeconómicas. La consecuencia es una proliferación de leyes (las más divertidas son las relativas a la moral sexual y los permisos de alcohol) que contribuye a su descrédito y simultáneamente, a su ineficacia; esta superabundancia coexiste con una penuria lamentable de reglamentación para sectores de importancia vital, como las nuevas técnicas de procreación artificial, la protección de la vida privada contra los sistemas de información electrónica, los derechos del hombre en ciertos medios desfavorecidos de la sociedad (como los de los detenidos o los viejos), las tasas de ganancia realizadas por los comercios o industrias en sectores ampliamente subsidiados por los fondos públicos, etc. La ley refleja así ciertos intereses, ciertos valores aceptados y ciertas actitudes. La sociedad articulada en torno a esos valores es de tipo industrial y se caracteriza por su inspiración utilitaria, su sistema de valor materialista, su organización burocrática racional, su sistema de producción en masa, su subordinación al mecanismo de la economía de mercado, etcétera.

La nueva sociedad posindustrial que se elabora ante nuestra vista y predominará hacia el final del siglo tendrá una tecnología distinta, costumbres y preferencias culturales diferentes de las que hoy tenemos. Entonces, su sistema legal debe reflejar esas diferencias.

La moral victoriana que dejó su huella en la sociedad industrial se edificó sobre cuatro piedras angulares: "rendimiento" (*achievement*), "dominio de sí" (*self-control*), "espíritu de independencia" (*independence*) y "aptitud de poner silenciosamente a mal tiempo buena cara" (*endurence of distress*).

La nueva moral podría definirse como "desenvolvimiento del yo" (*self-actualisation*), "expresión de sí mismo" (*self-expression*), "sentimiento de interdependencia" (*interdependence*) y "capacidad de gozar" (*potential for enjoyment*).

Estos valores pueden muy difícilmente medirse con métodos de la ciencia positivista. El conflicto existente entre ellos puede no obstante descubrirse a simple vista. Un solo valor de base podría entonces dominar y conjuntar la mayoría de la opinión en una sociedad posindustrial: el interés personal bien entendido (*enlightened self interest*) [Wilkins].

Según las comprobaciones de Toffler [1971], las sociedades pueden vivir sin leyes, porque las costumbres pueden modelar las conductas lo suficiente para subtender el orden social. En cambio, ninguna sociedad es concebible sin orden, lo que significa que es la organización social la que permite a los miembros de esa sociedad prever las consecuencias de sus propios actos como las de los actos del prójimo. Pero el orden —sus criterios como su justificación y su legitimidad— depende de los valores que lo autentifican. Los remedios considerados también son impugnables: la divisa parece ser el cambio a toda costa. Nada de prisiones que apenas resocializan y que no castigan, nada de magistrados cuyas sentencias no parecen equitativas al público, nada de policías cuya utilidad se ignora. Se reclama también el pleno empleo, las reformas en la educación moral, las medidas sociales y de higiene mental, cuando no se sabe nada de las relaciones de esos problemas socioeconómicos o psicosociales con el origen y la evolución de las conductas criminales. Recurrir a semejantes remedios es alentar con un tratamiento hormonal un crecimiento fundamentalmente desequilibrado que no puede conducir sino a la destrucción del organismo.

La única vía, el único mecanismo que permite salir del atolladero está en la revaluación de los criterios que hacen un acto socialmente peligroso. Y volvemos a la necesidad de reexaminar los valores que legitiman la acción colectiva de la ley.

La índole del juicio en derecho es binaria, es decir que se expresa en términos absolutos de "verdadero" o "falso", cuya simplicidad corresponde a sistemas de organización social y cultural anticuados; ya la noción de "ley" utilizada en ciencia es muy diferente de la utilizada en derecho. La ley científica consiste en la formulación de un principio que explica con exactitud cierto número de hechos o acontecimientos que aparecen cuando se reúnen determinadas condiciones. Cada nuevo descubrimiento aumenta la generalidad y la exactitud de la ley al permitir la incorporación de muchas variantes. Nada de esto entraña una ley formulada por el derecho; su universalidad depende de las reglas de equidad culturalmente enraizadas y su aplicación es exclusiva: aprobación o desaprobación. El juicio es binario y absoluto.

Ahora bien, según las observaciones de Toffler, dos tendencias convergentes se están manifestando en la sociedad actual, y su completo desarrollo hacia el año 2000 señalaría las características de la sociedad posindustrial. El primero de estos dos procesos se denomina "fragmentación", el segundo "efemerización".

La explosión tecnológica multiplica las opciones a precios cada vez más accesibles a la mayoría. Al contrario del nivelamiento producido por la sociedad industrial con la revolución tecnológica del siglo xx, esta nueva revolución produce un aumento totalmente inesperado de las opciones posibles en el mercado de los bienes de consumo. Hace poco todavía, el teléfono, "la democratización de la distancia", era saludado como un adelanto capital. Hoy tenemos no menos de 1 500 modelos de aparatos telefónicos.

El derecho de ser diferente se hace posible no sólo por el aumento del poder adquisitivo de las masas sino también por las transformaciones radicales de las grandes instituciones sociales, como la educación. Cada vez se organizan más escuelas, clases, regímenes pedagógicos específicos para responder a otras tantas necesidades, aspiraciones, a tantos grupos que proliferan en la sociedad. El mismo fenómeno se observa en el campo de las comunicaciones: si las revistas ilustradas de gran tirada sobreviven con mucha dificultad, ocupa su lugar una literatura periódica copiosa que va del clandestino *underground* a las revistas dedicadas a los deportes, *hobbies*, etc. La revolución de los cassettes introduce la misma fragmentación, la misma libertad de elección en el campo audiovisual: cada quien quiere programarse como se le antoje con temas que le satisfagan.

Esta "desestandarización" de los gustos, de las preferencias, gracias a las posibilidades técnicas produce consecuencias asombrosas en el campo de las culturas. Los valores regionales o nacionales pueden expresarse de un modo económico: los particularismos lingüísticos, culinarios, literarios, etc., hallan partidarios en muchas subculturas sin por ello quedar al margen de las ventajas de la alta tecnología.

La consecuencia de esta "fragmentación" en el dominio del derecho acarrea de modo perfectamente natural una pasmosa multiplicación de procesos. Todos estos segmentos de la sociedad, representantes de las subculturas más diversas, no son ya gobernables por un código fundado en el sentido común ni en la moral del hombre del siglo XIX. La oposición entre los valores mencionada *supra* tiene libre curso. ¿Puede imaginarse o esperarse siquiera que la sociedad fragmentaria del próximo siglo pueda ser mantenida y regida por leyes cada vez más abundantes y más rezagadas en varias generaciones?

La "efemerización" es la otra tendencia que caracteriza a la sociedad posindustrial. Afecta hondamente al dominio de lo legal, cuya estabilidad durante los milenios de la revolución neolítica podía parecer una suerte de segunda naturaleza del hombre que vivía en sociedad. Los derechos y deberes a reglamentar eran en número relativamente limitado, y el derecho romano resulta una etapa transitoria entre el de los sumerios y el de Napoleón. Pero el ritmo de cambio es ahora tal que una suerte de "adhocracia" está remplazando a la burocracia racionalmente creada en el siglo XIX. El vertiginoso incremento de los derechos administrativos, comerciales, etc., los reglamentos fuera de curso de un creciente número de negocios indican la orientación que ha tomado el derecho consuetudinario frente a este proceso de "efemerización" de las relaciones entre individuos, entre grupos e instituciones.

Es tal la movilidad de los individuos, son tan diversificadas y complejas las operaciones de las compañías transnacionales, que las reglas de derecho concebidas para un orden social estable cada vez tienen más dificultad para solucionar los conflictos que surgen o siquiera reglamentar relaciones inéditas.

La libertad de elección se multiplica además por el hecho de la "efemerización" de las relaciones sociales. Podemos entregarnos a experiencias abundantes y variadas y olvidarnos de ellas una vez satisfechos nuestros deseos o nuestra curiosidad. La estabilidad del orden social, o sea la pronosticabilidad de las relaciones, las acciones y reacciones de personas e instituciones, resulta problemática o imposible.

Los efectos de este segundo proceso en el derecho actual son tan profundos y nefastos como los del primero. Porque si la "fragmentación" ocasiona una explosión cuantitativa de procesos, la "efemerización" reduce la necesidad de las reformas, de los ajustes y los cambios. Pero así se crea una situación antinómica: el valor de la ley depende tradicionalmente de su estabilidad y de su pronosticabilidad de los comportamientos conformistas. Un ritmo de cambio demasiado rápido la despoja de sus atributos esenciales. Los fenómenos socioculturales tan segmentarios y efímeros apenas pueden servir de criterios para reformas legislativas permanentes.

Estando ligadas a estos dos procesos mutaciones de los valores, no es nada sorprendente ver tensiones y conflictos entre el orden jurídico de una sociedad industrial y el orden social naciente de una sociedad posindustrial. Estos conflictos provocan una gran decepción en los diferentes grupos sociales para los individuos cuyas aspiraciones no hallan eco en las leyes. Aumentan las dudas sobre la legitimidad del orden social legal, se amplía la ambivalencia respecto de las reglas, y aparecen oposiciones más o menos violentas.

El carácter reactivo de la ley tiene consecuencias sumamente serias durante este período de mutación y de rápida evolución. Los "extravíos" aparecen tan frecuentemente y en número tan grande que la ley difícilmente puede tener en cuenta estos cambios, ni en la letra ni, mucho menos, en el espíritu. Además, el actual sistema de administración de justicia no dispone de mecanismos de retroacción que le permitan subsanar sus propios errores: los procedimientos de evaluación de las políticas administrativas son embrionarios, y de todos modos, los criterios de evaluación resultan ambiguos e impugnables. Está situación aumenta la extremada fragilidad del sistema y el peligro, ya señalado, de que se hunda bajo las crecientes cargas.

La inflación de las reglas jurídicas provocada por el aumento acelerado de la fragmentación del orden social, su descomposición en subcultura interdependiente cada vez más diversificada en torno de valores-normas divergentes y muchas veces contrapuestos, no hacen más que contribuir a la crisis. Es también un modelo del "cambio a toda costa" enunciado *supra.*

La inflación de las sanciones punitivas y su severidad aumentada no parecen tampoco una solución de porvenir... Más policías, más jueces o prisiones encargados de una misma misión —que es ya la suya— no harán sino aumentar de modo insoportable las cargas financieras de la colectividad sin por ello garantizar mejor seguridad a los ciudadanos. La "voluntad general" que expresa los valores de una sociedad industrial está ya muy adelantada. Los agentes de la defensa social sienten que bajo sus pies se mueve la base misma del sentimiento de legitimidad indispensable para toda acción eficaz.

¿Qué conclusión sacaremos? Aun cuando se creara una "Comisión de Leyes Proactivas" encargada de depurar cada cinco años la legislación y suprimir las leyes anticuadas, de sondear las tendencias evolutivas socioeconómicas y culturales y de proponer nuevas legislaciones, el problema del orden social dotado de mecanismos de control social y legal seguiría igual. Es preciso dar con los medios de reconstituir el orden social en relación con las imperiosas necesidades de la sociedad posindustrial.

Si suponemos que estamos al término de 10 000 años de historia jurídica donde las reglas de derecho dominaron los sutiles y abundantes mecanismos del control social, podemos presumir que en la nueva era el derecho estará subordinado al orden social.

Podría concebirse y administrarse la ley con la escala de pequeñas comunidades, de unidades subculturales, cuyo rápido incremento y progresista diversificación hemos destacado. La proliferación de las jurisdicciones administrativas actuales, las abundantes "administraciones" que en los países regidos por el derecho consuetudinario suplen la falta de jurisdicción administrativa centralizada, son un indicio de ello.

La etnología jurídica nos proporciona muchos ejemplos de autorregulación del orden social por el frecuente recurso al sistema de jurados, a la evaluación por sus iguales, a reglamentaciones promulgadas y administradas por organismos ad hoc, siempre muy flexibles. Esta "comunalización" de la administración de justicia reside en la "desprofesionalización", que reduce considerablemente sus costos y refuerza su legitimidad, dada la "proximidad" entre "jueces" y "extraviados". La China Popular da muchos ejemplos de ello. En la América anglosajona aparece ya esta tendencia a aligerar más y más el sistema de justicia de una gran parte de los asuntos que lo entorpecen. Esto va desde la entrega de ciertos delincuentes a organismos de ayuda social después de un acuerdo entre la policía y las autoridades judiciales (como por ejemplo en la Vera Foundation de Nueva York) hasta la supresión lisa y llana de los servicios de detención juvenil, con lo que se obliga a la administración a hallar alternativas radicales a la institucionalización de los jóvenes (como en el estado de Massachussets).

La vigilancia de los barrios o distritos podría estar a cargo de policías "legos" reclutados in situ entre los ciudadanos, que cumplirían esa obligación cívica por turno. La responsabilidad de reinsertar socialmente al ex detenido incumbiría así a servicios de su comunidad de origen o de acogida.

En cuanto a las sanciones, deberían ser infinitamente más variadas. Desde hace tiempo se ha denunciado la injustificable falta de imaginación del legislador que sólo conoce dos patrones —el tiempo y el dinero— para sancionar una conducta criminal. Es una igualdad ilusoria. Los sociólogos de la cultura han demostrado abundantemente que el valor del tiempo no es igual para diversos grupos o culturas; no es necesario ser economista para comprobar que una multa de $ 1 000 no es castigo igual para el asalariado que para el gran industrial. Este falso postulado de la igualdad de cada quien ante la ley producía grandes injusticias de hecho, dada la desigualdad de los hombres y de los valores culturales en las comunidades.

Jean Fourastié lleva tiempo de abogar por una política y una moral "experimentales". El campo de las sanciones judiciales es por excelencia uno donde deberían aplicarse. El principio es simple: si se quiere disuadir a cada uno de nosotros de cometer actos que infringen, burlan o ponen en peligro las libertades de otro, las sanciones que nos amenacen deberán asustarnos realmente. Que los vándalos o los depredadores de propiedades públicas sean asignados a talleres de reparación de la comunidad, los choferes a los servicios de emergencia de las clínicas, los contraventores de las reglas del estacionamiento a la limpieza de las vías públicas; he aquí unos cuantos ejemplos. El que roba debe rembolsar a la víctima mediante su trabajo, el que comete un fraude al fisco debería cumplir una tarea benévola en los servicios sociales, etc. Todas estas medidas tienen un rasgo común: su impacto en el modo de vida y de cultura del "culpable", en su medio ambiente y en el de su víctima. Ésta es una posible anticipación de las consecuencias de un acto extraviado, una retroacción de la consecuencia de una infracción a las leyes o a los reglamentos.

En conclusión, es preciso anticipar el orden social de la sociedad posindustrial que se esboza ante nuestros ojos y prever mecanismos de control social y judicial adecuados. Los profundos cambios habidos en la sensibilidad a los valores han provocado una crisis de la justicia, reflejo de una crisis más profunda del orden social, cuyos criterios rechazan y cuya autenticidad niegan fracciones crecientes de individuos, aunque por motivos a menudo divergentes.

La criminología que aspira a una mejor calidad de vida en la sociedad industrial o posindustrial sabe combinar el empirismo pragmático que refleja las tendencias de la realidad social tal y como se nos presenta y el profetismo futurista que provoca experiencias de laboratorio con la intención de descubrir los contornos del orden social de las décadas venideras.

6. TIPOS DE SOCIEDADES, CRIMINALIDAD Y POLÍTICA EN MATERIA CRIMINAL

Nos falta evocar, todavía de modo muy sumario, la incidencia de la sociedad global en la criminalidad y la política en materia criminal. Es el principio mismo de la organización social el que abordamos aquí. Nuestra diligencia es de orden macrosociológico.

Entre los criterios que hay para clasificar las sociedades, uno es el desarrollo económico. Se distinguen entonces las *sociedades industriales y las posindustriales*, que pueden tener regímenes políticos socialistas o liberales, de las sociedades de tipo agrícola. En estas sociedades, la criminalidad tiende a aumentar, a especializarse y diversificarse. En la variante liberal, los delitos de violencia, tanto contra las personas como contra la sociedad, son muchos. En los países socialistas son los delitos contra la propiedad colectiva, el fraude al estado y la corrupción los que prevalecen. Aunque no haya estadísticas comprobatorias, dada la gran diferencia en la manera de definir y recoger los datos, puede de todos modos observarse que la criminalidad llega a adquirir proporciones endémicas en las grandes ciudades de la América anglosajona, mientras que no representa un gran problema en las ciudades de los países socialistas. Los países de Europa occidental se sitúan en medio, con cierta tendencia a acercarse al modelo americano anglosajón. Por ejemplo, no hay problemas de seguridad para los noctámbulos en las grandes aglomeraciones de la Unión Soviética. El único peligro potencial lo representan los borrachos. Seguramente no podría afirmarse otro tanto de las megalópolis de los Estados Unidos.

La política en materia criminal y la administración de justicia de los países socialistas industrializados están bien estructuradas y firmemente integradas en la política social del régimen. El trabajo es el medio de resocialización en los países socialistas y los poderes públicos recaen con todo su peso sobre el delincuente para que se enmiende y sobre la sociedad para que lo reintegre después de cumplida la pena correctiva.

No ocurre otro tanto con los *países de régimen político liberal.* La política en material criminal es la pariente pobre de la política social. Por lo demás, hace poco que la prevención del crimen figura entre los objetivos admitidos de la política social. Se han logrado éxitos espectaculares en ciertos países como Holanda, y en menor medida en los países escandinavos. El número de personas encarceladas ha disminuido y han sido experimentadas y puestas a punto medidas alternativas de vigilancia, ayuda y ayuda mutua.

En otros países, como los del occidente europeo y los mediterráneos, se presencia una lenta toma de conciencia al respecto, y de ella dan fe los trabajos de la Comisión Europea para los Problemas Criminales del Consejo de Europa. Pero todavía se está lejos de la solución y la criminalidad sigue siendo el negocio casi exclusivo del policía, el magistrado y el carcelero.

En la América anglosajona hace diez años que se esfuerzan en crear una verdadera política de lo criminal, integrada a la política social. Pero los frutos no se dan rápidamente, y todavía no ha llegado la hora del balance.

La segunda categoría de países, siguiendo el criterio del desarrollo económico, la constituyen *los países en vías de desarrollo*, parcialmente industrializados, y cuyos habitantes viven, en una gran mayoría, de la agricultura. En estos países, cualquiera que sea su régimen político, la criminalidad presenta un rostro muy diferente según se trate de los medios rurales tradicionales o de los urbanos en transformación rápida. En los medios tradicionales, y recordemos que implican la inmensa mayoría de la población mundial, la delincuencia es muy escasa, y va de los homicidios rituales al robo y el adulterio. Como hemos visto, el destino de estos delincuentes lo dicta la justicia tribal y aun la familiar. Impregnada de un ambiente magicorreligioso, la justicia tradicional en general no tiene noción de la responsabilidad individual, basada en la culpabilidad moral. Las medidas están destinadas a restablecer el equilibrio del orden alterado por el agresor, y suelen concretarse a medidas de compensación material. En otros casos, es la vendetta: la pérdida de una vida ha de compensarse con la pérdida de otra.

Muy distinta es la situación en las grandes ciudades, desarrolladas casi siempre por la influencia de la industrialización. El marco étnico se diluye, falta al individuo la seguridad material y moral de la comunidad tribal y aldeana. Grandes fracciones de las poblaciones urbanas, atraídas por las esperanzas de empleo, aumentan el número de los desempleados y las poblaciones desarraigadas de los tugurios de las grandes ciudades de África, Latinoamérica y Asia. La criminalidad que se manifiesta en ellas se asemeja en muchos aspectos a la de los países de Europa al comienzo de la revolución industrial. El historiador francés Louis Chevalier podía asimilar durante aquel período las clases laboriosas a las peligrosas.

Dotados de una legislación criminal heredada de las antiguas potencias coloniales, los países del Tercer Mundo están poco y mal pertrechados para hacer frente al reto moderno de la criminalidad en las grandes ciudades.

La delincuencia juvenil es en ellas un serio problema debido a la ausencia casi total de política preventiva adecuada. Considerado frecuentemente como cosa de simple policía, o sea de represión, el tratamiento de la criminalidad en el Tercer Mundo podría recorrer el mismo viacrucis que recorrió en nuestro país. Es muy difícil hacer reconocer a los protagonistas del desarrollo económico que la prevención del crimen no es un lujo, sino que forma parte del respeto debido a la dignidad del hombre y de las imperiosas necesidades del progreso social armónico. La inseguridad, la violencia, la injusticia no son factores que favorezcan normalmente las políticas de inversión y de progreso económico.

Digamos algo de China, que representa un caso aparte. País socialista y en vías de desarrollo, China presenta algunos de los rasgos que acabamos de señalar. Sin embargo, el peso de la tradición china y el aislamiento del país desde hace casi treinta años imprimen a la criminalidad y la justicia china caracteres particulares. Además de la tasa de delincuencia, sumamente baja, y de una severa corrección por el trabajo forzado, la estructura de la sociedad china es particularmente favorable a las conductas conformistas. Se puede suponer que es esta sociedad la que hoy presenta menos criminalidad y una justicia más cercana a los justiciables.

Otro criterio de clasificación de las sociedades se basa en su integración de ciertos valores que imponen la adhesión a los diversos grupos que la componen. Las leyes y las sanciones expresan en lo esencial el consenso acerca de estos valores.

En una sociedad integrada, hay una gran convergencia entre los valores morales, las costumbres y la ley: toda transgresión es castigada rápidamente y si bien se impugna la aplicación de las leyes en casos particulares, no se niega la legitimidad de la intervención pública. El criminal está fuera de la ley, es un enfermo o un enemigo público: el sentido de la sanción que lo hiere es claro para la ley y para el público. La sociedad donde prevalece el sistema de partido único, tanto en los países del Tercer Mundo como en los industrializados, pertenece a ese tipo.

Las sociedades parcialmente integradas presentan una diferenciación mayor entre órganos y funciones. Las costumbres son más variadas y la estructura cultural se diversifica en muchas subculturas. La existencia de éstas indica una variación en la interpretación de los valores, y por lo tanto de las conductas y de los actos, de donde variaciones y vacilaciones en la apreciación de lo que es "justo" y "propio". El juicio moral se hace relativo y pierde su carácter binario. La evaluación de las justificaciones morales de las conductas extraviadas y aun de las criminales se acelera, y la utilidad social es el principal criterio de apreciación en el recurso a la tolerancia o a la condenación moral. La tolerancia para con los extraviados no significa de todos modos aprobación de los valores subculturales. Pero se inicia un proceso de "habituación", vigorosamente secundado por los grandes órganos de socialización como la familia, la escuela, los medios de comunicación, etc. Las vacilaciones o la negativa a aplicar un juicio moral a las conductas extraviadas corresponden así a la decisiva erosión de la conformidad en el juicio moral.

Recorren este tipo de sociedad tensiones y conflictos de todo tipo. Esta ausencia de sanción respecto de las conductas extraviadas se basa en la ausencia de un sentimiento de legitimidad compartido.

Los detentadores del poder (parlamento, poder ejecutivo) y los que aplican la ley cotidianamente (policías, magistrados, educadores, etc.) dudan ante este legado de una sociedad integrada de tipo consensual. La mayoría de los países que tienen un régimen de democracia política, y a veces social y económica, se acercan a este modelo.

Finalmente, en *las sociedades no integradas* hay costumbres muy variadas, que corresponden a géneros de vida muy diferentes. El denominador común de la sociedad global se reduce a valores vagos, ambiguos, fundamentalmente desvirtuados. No sólo invaden las subculturas este tipo de sociedad sino que se presencia también el nacimiento de contraculturas que se organizan en torno de valores que justifican y legitiman conductas opuestas. La interdependencia del sistema social suscita en estas condiciones muchas fuentes de conflictos. Ya no se trata aquí de conflictos de interpretaciones de lo que está permitido, como en el modelo precedente. Con mucha frecuencia son verdaderos *casus belli* los que surgen.

Impugnada la legitimidad del poder central, la función de las leyes y sanciones se presenta como instrumentos de opresión al servicio de una minoría.

Estamos presenciando una descomposición del sistema sociocultural debida a la ausencia de principios unificadores que puedan servir de denominador común, porque sin código común, ¿cómo podría entablarse un diálogo y por consiguiente una negociación de transacciones parciales?

La indignación moral, que constituye uno de los fundamentos del sentimiento de justicia, renace de sus cenizas pero se encarna en múltiples y contradictorios ejemplos. El espíritu de tolerancia que caracteriza el tipo de sociedad parcialmente integrada aparece aquí como hipocresía y cobardía. La confusión entre delincuencia, extravío, impugnación e insurrección se vuelve total. La polarización impone sus leyes y no justifica la lealtad más que a una "divinidad", con exclusión de cualquiera otra. Varias sociedades occidentales con régimen de democracia política y social se acercan a este sistema.

De estos rápidos esbozos debían desprenderse los perfiles del criminal y de las causas de la criminalidad. Se ha intentado evocar los remedios y las responsabilidades que incumben a la colectividad. ¿Qué podemos deducir? Para el criminólogo, el hombre de ciencia, pero de ciencia aplicada, lo que importa es el progreso lento pero constante de sus conocimientos y de su comprensión del fenómeno. Nada de espectacular hay a la vista porque los "laboratorios" criminológicos apenas existen todavía en nuestras universidades, y las investigaciones sistemáticas casi acaban de iniciarse.

La ciencia no está muy bien vista en muchos medios: se espera de ella demasiado o demasiado poco. Los que sobrestiman sus poderes esperan el advenimiento de un mundo que el gran psicólogo Skinner sitúa "más allá de la libertad y la dignidad". El ser humano se adaptará a las exigencias del sistema, aprenderá la vida en común y seguirá sus leyes implacables guiado por el ingeniero psicosocial. Esas leyes serán tanto más suaves por cuanto corresponderán a la oscura búsqueda por el hombre de un orden que asegure, que proteja y tranquilice. Toca, pues, al hombre de ciencia descubrir las leyes de la naturaleza y hacerlas aptas para dirigir el universo humano y social, lo mismo que se dirige el universo material y natural. El mal será exorcizado por la razón, y las técnicas que se infieren de las leyes de la naturaleza deben permitir al hombre modificar su conducta de tal manera que no represente un peligro permanente y grave para sí mismo y sus semejantes.

El *Hybris*, desorden creador de libertad y conflictos, evocado tan elocuentemente por Edgar Morin, caracteriza un mundo donde ronda el mal. El espíritu humano suscita en sí mismo todas las tentaciones, algunas de las cuales interfieren, cuando el hombre cae en ellas, con la libertad, la seguridad y la integridad de los demás. ¿Qué puede hacer el hombre de ciencia, el criminólogo, en este mundo donde el crimen se calcula como un interés acumulado de la libertad? La búsqueda de las causas, la concepción de las políticas sociales, ¿acaso son más que cataplasmas, peticiones de principio, espejismos que se desvanecen tan pronto como aparecen en la pantalla de los cuadros estadísticos, de los textos de programas legislativos o de los planes de acción social?

Al especialista en política de lo criminal y a los que se ocupan de los extraviados, la situación les parece particularmente difícil. La crisis de los valores de que hablábamos nos obligará tarde o temprano a revisar el papel que desempeña la ley en la vida de las sociedades y a reformar, a veces radicalmente, la administración de la justicia encargada de aplicarla. Esto podría resultar una empresa nada pequeña. Pero cada día que pase no hará sino destacar la inevitable fecha de vencimiento.

7. UN CASO PARTICULAR: EL DELINCUENTE POLÍTICO

La historia nos enseña cómo nacen los delitos políticos y su modo de represión en las primeras colectividades. Apenas formadas como organizaciones políticas, estas sociedades debieron defenderse contra enemigos internos y externos. Se protegiercn gracias a la represión del delito político cuyo arquetipo es la traición. Estos delitos han sido considerados con la mayor severidad tanto por los portavoces de la conciencia pública como por el legislador mismo.

La represión de los delitos políticos aparece en torno a la protección de la persona del jefe, primera encarnación de la autoridad pública colectiva. Es tanto más severa por cuanto el jefe participa del poder divino, tanto en las sociedades primitivas como en las monarquías antiguas.

A primera vista, los delitos políticos presentan aspectos psicológicos, sociales, morales, jurídicos y judiciales que conviene distinguir cuidadosamente. Es evidente también que cada civilización se hace de los delitos políticos una idea que revela sus propios valores. Y siendo las civilizaciones mortales, el concepto de los delitos políticos es esencialmente contingente y varía según las épocas y las civilizaciones.

Por todas estas razones trataremos de definir sucesivamente el delito político en sus aspectos psicosociológicos, jurídicos y judiciales.

A continuación intentaremos la presentación de una síntesis criminológica. Una ojeada histórica pondrá en evidencia las diversas concepciones de los delitos políticos en la Antigüedad grecorromana, en la Edad Media cristiana y en los tiempos modernos. Describiremos brevemente la práctica judicial y los principios filosóficos y legales que caracterizan cierto número de países; y finalmente trataremos de la incidencia de los delitos políticos en el derecho internacional, en función sobre todo de las perspectivas futuras.

DEFINICIONES DEL DERECHO POLÍTICO

Desde el punto de vista estrictamente jurídico, el delito político es muy difícil de definir, dado el carácter contingente del calificativo "político". Porque ¿cómo seguir la regla de la legalidad si la palabra "político" cambia de significado continuamente? La única cuestión que se presenta consiste en la enumeración restrictiva de todos los actos tenidos por "criminales". Entre los países contemporáneos, la Gran Bretaña se contenta con esta solución, mientras que los demás se inspiran en definiciones más bien vagas, fuentes posibles de arbitrariedades y que en algunos casos ponen en peligro las libertades públicas. Este delito es, por esencia, un delito de excepción que manifiesta una reacción de defensa del cuerpo social contra un ataque interno (ligado casi siempre a complicidades externas); pone en peligro, por su misma existencia, las libertades públicas, por la amenaza de arbitrariedad que necesariamente de ahí se desprende.

Si consideramos el objetivo que persiguen los delincuentes, o sea los elementos subjetivos del crimen, vemos que los criminales en general son impulsados por móviles que van más allá de su interés personal. Por eso se benefician de regímenes de favor en lo tocante a la detención y al derecho de asilo en el extranjero. El delito político no pone en sus autores un estigma de infamia, dado el carácter altruista del móvil del acto.

Teniendo en cuenta este elemento subjetivo quedan excluidas de esta categoría las personas que han obedecido a un sentimiento egoísta, como la codicia o el rencor. En cambio se pueden asimilar a los delincuentes políticos los "politicosociales", o sea aquellos cuya empresa, sin perjudicar a la existencia del estado, procede de un móvil de orden general y de miras desinteresadas.

La doctrina jurídica apunta además una distinción relativa a los delitos conexos. Según la definición del Instituto de Derecho Internacional se consideran delitos políticos los perpetrados por un motivo político, a menos que se trate de crímenes más graves desde el punto de vista de la moral y del derecho común, como el asesinato, el homicidio, el envenenamiento, las mutilaciones, las heridas voluntarias y premeditadas, las tentativas de crímenes de este tipo y los atentados contra la propiedad por incendio, explosión, así como los robos y sobre todo los cometidos a mano armada y con violencia.

Se advierte, pues, que la distinción en derecho puro entre delito político y delito de derecho común no da satisfacción ni a la tesis objetivista (sólo importa el acto reprensible) ni a la subjetivista (sólo importa el móvil). Como observa Donnedieu de Vabres, la impresión producida por el crimen en la opinión pública tiene una importancia enorme: hay infracción del derecho común cuando los procedimientos empleados son objeto de una reprobación general, cuando indignan al público.

El punto de vista objetivo fue adoptado en 1935 en Copenhague, en la Conferencia Internacional pro Unificación del Derecho Penal. La definición aceptada por los congresistas dice que "son delitos políticos las infracciones dirigidas contra la organización y el funcionamiento del estado, así como las dirigidas contra los derechos resultantes para los ciudadanos".

De estas breves consideraciones sobre la definición del delito político se desprende que se trata de una noción esencialmente contingente: de donde la importancia de estudiar cuidadosamente el contexto sociocultural, o sea los hechos de civilización donde se inserta el delito político. La historia nos proporcionará diversas formas de delitos políticos que reubicaremos en las legislaciones represivas contemporáneas. Invoquemos previamente el testimonio de Albert Camus, que ante el espantoso espectáculo que presentaban la sinrazón política y el fanatismo ideológico interrogaba a la conciencia del hombre de bien en *L'homme révolté*:

"Para el hombre desorientado por la lucha de los dioses competidores, decepcionado por los absolutos y que acepta lo absurdo de la existencia, la primera y única evidencia de la libertad es la rebeldía. La rebelión nace del espectáculo de la sinrazón, de una condición injusta e incomprensible", escribe. "Pero su impulso ciego reivindica el orden en pleno caos y la unidad en el cogollo mismo de lo que huye y se esfuma. La rebelión quiere transformar, pero transformar es obrar y obrar mañana será matar, aunque no sabe si la muerte es legítima. Precisamente engendra acciones que se le pide legitime. Tendrá la rebelión que sacar sus razones de sí misma, ya que no puede sacarlas de ninguna otra parte." Y concluye Camus: "es preciso que consienta en examinarse para aprender a conducirse".

Estas consideraciones son testimonio impresionante de la honda duda que se apodera del hombre occidental al salir de la hecatombe del segundo conflicto mundial, enfrentamiento ideológico análogo a las guerras de religión al que los conflictos coloniales y raciales dan un aspecto aún más terrorífico. Los fundamentos morales del orden establecido vacilan bajo el fuego de las ideologías adversas y el sentido del deber en estas épocas de crisis se vuelve más y más ambiguo.

Los mismos que ayer se veían acusados de minar las bases del orden establecido son quienes ahora representan este orden: en muchos países, los monárquicos fueron remplazados por los republicanos, los liberales por los socialistas o los colonizadores por los colonizados, y otros grupos se preparan ya para el asalto al poder. . .

Antes de examinar las formas que el delito político ha presentado en el curso de la historia resumamos, con Henry Lévy-Bruhl, algunas observaciones que permiten caracterizarlo:

a] La palabra político está mal escogida para designarlo, porque es demasiado limitada. Muchas infracciones a las legislaciones religiosas están igualmente exentas de motivos egoístas: sacrilegio, herejía, blasfemia, etc., han figurado durante mucho tiempo entre los delitos graves. Hay delitos politicosociales que pertenecen a la misma categoría, como las luchas sindicales y las manifestaciones políticas. Por consiguiente, no sólo los delitos que conciernen al gobierno de los estados pertenecen a esta categoría. Efectivamente, éstos, como los delitos religiosos y sociales, se inspiran en el mismo tipo de motivación. Por eso sugiere Lévy-Bruhl la denominación de "delito ideológico".

b] Más que cualquier otra, la categoría que nos interesa está ligada a las corrientes de opinión y a los principios dominantes en la sociedad. En el siglo XX han de distinguirse dos especies de estado, porque se consideran en ellas los delitos políticos de modo muy diferente: los estados democráticos por una parte y los totalitarios por la otra. En los segundos, los derechos políticos son considerados con gran severidad, y la noción misma del derecho del individuo es prácticamente inexistente.

c] Como quiera que los delincuentes políticos son impulsados casi siempre por motivos desinteresados, en los contextos democráticos suelen gozar de regímenes de favor. Su situación es de todos modos complicada respecto de la ley. Porque la doctrina jurídica distingue entre delito complejo y delito conexo. En el primer caso, el delito es político por su objetivo y común por el resultado; por ejemplo, el asesinato de un jefe de estado. En el segundo, un delito de derecho común es cometido con un designio político; por ejemplo, el saqueo de una armería.

d] La indulgencia de que gozan en los países democráticos los delitos políticos es sin embargo muy relativa, porque en el momento en que el acto hiere, por poco que sea, la sensibilidad del público, su autor pierde su situación privilegiada.

En definitiva podemos tomar aquí por nuestra cuenta las definiciones de Lévi-Bruhl: "Son delitos políticos las infracciones cometidas con un interés superior al de su autor y que tienden a realizar una reforma del orden político, social, religioso, etc. De todos modos, están privadas de las ventajas que las caracterizan y se asimilan a los delitos de derecho común si, por los medios utilizados, hieren a la opinión pública."

HISTORIA DEL DELITO POLÍTICO

Puede afirmarse que no ha existido ninguna distinción entre delito político y delito de derecho común con las antiguas monarquías. Los intereses del estado y del orden público se identificaban con los del monarca. Además, a las personas inculpadas del delito de lesa majestad (*crimen majestatis*) se les reservaban los peores suplicios. Para ellos, se olvidaba el principio de la personalidad de las penas, que limita su aplicación al que ha cometido el crimen: se confiscaban sus bienes, se desterraba a sus parientes, etc... Finalmente, el principio de extradición penetró en las legislaciones de los estados para los delincuentes políticos.

La Antigüedad

En la ciudad antigua, tanto en Roma como en Atenas, aunque no hubiera ninguna jurisdicción especial al respecto, los delitos políticos se castigaban con la mayor severidad, como se ve por el decreto de Demofante, el 410 a. C.:

"Si alguien derriba el gobierno democrático de Atenas, será considerado enemigo de los atenienses, podrá ser muerto impunemente y sus bienes serán confiscados. Quien lo matare o aconsejare matarlo será reputado inocente y puro. Que todos los atenienses hagan el juramento siguiente: Mataré por mi propia mano, si puedo, a quien destruyere la democracia en Atenas, a quien destruida la democracia poseyere un cargo y finalmente a quien se erigiere déspota o ayudare a alguien a hacerlo. Si otro lo matare, lo consideraré inocente y puro ante los dioses y los demonios, igual que si hubiera muerto en guerra a un enemigo de los atenienses."

Por su parte, Fustel de Coulanges demuestra que la represión de los delitos religiosos tenía un carácter político. La religión nacional servía para mantener la cohesión social indispensable al estado, así como se reprimía severamente cualquier atentado contra ella. Toda ofensa a las divinidades del Olimpo era considerada un delito contra el estado. Y a la inversa, la traición contra el estado tenía un carácter sacrílego.

Entre los romanos, el culpable de *perduellio*, de *crimen majestatis immunitae*, era asimilado al enemigo exterior. Estas disposiciones, como en Grecia, eran al margen del sistema legal: la represión de estos delitos, sobre todo en el Bajo Imperio, expresa la violencia de una reacción popular o la arbitrariedad del César. Como en Grecia, la intención hostil bastaba para ser inculpado, y durante el Imperio se realizaron los peores desaguisados al amparo de la represión de lesa majestad. La pena capital solía ser la más aplicada, y el ostracismo evolucionó hacia la deportación acompañada de confiscación del patrimonio y la pérdida de los derechos civiles. La *Lex Quisquis*, con Arcadio, en el 397, preveía consecuencias penales para los descendientes de los condenados convictos de lesa majestad. Además de la traición, la abolición de la constitución, el atentado a la autoridad del menor funcionario representante del estado (o el emperador) eran castigados como delito de lesa majestad. La infidelidad respecto de la religión nacional se castigaba con la muerte, y lo mismo el hecho de declarar ante un tribunal romano que se pertenecía a la religión cristiana. La confusión de profano y sacro es tan evidente aquí como en Grecia.

La Edad Media

Hemos visto cómo se confundían en el derecho de la ciudad antigua la regla legal y la religiosa. Todo procede de una concepción religiosa del universo, como nos dice Fustel de Coulanges. Por lo demás, tanto Cristo como Sócrates fueron acusados de querer introducir nuevos dioses en la ciudad. En el medioevo cristiano vuelve a hallarse la huella del derecho romano: los crímenes de lesa majestad divina competen a las jurisdicciones eclesiásticas y los de lesa majestad humana a la jurisdicción del rey, y casi siempre los juzgan comisiones extraordinarias y son sustraídos a las reglas del derecho común.

De todos modos, se esboza una importante evolución en relación con la total arbitrariedad de la sociedad antigua: la distinción entre rey y tirano permite introducir en la filosofía política, y paralelamente en el derecho positivo, el derecho de rebelión contra el poder usurpador. Este derecho de rebelión está reconocido expresamente en la Carta Magna de Inglaterra en 1215, en la Bula de Oro de Hungría en 1222, en la paz de Fexhe, del principado de Lieja y en las Alegres Entradas de Brabante en 1356. A partir del período carolingio, los deberes que dimanan del juramento de fidelidad adquieren una extensión considerable y su represión queda sometida al arbitrio del real poder. Efectivamente, los vínculos de fidelidad, duplicados por un juramento de lealtad, que constituían la base del orden político feudal, fueron protegidos por severas penas contra los felones. Ya en 1351 decreta Inglaterra el *Treason Act*, en que se castiga el quebrantamiento de la fidelidad a los señores y sobre todo al rey. Normalmente se castigaba con pena de muerte semejante delito, así como la "corrupción de la sangre", y se disponía que "una persona afectada intercepte para su posteridad todo cuanto venga de ella o por ella". En Alemania, la rebelión y el motín eran castigados con la muerte y la confiscación de los bienes.

En el derecho francés, el incumplimiento del contrato feudal, de la protección real, del servicio de las armas y el de la justicia constituía el campo principal de los delitos políticos. El crimen contra el estado (o el príncipe) (quebrantamiento del vínculo de vasallaje) se pagaba con la muerte o el destierro, así como la pérdida del feudo y la confiscación de los bienes. Cuando el vasallo levanta la mano contra su señor, el castigo es perder esa mano; si lo rehúye por la fuga, es proscrito del dominio señorial. Si no ayuda a su señor en peligro, se le confiscan los bienes. Pero el vasallo está protegido contra la acción arbitraria del señor, y queda libre de todo vínculo si éste le roba la mujer o la hija doncella.

En Inglatera, es el mismo contexto feudal el que caracteriza los delitos políticos; no obstante, en 1351, los barones imponen ya al rey "estatutos" que limitan la alta traición a siete categorías, lo que representa el primer intento de garantizar la independencia del individuo ante el poder en materia de crimen de estado.

Se echa de ver que caracteriza a todas estas penas en los reinos cristianos por una parte su desigualdad (varían según la jerarquía del culpable) y por la otra, su carácter arbitrario (el juez o el señor juzgan sin restricción, a su antojo y muchas veces con la mayor severidad).

En aquel tiempo, no lo olvidemos, la Iglesia era una potencia secular al mismo tiempo que ejercía su jurisdicción espiritual dentro de las fronteras políticas de los estados cristianos. Los principales crímenes castigados por la Iglesia eran la herejía y la blasfemia (pronto integradas ambas en el derecho penal "laico"). Dados los íntimos lazos que unían al poder espiritual y al temporal en la Edad Media, los principales delitos políticos (como todos los que afectan a la persona del soberano) fueron considerados delitos peligrosos, aunque los castigara la autoridad pública. Y así el sacrilegio abarcaba tanto los delitos contra la fe como contra el príncipe.

La excomunión, a menudo empleada por la Iglesia con fines puramente temporales, tenía graves consecuencias en derecho civil. El brazo secular prestaba ayuda a la Iglesia: en aquella época, ser excomulgado equivalía prácticamente a ser expulsado de la comunidad, a quedar "fuera de la ley".

En conclusión, vemos que en la Edad Media predominaba la influencia del derecho romano. Las garantías de justicia, legalidad, benignidad (muy relativa por cierto) que se iban introduciendo en otros sectores del derecho, estaban ausentes en el que nos concierne.

La época moderna

El carácter secular del poder se irá afirmando más y más a partir del siglo XVI. Los reyes se hacen más independientes de la Iglesia y el poder central triunfa de los grandes barones. La razón de estado remplaza los vínculos de la fidelidad feudal, y en su nombre se cometen los peores actos de venganza política. Los supuestos delitos políticos fueron sustraídos a los tribunales ordinarios y sometidos al principio de la legalidad: *Nullum crimen, nullum poena sine lege.* Al contrario, estas jurisdicciones calificaban por sí mismas el crimen y determinaban la pena. Richelieu defendía así el tribunal de excepción: "En el curso de los asuntos ordinarios, la justicia requiere claridad y evidencia de pruebas. Pero no es igual con los asuntos de estado, donde muchas veces las conjeturas deben servir de pruebas." Y pedía autorización al Papa para hacer morir secretamente en las prisiones a sus enemigos políticos...

Conociendo la barbarie de las puniciones previstas para los crímenes de derecho común, nadie se extrañará de la extrema severidad del castigo en los crímenes de estado. Los magistrados que condenaron a Jean Châtel, Ravaillac y Damiens (regicidas los tres) hicieron preceder y seguir al descuartizamiento otras varias penas: retractación pública; mano cortada; atenazamiento en tetillas, brazos, muslos y pantorrillas, en cuyas llagas se echa plomo fundido, aceite hirviendo, pez resina, cera y azufre fundidos juntos; los miebros fueron recogidos y echados al fuego para que los consumiera; se les confiscaron todos los bienes; se demolió y arrasó su casa, con prohibición de construir en adelante ningún edificio en el solar; destierro para toda la vida a padre, madre e hijos del criminal, con prohibición de volver nunca al reino; finalmente, recordemos la prohibición a los parientes del condenado de llevar su nombre.

Este reinado de la arbitrariedad so pretexto de razón de estado, así como la bárbara severidad de la represión, que datan del derecho romano, favorecidos por el carácter divino atribuido al origen y al ejercicio del poder, predominaron hasta fines del siglo XVII, tanto en Francia como en otros varios estados del continente.

En el curso de los siglos XVI, XVII y XVIII, en los grandes países de Occidente, la opinión pública, las leyes y los procedimientos penales no evolucionaron casi nada para el delito político. En Alemania, la regla de la Carolina hace estremecerse al lector contemporáneo por la crueldad en la elección de los métodos de represión; y en Francia hemos visto cómo trataba Richelieu al delincuente político. El único cambio notable en este período es el que se produce en Inglaterra, donde la revolución de 1688 hace dar un gran paso adelante a la causa de la legalidad en la represión de los crímenes de estado. El pueblo inglés puso fin al absolutismo de los reyes (con la desaparición de la dinastía de los Estuardo) un siglo antes de la Revolución francesa; esta saludable evolución debe mucho a la influencia del filósofo John Locke, que expone sus ideas en *Ensayo sobre el gobierno civil* y define así el principio del pacto social: "Lo que ha dado nacimiento a la sociedad política es el consentimiento de muchos hombres libres, representados por el mayor número de entre ellos. Eso es lo que da origen a un gobierno legítimo."

En adelante, la libertad es el bien fundamental del hombre y el estado debe ser su garantía, y limitarse a proteger la libertad de los ciudadanos. La importancia de los crímenes de estado va disminuyendo a medida que decrece el absolutismo del estado. El que se ve acusado de traición dispone ahora de garantías legales, entre otras:

a] el derecho de tener conocimiento de la lista de los jurados que van a intervenir en la causa;

b] el derecho de recibir comunicación del acta de acusación;

c] el derecho de que lo asista un abogado;

d] el derecho de proponer y de hacer que comparezcan testigos de descargo;

e] el derecho de no ser condenado sin un mínimo de pruebas relativas a su culpabilidad.

Finalmente, no puede demandarse por traición sino en un plazo de tres años a contar de la fecha de la infracción.

La evolución inglesa, influida por las ideas de Locke, nos lleva al alba del período contemporáneo. En Francia, Montesquieu prepara a las mentes a aceptar nociones más relativas de las leyes, cuyo espíritu caracteriza en relación con las costumbres, la historia, el clima y el terreno de cada país. Se indigna, por ejemplo, de que el inca Atahualpa fuera juzgado en España por haber hecho morir a algunos de sus súbditos, por haber tenido varias mujeres, etc., y observa: "el colmo de la estupidez fue que no lo condenaron de acuerdo con las leyes políticas y civiles de su país, sino con las del país de ellos".

Fue principalmente Juan Jacobo Rousseau quien desarrolló las ideas de Locke en Europa, pero les puso serias restricciones que señalarán la importante distancia existente entre la evolución política, jurídica y moral de Inglaterra y la del continente. Porque según Rousseau, "lo que cada quien aliena, con el pacto social de su poder, sus bienes y su libertad es solamente aquella parte de todo eso cuyo uso importa a la comunidad". Pero añade en seguida: "Es preciso convenir en que el único juez de esa importancia es el soberano", con lo que hace la restricción ilusoria. Y es que para Rousseau, el estado no tiene obligación de someterse a ninguna ley.

De todos modos, es en el siglo XVIII cuando se advierte cierta "despersonalización" del crimen de estado, que va correspondiendo cada vez más a algo abstracto, separado de la persona del gobernante, con lo que se vuelve a la concepción del derecho público de la República Romana y se hacen desaparecer las características del feudalismo.

La Revolución francesa señala el fin del Antiguo Régimen. La *Declaración de los derechos del hombre y del ciudadano*, que ha inspirado las declaraciones de derechos inscritas en las constituciones de otros muchos países, consagra las ideas liberales que se extienden por todo el mundo. La omnipotencia de la ley remplaza a la del juez y a la de la administración. Ha nacido la concepción del estado liberal, guardián y depositario de las libertades públicas y privadas. Si la paz política —ya que no social— reina en Inglaterra, no ocurre lo mismo en el continente, donde se suceden revoluciones y contrarrevoluciones. La criminalidad política es severamente castigada pero —y ésta es la gran conquista de la Revolución francesa— castigada de acuerdo con las leyes promulgadas por el legislador. Por medio de aquel gran crimen de lesa majestad que fue la Revolución, el poder soberano cambia definitivamente de manos. La persona del príncipe y los derechos absolutos del monarca son remplazados por la entidad abstracta del estado y los derechos del hombre.

En el nuevo derecho público, la persona moral del estado se distingue claramente de los órganos por medio de los cuales obra, o sea de los individuos que ejercen el poder en su nombre. El crimen de estado se concibe ahora de dos modos: por una parte el atentado contra el estado, en su existencia y sus derechos (crimen contra la seguridad exterior del estado) y por la otra, los crímenes contra los órganos del estado, su gobierno y sus instituciones políticas (atentado contra la seguridad interior del estado). Esta distinción es capital, porque el primer delito pone en peligro la existencia misma del estado, mientras que el segundo tiene consecuencias menos importantes. Por ello la represión es asimismo diferente, y más grave para el primero.

La libertad de conciencia, uno de los principios fundamentales del nuevo régimen, implica la libertad de expersión en los campos político y religioso. La religión cristiana deja entonces de ser el fundamento del orden público y queda en cosa privada. Para mantener el orden público, el poder de proscribir los actos perjudiciales para la sociedad, sin por ello poner en peligro la libertad de los individuos, está el legislador elegido por el pueblo. Es el famoso principio de la legalidad de los delitos y de las penas. Como estipula el artículo 8 de la Declaración de derechos: "Nadie puede ser castigado sino en virtud de una ley aprobada y promulgada con anterioridad al delito y aplicada legalmente."

Las penas se hacen fijas (ya no habrá apreciación arbitraria del juez) y personales (no se aplicarán también a la familia) y se suprime la confiscación de los bienes.

Resumiendo: la omnipotencia de la ley remplaza a la del juez y la de la administración. Es ésta una de las grandes conquistas morales de la humanidad.

Aún más en las democracias liberales, prevalece la idea en adelante de que los crímenes políticos son menos graves que los de derecho común, y que las penas para ellos deberán ser moderadas. El origen de esta idea se sitúa en la progresista separación del poder temporal y el religioso y en la laicidad del estado, que permite al orden político despojarse de todo carácter sacrílego. La alternancia de los partidos en el poder ha dado origen a un profundo escepticismo político y los delincuentes políticos aparecen muchas veces como jugadores sin suerte y no como verdaderos criminales. El gran jurista Guizot fue uno de los teóricos de este nuevo derecho acerca de los delitos políticos. Con la monarquía, los delitos políticos eran cosa de oligarcas que conspiraban contra el príncipe; en la época moderna, se convierten en manifestación de una protesta o una reivindicación popular que puede legalizarse, llegado el caso, por una mayoría electoral y obtener así el marchamo de la legitimidad. Como toda noción de orden moral y jurídico, la de criminalidad política está sometida a la crítica histórica y "científica" de los pensadores, impregnados de la filosofía de los enciclopedistas.

"La inmoralidad de los delitos políticos —escribe Guizot— no es tan clara ni tan inmutable como la de los delitos de derecho común; continuamente modificada y observada por las vicisitudes de las cosas humanas, varía según los tiempos, los acontecimientos, los derechos y los méritos del poder y vacila constantemente a los embates de la fuerza, que pretende configurarla según sus necesidades. Difícilmente se hallarán en la esfera de la política, actos inocentes o meritorios que no hayan recibido en alguna parte del mundo una inculpación legal."

Pero mientras nadie quiere legitimar los crímenes contra las personas o la propiedad, siempre hay una fracción más o menos grande de la población que da cierta aprobación a los delitos políticos. Guizot recomienda al gobierno utilizar con moderación la represión en materia de criminalidad política.

Comprobamos, pues, que en la democracia liberal inspirada por las ideas de Locke y J.-J. Rousseau, la política tiende a ser absorbida por la justicia; la tendencia general va hacia la desaparición progresiva de los tribunales políticos o, en la medida en que subsisten, hacia su sumisión progresiva al procedimiento común.

Pero esta evolución no se efectúa sin tropiezos ni sin notables regresiones. Las propagandas subversivas contra la moral del ejército y las bases del orden político y social (ideologías totalitarias) han provocado reacciones de defensa por parte del estado liberal. Y así la pena de muerte, no pedida ya, desde 1850, en los procesos de alta traición, fue restablecida en Francia en 1939.

Son, sin embargo, los atentados anarquistas de fines del siglo XIX y principios del XX, los que constituyen el punto en torno al cual se produce una reacción social —por mediación de la opinión pública y de los parlamentos—, y provocan el endurecimiento de las sentencias y la reintroducción de textos de leyes que prevén la protección del estado contra las actividades subversivas. Sólo Inglaterra supo resistir a esta evolución: sigue habiendo crimen de "sedición" pero desde 1832 las diligencias han sido raras e incluso la absolución ha sido regla general. En los Estados Unidos, la base jurídica de la legislación antisubversiva se basa en las leyes Smith (1946) y Mc Carran (1950) así como en una sentencia de la Suprema Corte, *Dennis vs US*, de 1951, que condena a los jefes comunistas por haber organizado el partido comunista norteamericano, cuya meta es derribar el gobierno legal del país. Esta legislación y este juicio fueron violentamente criticados por la opinión liberal norteamericana, que veía en ellos un grave atentado contra la libertad de opinión.

En Francia, la guerra de Argelia y el estado de casi guerra civil que provocó en la metrópoli dieron origen a una nueva jurisdicción excepcional: el Tribunal de Seguridad del Estado. Los acontecimientos revelaron que los medios de subversión han cambiado y que quienes quieren conquistar el poder recurren a las más modernas técnicas de la guerra psicológica. El movimiento rebelde se apoya en bases situadas en el extranjero y recibe ayuda oculta de potencias extranjeras. Recurre al terror para asentar su poder sobre la población y comete infracciones de derecho común para mantener un ambiente de violencia. El prejuicio favorable de que se beneficiaba el delincuente político, dados los motivos altruistas de sus actos, tiende a desaparecer de un modo bastante radical.

La opinión liberal francesa, igual que la de los Estados Unidos, se ha conmovido ante los riesgos que semejante jurisdicción, más rígida, representa para las libertades públicas así como para la libertad de opinión. La interpretación extensiva de la competencia del tribunal representa efectivamente una amenaza constante para las fuerzas de oposición al poder. Los artículos 70 y siguientes del Código Penal Francés llevan ante ese tribunal los crímenes de traición y espionaje, los atentados, las conjuraciones y otras infracciones contra la autoridad del estado, los crímenes tendentes a alterar el estado con matanzas o devastaciones, los movimientos insurreccionales, la ocultación de cosas o personas y la no denuncia de infracciones contra la seguridad del estado. La competencia del tribunal se ha ampliado hasta los menores de 16 o 18 años, los cateos son posibles aun en la noche, la detención provisional es más larga que en derecho común, y otras disposiciones más indican la importancia del retroceso padecido por la legislación y la tradición liberales, desarrolladas en el curso del siglo XIX.

Se advierte, en suma, que el romanticismo revolucionario, penetrado de las ideas que triunfaron en 1789, y que conduce a una considerable liberalización en la represión de los crímenes de estado, ha padecido retrocesos progresivos a medida que las transformaciones economicosociales producidas por las revoluciones industriales sucesivas fueron sacudiendo las estructuras políticas del poder. La benevolencia de que gozaban los delincuentes políticos en Francia ha ido disminuyendo en la segunda mitad del siglo XIX. Las transformaciones son menos espectaculares en el derecho inglés, que no conoció los trastornos jurídicos provocados por la Revolución francesa y siguió reprimiendo severamente los crímenes de estado, pero dando cada vez más garantías judiciales a los acusados.

En Canadá, la crisis de octubre de 1970 se inscribe en la misma perspectiva: el recurso a las medidas excepcionales provoca atentados a las libertades individuales que el peligro en curso no parece, después, haber justificado.

Antes de examinar el lugar que ocupan los delitos políticos en la legislación y la jurisprudencia de algunos países contemporáneos, recordemos brevemente los elementos fundamentales que entran hoy en la definición de este tipo de delitos. En general, se distingue el delito político puro del delito político relativo. El primero atenta exclusivamente contra el estado, el segundo afecta también a los bienes jurídicos de los particulares.

En la definición del delito político puro se afrontan dos tesis. Las teorías "subjetivas" ven en la intención del delincuente el único criterio de la infracción política. Las teorías "objetivas" estiman que el elemento decisivo es la naturaleza del derecho lesionado.

La teoría subjetiva se origina en el pensamiento de los liberales, para quienes el revolucionario de nobles ideas e intenciones desinteresadas es el modelo del delincuente político. Pero, según apunta Papadatos, si bien el móvil es un elemento importante para apreciar el grado de culpabilidad y sobre todo el de criminalidad de un acusado, de ninguna manera puede bastar como criterio único; porque si así fuera, toda infracción motivada por consideraciones políticas se transformaría en delito político.

En la teoría objetiva, lo que importa es la naturaleza del derecho lesionado. Dice el jurisconsulto alemán von Liszt: "Son políticos los delitos cometidos intencionalmente contra la existencia de la seguridad del estado o de un estado extranjero, así como los dirigidos contra el jefe del gobierno y los derechos políticos de los ciudadanos."

Según esta teoría, el estado es el sujeto pasivo de todo delito político, aunque éste atente contra los intereses y los derechos del estado considerado como potencia pública. Quedan por consiguiente excluidos de esta calificación de "delitos políticos" los delitos contra la administración, así como contra los otros derechos y prerrogativas del estado. Pero la simple violación del orden político no es suficiente para constituir un delito político, y es preciso que haya además la intención de acabar total o parcialmente con el orden político.

Aunque la tesis "objetiva" sea bastante aceptada en el derecho positivo contemporáneo podemos, con Papadatos, hacerle algunas críticas. Efectivamente, no tiene en cuenta el sentido que han atribuido a los delitos políticos la conciencia popular y la tradición liberal, al alborear la época contemporánea. No se toma para nada en consideración la intención noble y desinteresada del delincuente político.

Vemos pues, en definitiva, la gran dificultad, cuando no la imposibilidad, de dar una respuesta satisfactoria, en el plano del derecho estricto, a los problemas que plantean los "delitos políticos". El calificativo de "político" rehúye, recordémoslo, todo intento de definición racional que, por lo demás, sirve de base a la codificación legal. La parte de lo arbitrario es, y seguirá siendo sin duda, muy importante, sobre todo en lo relativo al destino que las diversas legislaciones y los poderes estatales reservarán a los delincuentes políticos. Dicho esto, conviene destacar desde el principio que los estados modernos deben clasificarse en dos grupos: las democracias liberales, donde el crimen de estado es un medio de defender el orden democrático, y los estados de ideología política militante, donde el crimen de estado es un instrumento de dominación política.

En las páginas que siguen examinaremos pues, desde este punto de vista, sus estructuras fundamentales con base en algunos ejemplos concretos.

EL DELITO POLÍTICO EN ALGUNOS PAÍSES

Francia

Según Donnedieu de Vabres, el atentado contra la seguridad exterior del estado sigue siendo el delito político por excelencia, puesto que pone en peligro directa y exclusivamente la misma existencia del estado. Pero el carácter deleznable del móvil que suele animar a sus autores los hace excluir de la apreciación indulgente de que gozan los delincuentes políticos. Este sentimiento de hostilidad se fortificó a medida que se afirmaba el patriotismo, que se desarrollaban los grandes estados y que el progreso de los armamentos exigía una vigilancia cada vez más rigurosa de los secretos militares.

Mientras los artículos 75 y siguientes del Código penal no preveían para los autores de atentados a la seguridad exterior del estado más que penas políticas, la ley del 26 de enero de 1934 sobre el espionaje, completada por el decreto-ley del 17 de junio de 1938, introdujo penas de derecho común para esos delitos. El decreto-ley del 29 de julio de 1939 dio una aceptación jurídica a los términos imprecisos de traición y espionaje. En adelante, la traición implica el incumplimiento de la obligación de fidelidad que tiene el ciudadano francés. El espionaje lo comete un extranjero. Los delitos que presentan un carácter de gravedad menor, ya sean cometidos por un ciudadano francés o un extranjero, se llaman "atentado a la seguridad exterior del estado".

Para condenar la colaboración con el enemigo, la legislación francesa creó una expresión nueva: la indignidad nacional. Es culpable de indignidad nacional, según una ordenanza del 26 de diciembre de 1944, todo francés que después del 16 de junio de 1940 haya prestado a sabiendas, en Francia o en el extranjero, una ayuda directa o indirecta a Alemania o a sus aliados, o perjudicado a la unidad de la nación, a la libertad de los franceses o la igualdad entre los mismos.

Se observará el carácter retroactivo de la ley (lo que es contrario al principio de la legalidad de los delitos). En cuanto a las penas, sin embargo, en lugar de las privativas de libertad se introduce una pena privativa de derechos, más infamante que aflictiva. Se creía así lograr más fácilmente el objetivo de represión política que se había planteado el legislador.

De todos modos, la tendencia de la legislación francesa es a asimilar a los delitos de derecho común los delitos contra la seguridad exterior del estado, por lo menos en lo tocante a la penalidad prevista. Efectivamente, en la segunda parte de la ley núm. 70-643, del 17 de julio de 1970, relativa a la represión de los crímenes y delitos contra la seguridad del estado, se añaden algunas precisiones acerca de la guardia a vista o la detención preventiva, así como a las modalidades de reconocimiento de la culpabilidad y de la condena, que confirman esta afirmación en el contexto de las legislaciones más recientes.

Pero si el caso de los traidores por motivo venal no parece suscitar problemas, los que han cometido su delito contra la seguridad exterior del estado por un motivo ideológico siguen provocando cuestionamientos. Como hace observar Donnedieu de

Vabres, la lógica y la equidad se oponen a tratar como vulgares malhechores a personas cuya actitud antinacional muchas veces fue dictada por preocupaciones ideológicas.

En definitiva, en Francia, la categoría de los delitos puramente políticos se va reduciendo. Ya no comprende más que los atentados contra la seguridad interior del estado, o sea las actividades dirigidas contra la forma de gobierno, el funcionamiento de los poderes políticos y el libre ejercicio de los derechos de ciudadano, los fraudes electorales, los delitos de prensa y los de asociación, de huelga y de reuniones políticas.

Examinemos un poco más detenidamente ciertos delitos contra la seguridad interior del estado, los delitos llamados sociales. Presentan un rasgo común con los delitos políticos, y es que sus autores obedecen a un móvil de orden general y que apuntan a un interés colectivo. Tienden también a quebrantar la organización social, independientemente de la forma política del estado. Los delitos anarquistas fueron reprimidos con medidas de excepción y asimilados a los delitos de derecho común. Aunque los atentados anarquistas son casos extremos, pueden entrar en esta categoría todos los actos que apuntan a obtener satisfacción en las reivindicaciones sociales o económicas por medios violentos, como por ejemplo la huelga general.

Mencionemos por otra parte la convención internacional del 16 de noviembre de 1937, firmada por Francia en Ginebra, para la represión del terrorismo. Se define éste como un hecho criminal dirigido contra un estado y cuyo objetivo es de tal naturaleza que puede provocar el terror en personajes, grupos de personas determinados o en el público. Ahora bien, los terroristas obran a veces por motivos ideológicos, no egoístas. De hecho, la represión de los delitos sociales o del terrorismo puede ir dirigida contra grupos de ciudadanos opuestos a los que están en el poder.

La piedra de toque de la democracia liberal es la libertad de la conciencia, y halla su expresión colectiva en la libertad de opinión, que comprende la de la prensa. Pero el desarrollo de ideologías contrarias puede poner en peligro, sobre todo en tiempo de guerra o de inestabilidad política y social, la existencia misma del estado. De donde la necesidad de una legislación que dé al estado los medios de protegerse. En Francia, esos medios consisten en la represión de la desmoralización del ejército. Desmoralizar al ejército es quebrantar su fuerza de resistencia, su voluntad de vencer.

Basta la intención de perjudicar, pero debe ser la acusación quien la pruebe. Se concibe que esto no es fácil. La difusión de una ideología, de una doctrina, siempre es en cierto modo desmoralizante para sus adversarios, como observa Roger Pinto. Toda oposición radical implica una desmoralización del orden establecido. Es posible temerla y tratar de suprimirla, pero entonces se suprimirá al mismo tiempo una de las bases de la democracia.

Gran Bretaña

Tradicionalmente se distinguen en Inglaterra tres campos jurídicos de la protección del estado. El primero protege al soberano, a su familia y sus jefes y oficiales; el segundo, a la sucesión de un linaje de protestantes en el trono de Inglaterra; el tercero, a la seguridad del poder protestante (*the protestant establishment*). Los delitos más graves, sobre todo en las dos últimas categorías, han sido asimilados a la alta traición. Con la secularización de las costumbres, estos campos protegidos penalmente por el estado han perdido importancia, por no decir que han caído en desuso. La estabilidad de la sociedad inglesa le ha permitido manifestar una gran tolerancia por los delitos políticos. La sedición, o la incitación de los súbditos de Su Majestad a la rebelión o a la infidelidad, es castigada por el derecho común.

Desde 1832, fecha de la primera gran reforma electoral, los procesos en virtud de esta ley han sido rarísimos y los contraventores por lo general absueltos. En 1886, un jefe del movimiento chartista fue procesado por haber pronunciado en Trafalgar Square un discurso sedicioso seguido de peleas. En aquella ocasión el juez Cave, en sus instrucciones al jurado, dio una nueva definición de la intención criminal. La sedición supone la intención de reformar o derribar las instituciones o los poderes instituidos por medios ilegales. El acusado, John Burns, fue absuelto. El último caso de absolución en un proceso de esta índole data de 1909. El acusado había hecho la apología de un asesino hindú presentándolo como un mártir de la independencia.

En cuanto a la seguridad exterior del estado, una ley de 1911 protege los secretos oficiales (en virtud de ella fueron pronunciadas severas sentencias contra unos espías atómicos). La ley de orden público de 1936 reprime las palabras amenazadoras, insultantes o abusivas que pueden conducir a una alteración del orden. Esta legislación estaba dirigida contra los movimientos fascistas que se organizaban y que podían poner en peligro la seguridad interior del país.

Podemos, pues, comprobar, con Roger Pinto, que la legislación británica ha seguido siendo muy liberal. Con ella es posible todavía defender y propagar las opiniones más subversivas, a condición de conducirse como un *gentleman*. Las limitaciones, aportadas por textos especiales, son definidas con precisión. Y sir Winston Churchill renovó, con aplausos unánimes de la Cámara de los Comunes, esta adhesión al principio de la libertad: "La libertad de palabra entraña los males que acarrean todas las cosas estúpidas, desagradables o venenosas que se dicen, pero en general preferimos tragarlas que suprimirlas."

Estados Unidos de América

Como todas las legislaciones modernas, la ley norteamericana protege la seguridad exterior del estado siguiendo en sus lineamientos generales la tradición del *common law*. No obstante, en el campo de la protección de la seguridad interior del estado, la situación de este país difiere grandemente de la de Gran Bretaña. La libertad de opinión está protegida por la Constitución Federal (primera enmienda). La jurisprudencia de la Suprema Corte ha definido, entre las dos guerras, las condiciones en que podían reprimirse las expresiones de opiniones. Es necesario que provoquen de manera manifiesta y actual actos ilícitos y no basta que tiendan normalmente a provocar tales actos o que sean susceptibles de producir ese efecto. La jurisprudencia de antes de la última guerra mundial confirmaba una interpretación liberal de las infracciones en este campo.

Inmediatamente después de la segunda guerra mundial, en la época de la guerra fría, la opinión pública norteamericana se conmovió ante el peligro de golpe de estado o de subversión interior que hacían correr al estado norteamericano ciertos movimientos como el comunismo. La Suprema Corte, cuya jurisprudencia da forma a la evolución política y moral de la gran república, ha admitido la validez de las diligencias dirigidas exclusivamente contra las manifestaciones de opiniones en el caso *Dennis vs US* (341 US, 1951). Se reprochaba a los acusados el haber participado colectivamente de 1945 a 1948 en la organización del partido comunista norteamericano, cuyo objetivo es defender y propagar el marxismo-leninismo. Esta doctrina preconiza el derrocamiento por la fuerza del gobierno legal del país. Y la ley federal (ley Smith de 1940) castiga a quien predica la destrucción del gobierno por la fuerza o la violencia.

La decisión del tribunal, redactada por el presidente Vinson y aprobada por tres jueces, considera que el peligro ocasionado por la propaganda comunista es suficiente para restringir la libertad de expresión. El peligro de un golpe de estado es manifiesto. Porque no debemos olvidar que esta decisión fue pronunciada durante el período de apoderamiento por los partidos comunistas de los estados de Europa central y oriental (el golpe de Praga, principalmente). El juez Jackson anota en una opinión separada que la razón en que debe fundamentarse la condena es la organización totalitaria del partido comunista, pero reconoce la inanidad de tales medidas:

"No tengo mucha confianza en la eficacia final de semejante condena para detener la expansión del movimiento comunista. El comunismo no irá a la cárcel con los comunistas."

En su opinión discrepante, el juez Black se funda por su parte en la ausencia de provocaciones efectivas para el derrocamiento del gobierno por la violencia. Porque la propaganda subversiva no deja de ser peligrosa, pero ese peligro lo aceptaron los fundadores de la nación norteamericana antes de sofocar la libertad. El juez Douglas añade que ningún acto de sabotaje o de conducta ilegal ha acompañado a la propaganda subversiva. La discusión libre fue un acto de fe de la nación norteamericana y es la salvaguardia de los grupos religiosos, políticos, filosóficos, económicos y técnicos que existen en el país. Concluye por lo tanto que no podría sacrificarse la libertad de palabra o de opinión a menos que fuera presentada la prueba positiva y objetiva de que el peligro del mal predicado es inminente.

Finalmente, la ley de 1953, el *Communist control act*, priva al partido comunista o a cualquiera de sus sucesores, de los derechos de inmunidad reconocidos a las personas morales. Le prohíbe presentar abiertamente candidatos a las elecciones. Los miembros de una organización consagrada a derribar el gobierno por la violencia no podrán ejercer sus derechos de ciudadanos. Deberán registrarse en virtud de la ley sobre la seguridad interior de 1950 y no podrán obtener pasaportes.

La protección de los secretos militares en los Estados Unidos no está regida por una legislación de conjunto. Algunas reglas, administrativas principalmente, apuntan a proteger las informaciones "clasificadas". Un dominio es la excepción: la ley de 1946 sobre la energía atómica. Pone las actividades científicas, técnicas, industriales y militares en el campo de la energía atómica bajo el control policial del Federal Bureau of Investigation (FBI).

Muchos sabios norteamericanos han criticado severamente esta ley, porque perjudica al progreso de la ciencia, pero las imperiosas necesidades de la seguridad del estado tuvieron prioridad.

A los esposos Rosenberg se les reprochó la revelación de secretos atómicos, y fueron condenados a muerte. Como recordamos, habían revelado en tiempo de guerra un secreto de la defensa nacional relativo a la bomba atómica a los agentes de una potencia extranjera. Fueron condenados en virtud de una ley sobre el espionaje según la cual puede pronunciarse la condena sin haberse demostrado la intención de perjudicar.

Plantea un problema particular la libertad de opinión de funcionarios o de personas encargadas de responsabilidades particularmente importantes para la seguridad del estado. La depuración de los servicios públicos norteamericanos a consecuencia del macartismo de los años cincuenta se efectuaba en virtud de la ley del 27 de abril de 1953. Las condiciones para que haya "peligro para la seguridad del estado" son definidas en ella de modo particularmente amplio. El hecho de tener relaciones seguidas con un saboteador, un espía, un individuo sedicioso o revolucionario, es suficiente. El caso más célebre, entre las víctimas de esta limitación de la libertad de opinión, fue el del profesor Oppenheimer, excluido en 1954 de la Comisión de Energía Atómica.

La Alemania nazi y la Italia fascista

Si el fundamento filosófico de la democracia liberal procede del pensamiento de Locke, Montesquieu y Rousseau, el de los regímenes nazis y fascistas se autoriza con Hegel. Para este filósofo alemán, el estado es el pensamiento llegado a la plena conciencia de sí, y como concentra la plenitud del ser y la independencia del pensamiento, goza asimismo de la cabal libertad de éste. Ninguna regla se le impone. No aplica la ley, la crea. Todo cuanto hace es necesariamente válido. Como el estado, los gobernantes son los hombres necesarios que tienen todos los derechos. Para ellos no se plantea la cuestión de la legitimidad. En cambio, el individuo frente al estado no tiene ningún derecho. En esta concepción se basaron los regímenes fascista y nazi. La represión del crimen de estado es entonces una lucha despiadada contra todos los enemigos internos del régimen, e incluso se extiende a los pueblos [illegible] tarmente sometidos a su dictadura.

El Código Penal fascista de 1930 pone en primer plano la defensa del estado fascista. El artículo 9 define así el delito político: "Todo delito que atenta contra un interés político del estado o un derecho político del ciudadano. También se considera delito político el delito de derecho común perpetrado por motivo político."

Esta definición permite perseguir a cualquier enemigo del régimen. Los demás artículos estipulan que las circunstancias atenuantes concedidas por motivos morales o sociales les son negadas a los delincuentes políticos. Se disponen para ellos medidas de seguridad que toman la forma del internamiento sin proceso por medida administrativa. Para esta categoría de delitos se prevén penas particularmente severas. Agrava esta situación la instauración de los tribunales especiales, con miembros nombrados por el ministro de la Guerra, quien los escoge entre los militares y los miembros de la milicia.

Aunque el fundamento filosófico es el mismo para el régimen nazi y el fascista, existe sin embargo cierto número de aspectos distintos, debidos a las particularidades de las civilizaciones donde se implantaron.

La organización política nazi se basó en la *Volksgemeinschaft* (comunidad del pueblo, ligada al suelo nacional) y el *Führer*, guía supremo, cuya voluntad es la fuente única del poder. Según esta doctrina, la separación entre los tres poderes —legislativo, ejecutivo y judicial— ya no existe, y el poder único del Führer designa a cada quien su tarea.

La comunidad del pueblo, la de la sangre y la tierra, se confunde con la raza germánica, cuya misión y seguridad protegen las leyes. Escribe Hitler, en su conocido *Mein Kampf*: "El hombre tiene el sagrado derecho y el más santo de los deberes, que es el de velar porque su sangre se mantenga pura, para que la conservación de lo mejor de la humanidad haga posible la más perfecta creación de 'seres privilegiados'." Para asegurar esta pureza, el régimen nazi no vaciló en entregarse al genocidio y al exterminio de pueblos enteros que a sus ojos representaban un peligro.

La pena prevista para los delitos políticos la precisa Rosenberg, ideólogo del partido. No es un medio de educación ni una vindicta. Es simplemente la eliminación de un cuerpo extraño. Un hombre que no considera valor supremo la esencia y el honor de su nación ha perdido el derecho de que ésta lo proteja.

El derecho es así un mero instrumento en manos del poder para reducir toda oposición a su ideología, a su *Weltanschauung* (manera de ver el mundo). Por eso todo acto de propaganda hostil al partido nazi es tachado de alta traición. Nada hay de extraño en ello, puesto que en la doctrina el partido se confunde con el estado. Por otra parte, desde 1936 toda forma de sabotaje económico se castiga con la muerte, y severas disposiciones protegen la pureza de la sangre aria alemana y la ley del 15 de septiembre de 1935 castiga con pena de reclusión el matrimonio o las relaciones sexuales extraconyugales entre judíos y alemanes arios.

El régimen nazi rechaza expresamente el principio de la legalidad de los delitos y de las penas, puesto que junto a la ley, el "sano sentir del pueblo", interpretado por el juez, se vuelve fuente de legalidad. Este sentir produce y controla el derecho, y uno de sus apoyos principales es la *Weltanschauung.* La arbitrariedad del poder es entonces total: todo acto puede ser incriminado siempre que sea contrario a la ley o a la sana apreciación del pueblo.

Finalmente, como en la Italia fascista, se instituye una jurisdicción de excepción para juzgar los delitos políticos. El tribunal del pueblo se compone de 32 miembros, de los que sólo 12 son magistrados y los demás, miembros del ejército o de las organizaciones paramilitares nazis. Los nombra el Führer, a quien deben una fidelidad absoluta. El procedimiento es sumario y la detención preventiva puede ser ilimitada. El tribunal puede negarse a que el acusado designe un abogado. Su decisión es inapelable y sus debates se realizan, por lo general, a puerta cerrada.

La policía secreta, Gestapo, tiene derecho, en virtud de la ley del 28 de febrero de 1933, a efectuar todas las operaciones necesarias al mantenimiento del orden y de asegurar la protección contra las actividades revolucionarias.

En conclusión, se observa que bajo los regímenes fascista y nazi, la represión de los delitos políticos adquiere un carácter francamente extralegal. De hecho, esta represión va mucho más allá de las necesidades de protección del estado y es un arma temible contra todos los enemigos del régimen, tanto dentro como fuera de las fronteras de esos países. Es esta característica la que motivará la intervención de una jurisdicción superior para la represión de los crímenes de guerra, como la que se elaborará al ser derrotados los países del Eje. Observemos, sin embargo, que la Constitución de 1949 de Alemania Federal dispone la represión de los abusos del ejercicio de las libertades de opinión, de prensa, de palabra, de asamblea y de asociación. El artículo 26 proscribe las actividades que tienden a perturbar las relaciones pacíficas entre las naciones y que intentan preparar guerras de agresión. Las armas de guerra no pueden ser fabricadas o vendidas más que con autorización del gobierno federal.

El artículo 88 prevé otras protecciones además: padecerán los rigores de la ley los que quisieren enajenar la independencia de Alemania y atentar contra la organización democrática de sus instituciones, a saber, la separación de los poderes legislativo, ejecutivo y judicial, las elecciones libres, la responsabilidad del gobierno ante el parlamento electo y quienes introdujeren la violencia en el ejercicio de los derechos políticos.

En principio, todas estas disposiciones son motivadas por la experiencia de la toma del poder por el movimiento nazi; no obstante, el supremo tribunal federal ha puesto fuera de la ley al partido comunista en virtud de la Constitución de 1949 con el fin de proteger mejor al país de las influencias extremistas de izquierda que hubieran podido ser alentadas y subvencionadas, entre otros, por el gobierno de la Alemania Oriental. La consecuencia lógica de esto es que las legislaciones reflejan, no sólo el pasado histórico, sino a veces también los peligros inmediatos de una situación geopolítica particular...

La URSS

Es la doctrina de Marx y Engels, interpretada por Lenin, la que da la clave para entender el sistema jurídico de la URSS y permite captar el lugar que ocupa en este sistema el delito político. Apuntemos desde un principio la vocación universal de tal ideología.

Al contrario de las doctrinas fascistas o nazis, que preconizaban la supremacía del estado nacional o de una etnia superior, la ideología marxista-leninista se considera la interpretación de la ineludible evolución histórica de la humanidad. Por consiguiente, sus partidarios trascienden las fronteras nacionales y obedecen a las instancias políticas superiores del movimiento comunista internacional.

Aunque esta situación parezca experimentar cambios pronunciados desde hace unos años (pensemos en particular en la tesis del policentrismo del partido comunista italiano), para el fin de nuestra disquisición podemos considerar que el pensamiento jurídico y la práctica judicial de los países socialistas son más o menos uniformes.

En la teoría marxista-leninista clásica, el estado es el producto de la historia y el instrumento de dominación de una clase social sobre otra. Dice Lenin: "Se crea una fuerza bien marcada, destacamentos especiales de hombres armados que guardan el estado al servicio de la clase de los opresores. Las formas sociales nuevas vienen al mundo, en el curso de la historia, por la violencia. El remplazo del estado burgués por el proletario es imposible sin una revolución violenta. Este estado proletario no habrá de durar eternamente. Al realizarse la sociedad comunista tendrá que desaparecer a su vez. Porque esta sociedad superior no necesitará esos procedimientos constrictivos."

En este período de transición —que dura siempre— el estado proletario crea un derecho penal cuya función es combatir a los enemigos del régimen y robustecer la dictadura del proletariado. Porque, para Lenin, el estado no es más que una máquina de guerra en las manos de una clase dirigente que para asegurar su dominio utiliza el derecho penal, con el fin de eliminar a los enemigos del estado.

Veamos cómo se expresa Lenin en su discurso sobre el estado, pronunciado ante los estudiantes de la Universidad de Sverdlosk e impreso en el diario *Pravda* en 1929: "Nos hemos llevado esta máquina —el estado— y con ella aplastaremos toda explotación, y cuando en la tierra no haya ya posibilidades de explotación, ni personas que tengan tierras y fábricas, ni personas ahitas frente a otras hambrientas, cuando cosas semejantes no sean ya posibles, entonces pondremos esta máquina en un rincón; y entonces ya no habrá estado, ni explotación."

Esta función opresiva del estado proletario culmina bajo el régimen de Stalin, cuya dictadura, según confiesa él mismo, "no está limitada por ninguna ley ni trabada por ninguna regla y se apoya en la violencia".

Dentro de esta perspectiva, el delito no es sino un reflejo de la lucha de clases, hecho social fundamental. Cuando la sociedad comunista sea una realidad, con la desaparición del estado desaparecerán igualmente los tribunales y los jueces. Los ciudadanos resolverán solos sus problemas. Pero, afirma en 1931 el jurista Stlivitzki, "durante este período transitorio, la función de la represión penal es acabar con los enemigos de clase y activar la disciplina de todos los trabajadores. Este nuevo derecho no tiene nada que ver con el derecho objetivo de las democracias liberales; es ante todo un arma de la clase dominante contra el que no respeta su orden social. Va encaminado a aniquilar todo cuanto se le oponga".

Nada se le escapa a este derecho: toda actividad fuera de la familia cae dentro de la competencia del estado (no hay propiedad privada de los medios de producción), y por lo tanto, toda infracción ¡es un delito contra el estado! Nada tiene de extraño por consiguiente que en el Código Penal de 1946 haya ciento cinco artículos relativos a la criminalidad política y cuarenta y tres solamente que se apliquen al derecho común. Las penas son asimismo mucho más severas para la primera categoría que para la segunda. El homicidio simple tiene por castigo una reclusión de 8 años máximo, mientras que muchos delitos de índole política o económica son castigados con la muerte. No hace mucho, recordemos, los "especuladores" fueron condenados a la pena capital. Y era que aprovechando las lagunas de la distribución de los bienes de consumo en Rusia habían fabricado mercancías y las habían vendido en beneficio propio. Acusados de querer reintroducir en el país el régimen capitalista, fueron ejecutados.

Los principios de la legalidad de delitos y penas están, pues, expresamente eliminados del sistema soviético. Es un derecho siempre en movimiento, en constante evolución, adaptado por el juez a las necesidades de la defensa del orden político soviético. Es la conciencia socialista la que guía al juez en la aplicación de las leyes y la elección de las penas, y su conciencia se inspirará en la ideología marxista-leninista del partido. Afirma Vishinski: "La ley del régimen socialista es una directiva política, y el juez debe aplicarla como la expresión política del partido y del gobierno."

El código soviético otorga grandes facultades administrativas extrajudiciales al estado. A propuesta del Ministerio Público, el tribunal puede exiliar a personas socialmente peligrosas sin que se hayan hecho diligencias penales contra ellas, y aun en el caso de haber sido absueltas de la acusación de haber cometido algún delito. En virtud de tales disposiciones y por simple medida de policía, fueron enviados, y lo son todavía, muchos ciudadanos a los campos de trabajo del norte de Siberia.

Desde el punto de vista de la democracia liberal, nos hallamos aquí ante un caso manifiesto de confusión entre las medidas de prevención y las de represión, entre la función administrativa y la policiaca; esta confusión suprime, de hecho, todo límite a la actividad represiva del poder.

Aunque estos artículos no hayan sido abrogados, la jurisprudencia ha limitado de todos modos su aplicación después de la muerte de Stalin. El nuevo código de procedimiento penal precisa incluso que un tribunal no puede infligir un castigo sino en el caso en que el acusado haya sido reconocido culpable de haber cometido un delito determinado.

Observemos por otra parte que las leyes que condenan las actividades políticas del régimen zarista son retroactivas y que por eso es inexistente el principio de la cosa juzgada. En caso de deserción militar, el Código Penal soviético restablece el principio de la responsabilidad colectiva. Los miembros de la familia del traidor pueden recibir penas de prisión de 5 a 10 años, que tal vez entrañen su envío a Siberia. Además, en materia de delito político no existe la prescripción.

Entre los delitos políticos observamos, en primer lugar, los contrarrevolucionarios. Según el artículo 58, se considera contrarrevolucionario todo acto que tiende a derribar, desquiciar o debilitar la seguridad exterior de la URSS y las conquistas económicas, políticas y sociales de la revolución proletaria. Además, en virtud de la solidaridad internacional del interés de los trabajadores, los mismos actos son igualmente considerados contrarrevolucionarios si son dirigidos contra cualquier otro estado proletario que no sea la URSS.

Vemos, pues, que nada impide al poder soviético, por mediación de sus tribunales, combatir, acusándolos de lo que le parezca y con una amplia gama de penas, a todos los enemigos del estado o los que tenga por tales. En suma, nada estorba en este código la eficacia de la represión deseada por el partido, y ninguna regla limita la voluntad del partido en el poder. De ahí que muchos ciudadanos pertenecientes a los partidos de oposición en los países de Europa oriental fueran detenidos por las tropas de ocupación soviéticas y condenados a severas penas en procesos a puerta cerrada.

Como la casi totalidad de la actividad económica y social depende del estado, toda actividad que va en detrimento de la eficacia o la buena marcha del sistema es reprimida por el derecho penal. Y así "la no ejecución consciente de obligaciones determinadas, o su ejecución voluntariamente descuidada con el designio especial de debilitar al poder soviético, es castigada".

Fácil es concebir la extensión y el abuso de interpretación que pueden dar a esta regla los tribunales.

La extremada reglamentación penal de la vida soviética aparece en las disposiciones que incriminan, por ejemplo, en los trabajadores del transporte, las simples infracciones a la disciplina del trabajo, si estas infracciones han podido acarrear la degradación o la destrucción de los materiales, la acumulación de vagones vacíos en los lugares de descarga, etc. Todas estas infracciones pueden ser castigadas con penas privativas de libertad por una duración máxima de diez años.

El negarse a ejecutar los servicios obligatorios (entregas de trigo por ejemplo), así como la indolencia en la ejecución de las labores (en el campo, en la fábrica o las oficinas administrativas) son castigados por la ley. La mala gestión de los asuntos, que puede poner en peligro la ejecución de los planes quinquenales, es también castigada por la ley, cuya severidad siempre es ejemplar.

En cuanto a la índole de las penas pronunciadas por los tribunales soviéticos, hemos visto que con frecuencia recurren a la pena capital. Debemos no obstante apuntar una de las particularidades del sistema, que es el trabajo correctivo. En el código del trabajo correctivo se clasifican los individuos según el peligro que representen para el poder soviético. La corrección o recuperación de los delincuentes políticos es uno de los principales objetivos de los campos de trabajo, situados por lo general en Siberia. Para los delincuentes políticos, considerados como los más empedernidos y peligrosos, estos campos están en la región polar, y el código dispone que los detenidos de derecho común pueden ser llamados para vigilar a los detenidos políticos. Como los funcionarios de los campos reciben una bonificación de 5% sobre la productividad de los detenidos, fácil es comprender a qué tipo de abusos se prestan *ipso facto* tales reglamentos.

Por lo que se refiere al procedimiento seguido por el código soviético, suprime de plano la independencia de la magistratura, considerada una concepción burguesa e hipócrita, destinada a enmascarar la dominación burguesa sobre la justicia de los países capitalistas. Según Vishinski, "El poder soviético exige de sus jueces la aplicación de la política de la dictadura del proletariado, que corresponde a los intereses de un pueblo socialista y que halla su expresión en las leyes socialistas. No hay que castrar a la justicia quitándole su contenido de clase; no hay contradicción entre la legalidad revolucionaria y la supresión de los enemigos de clase. La legalidad revolucionaria tiene por tarea organizar una justicia sumaria y suprimir a los enemigos de clase."

El procedimiento seguido ante los tribunales en caso de crímenes de estado es sumario. El proceso sólo sirve para completar los documentos y los testimonios preparados por la policía política. El tribunal puede poner fin a la audición de los testigos en cualquier momento y puede rechazar el alegato de la defensa y fundar su veredicto en documentos o testimonios no presentados en el proceso.

De todos modos, a partir del XX Congreso del Partido Comunista Soviético, en 1956, los sucesores de Stalin denunciaron los atentados a la legalidad socialista, y el XXII Congreso renovó esas condenaciones. Entre otras cosas declaraba que la URSS entra en una fase de desarrollo económico y debe adaptar su sistema jurídico a la nueva situación. Los abusos de poder, en particular las purgas de 1936-1939, fueron denunciados como causa de que perdieran la vida millones de ciudadanos. En un período de veinte años, este número oscilaría entre 15 y 20 millones.

Después de 1953 comenzó la disolución de los campos de recuperación correctiva, y se calcula que había entonces en ellos entre 7 y 8 millones de personas. Beria, el último comisario de asuntos exteriores de Stalin, fue acusado por el gobierno soviético de ser el responsable de la pérdida de cientos de miles de compatriotas suyos.

Pero la posición doctrinal del partido comunista sigue basada en el marxismo-leninismo tal y como acabamos de definirlo. La administración de la justicia, política y civil, sigue ahora como antes sometida a los intereses y las directivas del partido en el poder, y esto impone una severa limitación a la extensión de la legalidad de la actividad judicial, que evoluciona, ciertamente, pero no cambia en lo fundamental.

PERSPECTIVAS INTERNACIONALES DEL DELITO POLÍTICO

Los conceptos relativos al delito político tratados en los párrafos que anteceden están necesariamente sometidos a las aplicaciones draconianas en período de crisis. En este nivel conviene precisar la fundamental diferencia existente entre los delitos políticos internacionales, definidos con la denominación de crímenes de guerra y juzgados como tales, y los delitos políticos cometidos en un país dado.

En efecto, el 8 de agosto de 1945, proclamados los estatutos de Londres que preveían la creación del tribunal militar internacional de Nuremberg, los criminales alemanes fueron juzgados y condenados. Pero esta solución jurídica sólo pudo considerarse debido a la total supresión de la soberanía alemana por la capitulación incondicional.

El procedimiento seguido se inspiraba en el derecho acusatorio, y a los procesados se les concedieron las garantías consuetudinarias del derecho anglosajón. Se aseguró la publicidad del proceso, y también se hicieron formalidades minuciosas en la presentación de la prueba por la acusación.

De todos modos, la innovación más importante de los estatutos de Londres consiste en el reconocimiento del individuo como sujeto del derecho internacional, así como el de la responsabilidad penal individual por los actos criminales cometidos, en nombre del estado y por su cuenta, por sus agentes o representantes.

Las críticas principales que se le han hecho a los estatutos de Londres destacan la transgresión del principio de la legalidad de los delitos y las penas, dada la ausencia de legislación penal positiva en el plano internacional. Mencionan la retroactividad de los delitos y el negarse a aceptar la irresponsabilidad del agente que ejecuta la orden de sus superiores jerárquicos (estando todo el poder concentrado, como vimos, en manos del Führer, de modo que los jefes sólo eran, de acuerdo con el derecho alemán, meros ejecutantes).

Pero estos argumentos no resisten al examen: los actos que se reprochaban a los criminales de guerra hirieron la conciencia universal de los países civilizados, empeñados en proteger los imprescriptibles derechos de los pueblos. Como se vio en el proceso de Eichman en Israel en 1961, nadie puede considerarse obligado a ejecutar órdenes que violan manifiestamente derechos fundamentales de los seres humanos.

Es de desear que los estatutos de Londres puedan convertirse en el punto de partida de una legislación penal internacional positiva, que se constituya para ello un tribunal (como el de La Haya) y pueda estatuir tanto sobre los actos cometidos por los individuos en nombre de un estado como sobre los crímenes de violencia o terrorismo respecto de un país o de una sociedad dada.

Como hemos visto anteriormente, se puede distinguir entre los estados donde las teorías fundamentales de las estructuras sociopolíticas implican una severidad particular y una sumisión total del poder legislativo y los estados liberales, cuya filosofía no es nada parecida. De todos modos son estos últimos los que más pueden padecer en sus estructuras por crisis súbitas de terrorismo, porque no tienen una legislación susceptible de contener o reprimir atentados semejantes y al mismo tiempo preservar las libertades individuales de los ciudadanos que consideran prioritarias.

Ejemplos concretos demuestran que un estado liberal cuyas estructuras están emparentadas con los modos de legislación anglosajona no tiene más remedio que cometer abusos en tiempo de crisis: al no disponer de los instrumentos indispensables para su protección ha de ampliar bruscamente las facultades de la policía, lo que acarrea ciertas formas de injusticia particularmente difíciles de corregir.

Es interesante observar al respecto que en algunnos países, como Suecia o Canadá, se han esforzado en crear conceptos particulares destinados, según el modo de ver original del legislador, a proteger a los ciudadanos contra las arbitrariedades del estado. Más concretamente, se trata de una suerte de legislación suprema, como la Carta de los Derechos del Hombre, y de una función especial, la del *ombudsman,* que en Quebec se transforma en el Protector del Ciudadano.

De todos modos, algunos ejemplos tomados de la historia reciente demuestran que ni la Carta de los Derechos del Hombre ni siquiera la legislación garantizan ciertas facultades particulares al Protector del Ciudadano, ni bastan tampoco para eliminar el tipo de abusos inherentes en cierto modo al estado de crisis. Citemos al respecto las violentas manifestaciones de estudiantes ocurridas en Estocolmo en el otoño de 1967, lo mismo que los sucesos de octubre de 1970 en Canadá; y ya se saben los efectos directos e indirectos que acarrearon.

Las represiones abusivas actuales son ciertamente menos dramáticas que en el pasado, en que terminaban por linchamientos o por ejecuciones públicas, particularmente apreciadas por el populacho. En aquella época, los condenados vilipendiados por la multitud mientras expiaban sus penas se convertían unos decenios después, y a título póstumo, en héroes cuyos nombres conservaba la Historia.

Por lo demás, el fenómeno de la versatilidad de los sentimientos de la opinión pública sobrexcitada es común a las democracias liberales y los países totalitarios (aunque en su contexto, estas manifestaciones de reacción a posteriori suelen aparecer mucho después, a favor de un "deshielo" de la censura), y sólo sus formas exteriores varían. Y así, por ejemplo, en nuestras civilizaciones modernas, aunque las fuerzas del orden suelen evitar los linchamientos, no por eso deja de haber abusos en la represión. Por ejemplo, los interesados no siempre logran contar con los servicios de un abogado defensor, son sometidos a interrogatorios prolongados y a tratos indebidos, mientras que su familia es objeto de una hostilidad general.

En cuanto a la reacción de los poderes públicos implicados, los precedentes demuestran hasta qué punto es difícil para el estado, por muy liberal y tolerante que sea, defender sus estructuras y al mismo tiempo tener en cuenta los imperativos de la preservación de los derechos civiles de los ciudadanos. En general, los poderes judiciales dejan paso a los policiacos y la situación de crisis favorece las injusticias tanto en lo tocante a los modos de averiguación y encarcelación como a la presentación de la prueba en el momento del proceso.

¿Es posible con el tiempo eliminar los abusos de este tipo que acompañan a la situación de crisis y que falsean el verdadero sentido de la democracia?

El período que se sitúa entre la última guerra mundial y la época actual indica una tendencia a elaborar soluciones internacionales aplicables tanto a ciertos fenómenos de la tolerancia como a algunas categorías particulares de delincuencia o de nocividad pública. Y así, por ejemplo, se hacen esfuerzos por promover el entendimiento sobre la represión de la piratería aérea mientras por otra parte se avanza hacia el reconocimiento internacional del derecho de asilo. Este derecho, debido en otro tiempo a la intervención de las autoridades eclesiásticas, es ahora privativo de los estados, que lo conceden o niegan, teniendo en cuenta la gravedad de los delitos o la índole de la infracción.

En los Estados Unidos, las leyes de inmigración declaran indeseables a los anarquistas y a los extremistas, pero la Rusia soviética concede en principio el derecho de asilo a todo extranjero perseguido por delito político o religioso. Destaquemos asimismo que el derecho de asilo fue concedido en los últimos años, en varios casos de delitos políticos, tanto por Inglaterra como por Francia, España, Suecia o Cuba.

Puede uno entonces preguntarse si la ampliación progresiva de los acuerdos internacionales al respecto permitiría la creación de un tribunal internacional, o bien de una corte supranacional, encargada de juzgar con toda objetividad, y fuera de las influencias de una opinión pública nacional, las causas de los terroristas.

La ventaja de una corte supranacional de este tipo sería que quitaría a los gobiernos liberales la penosa obligación de promulgar legislaciones represivas, al mismo tiempo que los protegería de las actividades de los movimientos minoritarios, partidarios de la violencia, que el contexto de un estado plenamente democrático no podría tolerar. Sin ser pesimistas, es preciso tener en cuenta el peligro que representan ciertas manifestaciones de masas como las que se propagan, por ejemplo, en los Estados Unidos, y que son perjudiciales para la democracia.

En efecto, el principal peligro de estos fenómenos está en que representan una amenaza para toda la filosofía liberal, que tanto costó a algunos países occidentales y que es preciso defender a toda costa, siendo sin duda la mayor victoria del hombre y del ciudadano sobre el concepto político del "príncipe".

Por consiguiente, la internacionalización de algunos modos de acción de la justicia no debe considerarse como un atentado contra la autonomía de los estados sino más bien como una protección contra el retorno de esquemas represivos que esos mismos estados denunciaron muchas veces, sin preocuparse a priori del riesgo de volver cuestionable su propia autoridad...

Desde hace unos diez años se asiste a un recrudecimiento de la criminalidad por motivos ideológicos, calificado, muy impropiamente, de "terrorismo". Uno de los principales métodos de los terroristas, aparte de los atentados perpetrados contra individuos o grupos, consiste en tomar rehenes. Es interesante observar que entre 1968 y 1975, solamente 250 personas fueron víctimas de agresiones terroristas (incluyendo los rehenes asesinados). Pese a la relativa modestia de esta cifra, que no rebasa la tasa anual de homicidios de una gran ciudad norteamericana, el temor suscitado por el terrorismo es considerable.

Efectivamente, la función principal de la agresión terrorista es de orden simbólico. Se trata de hacer ver la vulnerabilidad de un orden social y político que una minoría ha decidido combatir por todos los medios. El recurso a métodos propios de una guerra civil se justifica, para los guerrilleros, dentro del sistema político. En los países en vías de desarrollo, caracterizados por desigualdades socioeconómicas, duplicadas a veces por desigualdades étnicas, es la represión de un régimen autoritario la que "legitima" la acción terrorista. En los países de estructura democrática liberal o social, es la indiferencia de las grandes masas y de los gobernantes respecto de los objetivos de las minorías activas (que representan los intereses de clase, de etnia, de sexo, etc.) lo que motiva la agresión terrorista. En los dos casos, se trata por parte de los agresores de motivaciones altruistas, opuestas a las motivaciones egoístas propias de los delitos de derecho común. Es esta motivación la que atrae por lo demás la simpatía de una parte de la prensa y de la opinión pública. Esta simpatía hace particularmente delicado y a veces controvertido el papel de los órganos de protección social (Ministerio Público, policía, tribunales).

Algunos han señalado el carácter teatral de la agresión terrorista: se trata de presentar al público el proceso de personas pertenecientes a los grupos dirigentes, a las "élites" de la sociedad establecida. Como se considera ésta represiva, inicua e ilegítima, un "tribunal del pueblo" juzga con métodos revolucionarios a los culpables del "sistema". Al aceptar las confrontaciones con los terroristas, en el terreno escogido por ellos, los poderes públicos se exponen sin duda a identificarse con los papeles que les han destinado, en un guión cuidadosamente preparado, sus adversarios.

El carácter internacional de la acción terrorista indica la vulnerabilidad de los estados incapaces de proteger eficazmente el derecho de las personas, teniendo en cuenta los escasos adelantos de la legislación supranacional. Muchos grupos minoritarios consideran así "rentable" llevar su acción reivindicativa fuera de las fronteras nacionales. Se aseguran un alto grado de impunidad al aprovechar los conflictos entre estados, la complejidad de ciertas potencias, así como la inexistencia de autoridades supranacionales capaces de contener o reprimir sus actividades.

Pese al recrudecimiento del interés por el estudio criminológico del terrorismo contemporáneo [R. Crelinsten, D. Laberge-Altmejd y D. Szabó, 1977], los conocimientos psicológicos sobre los tipos de terroristas son raros y provisionales [C. Dobson, R. Payne, 1977]. Los estudios históricos y sociológicos relativos a la aparición de las actividades terroristas y sus corolarios solamente permiten una conclusión: que no hay reglas universales para la aparición, el desarrollo, el triunfo o el fracaso de las actividades terroristas. Por cada grupo "terrorista" que llega a ejercer un poder legitimado por los fusiles, decenas de otros acaban destruidos o caen en la oscuridad que la Historia reserva para la inmensa mayoría de las rebeliones de minorías real o supuestamente oprimidas.

El estudio criminológico de las causas y los tipos de terrorismo apenas empieza, pero en cambio es bastante apreciable el impacto producido por la acción terrorista en el sistema de justicia criminal. Independientemente del terrorismo en los países en vías de desarrollo (entre ellos Palestina), la reacción policiaca, judicial y penitenciaria está particularmente preparada para hacer frente a la acción "subversiva" y "violenta" ejecutada por un motivo político. En la práctica es imposible marcar las fronteras en el ejercicio de una oposición o disidencia política "legal" que podría convertirse en "ilegal". Y así en el campo del espionaje y la vigilancia se multiplican los escándalos de tipo *Watergate* o *Canard enchainé*. En Quebec, la policía *recoge* o se *incauta* de las declaraciones de ciudadanos ante la comisión parlamentaria acerca de la legislación lingüística. La zona gris entre la acción política legítima y la subversiva se ensancha en las sociedades parcialmente integradas. Invaden todos los campos, como Italia o Argentina, que se acercan al tipo no integrado. Uno de los objetivos de la acción terrorista es demostrar las contradicciones entre libertades "formales" y realidad de la represión en las democracias liberales y sociales. Este objetivo es alcanzado por lo menos parcialmente en lo tocante a la acción de la policía en la medida en que es preventiva. Efectivamente, el derecho y la libertad de los ciudadanos padecen grave menoscabo por ese hecho.

En cuanto a las leyes y su aplicación por los tribunales, han sido sistemáticamente objeto de ludibrio en los procesos de los activistas, tanto en Estados Unidos como en Alemania o Italia. Los jueces tenían que hacer desalojar la sala, poner al acusado bajo una protección especial o mandarlo a su celda para juzgarlo *in absentia*. Se trata de graves infracciones a las reglas del procedimiento judicial. Todas estas transgresiones, deliberadamente provocadas, alimentan los debates donde los inculpados y sus abogados denuncian la injusticia y la ilegalidad del proceso. La creación de tribunales especiales, de "orden público" o de "seguridad del estado", no hace más que agravar el carácter antidemocrático del proceso. Al mismo tiempo lleva agua al molino de los que quieren precisamente poner de manifiesto el carácter antidemocrático del sistema social y judiciario.

Las dificultades con que tropieza el sistema penitenciario con la encarcelación de los terroristas son tan considerables como las que tienen los otros servicios del sistema de administración de la justicia. En efecto, el terrorista no sólo hace un papel de prosélito frente a los demás detenidos (en Irlanda del Norte, Italia, California, por ejemplo) sino que su condición especial dentro de la prisión suscita el descontento de los demás en lo que parece tener de privilegiada (visitas, exención del trabajo, tipo de vida "intelectual", etc.). Su situación provoca por otra parte las protestas de sus compañeros en libertad si les parece muy rigurosa (aislamiento celular del grupo Baader-Meinhof en Alemania Federal).

Por consiguiente, cualquiera que sea la solución practicada por la policía, los tribunales y los servicios penitenciarios, será combatida en nombre de aquellos mismos principios que profesa la administración de justicia en los regímenes liberales y socialdemócratas. Porque en verdad, esos principios son muchas veces pisoteados en la lucha contra los adversarios de los regímenes democráticos. La técnica de éstos consiste precisamente en la subversión de los salvaguardias habitualmente garantizados en los procedimientos penales.

Es particularmente instructivo examinar los efectos del terrorismo en diversos modelos de justicia criminal. El modelo médico, basado en el principio del tratamiento (voluntario o impuesto) es manifiestamente impracticable en relación con el delincuente por motivos políticos. No sólo aparece todo esfuerzo de "resocialización" como un lavado de cerebro, como en el caso de los prisioneros de guerra norteamericanos en Corea y Vietnam, sino que enjuicia asimismo la significación y la dignidad del acto planteado por el condenado, acto heroico para él. El modelo judicial que dispone, para defender a la sociedad, sanciones retributivas a los actos terroristas crea sin duda grandes problemas a las autoridades penitenciarias. Pero su principal justificación se basa en la amenaza que representa para el delincuente potencial. El fanatismo y el espíritu de sacrificio que caracterizan al delincuente por causas ideológicas no retroceden gran cosa ante la amenaza judicial. De todos modos, como para el resto de la población "criminal", es probable que nunca sepamos su verdadera proporción con relación al total de los terroristas.

El modelo preventivo, raramente evocado y más raramente aplicado, no gira en torno a la persona del delincuente ni a la amenaza penal sino al objeto de una posible agresión criminal. Según este modelo, se trata de hacer muy difícil o imposible que el delincuente potencial alcance su objetivo. Con este motivo han aumentado considerablemente su servicio de seguridad los grandes almacenes o los bancos, a fin de proteger su mercancía o su caja. Algunos urbanistas han propuesto la construcción o la disposición urbana que eliminaría las ocasiones de criminalidad [O. Newman, 1972]. Por la misma razón se han aumentado los servicios de seguridad cerca de las embajadas, en los aeropuertos, en torno a los hombres públicos, etcétera.

Y así, la dificultad de tener acceso a las aeronaves armado ha limitado efectivamente las agresiones terroristas. Ha hecho también algunos progresos el aumento de la cooperación internacional en la lucha contra la piratería aérea (véase el reciente convenio cubano-norteamericano). No obstante, parece incontestable que haya sido el *target hardening*, la mayor dificultad de éxito en el acto criminal, el elemento decisivo en el triunfo del modelo preventivo.

Fácil es comprender la importancia del peligro que el pirateo de los aviones hacía cernerse tanto sobre la vida como sobre el bolsillo de la sección importante e influyente de la sociedad. Era necesario el reconocimiento de este peligro por parte de la opinión pública y los gobiernos, la industria y los partidos políticos, para poner por obra medios tan costosos y trabas tan serias a la libertad de circulación. Cada viajero aéreo es testigo de la voluntad de cooperación manifestada por el público para asegurar el éxito de las medidas preventivas adoptadas.

Sin embargo, salta a la vista el inconveniente de este modelo: la estrategia terrorista tiende a adaptarse y a modificarse. Se desplaza el objetivo: en lugar de los aviones, serán los trenes, los autobuses, las escuelas los atacados. ¿Hasta qué límites se impondrá la sociedad elevados gastos y considerables restricciones a las libertades para protegerse contra eventuales agresiones terroristas? La cuestión sigue planteada y las respuestas hipotéticas no dejan de angustiar a ciudadanos y criminólogos en este fin de siglo.

Porque la vulnerabilidad de nuestras sociedades en materia de agresión o chantaje terrorista es todavía considerable. El éxito de los ataques terroristas sólo se asemeja al de la Mafia: las sociedades liberales, debido a su naturaleza intrínseca, están muy mal pertrechadas para asegurar su propia defensa.

No sin cierto encogimiento del corazón podemos parafrasear aquella célebre frase de Churchill [1941], acerca de los heroicos pilotos de la batalla de Inglaterra: "Nunca tantos debieron tanto a tan pocos." Nunca tantos estuvieron expuestos con tan poca defensa a la amenaza (muy plausible y eficaz) de tan pocos... Entre los muchos dilemas de la criminología contemporánea, los que plantea el terrorismo al sistema de justicia penal y por consiguiente a nuestras instituciones democráticas siguen siendo los más angustiosos.

8. REMEDIOS Y RESPONSABILIDADES: LOS ELEMENTOS CONSTITUTIVOS DE UNA POLÍTICA DE LO CRIMINAL

Durante mucho tiempo, la reacción de la sociedad a la actividad criminal fue exclusivamente pasional y nada razonada. Atentado contra el orden divino: se purgaba de sus malas tendencias a la sociedad por el exorcismo. Atentado contra la persona del soberano: la sanción era aflictiva y la dominaba la "razón de estado". Finalmente, desde fines del siglo XVIII, por influencia de las doctrinas del derecho natural, se instauró el imperio del sistema general del derecho. Este período presenció el reinado de la regla de derecho.

Una concepción del hombre subtendía los códigos penales de los países europeos cristalizados en el curso del siglo XIX; fue la de los enciclopedistas y de los grandes filósofos liberales y utilitaristas. El hombre eminentemente razonable y libre de decidir infringía las reglas que la sociedad se había impuesto para proteger el eficaz ejercicio de la libertad por cada uno de sus miembros. El crimen, deliberadamente escogido por el hombre dotado de razón en virtud de su libre albedrío, era testimonio de su responsabilidad personal. Se consideraba el delito como una entidad jurídica. Separado de la persona de su autor, sólo era un problema de derecho. Por influencia de las ciencias sociales nacientes, a partir de la segunda mitad del siglo XIX nacen otras teorías jurídicas. Para ellas, el delito era una entidad de hecho que se podía someter al mismo análisis que los demás hechos sociales. A la juridicidad excesiva de la escuela de derecho penal llamada clásica se opone una política de lo criminal que quiere "desjuridizar" las nociones fundamentales de política de lo criminal. Según el dicho de Marc Ancel [1971], "convenía buscar, no ya la punición abstracta del acto culpable sino el *tratamiento* de la delincuencia con una perspectiva concreta de reacción humana anticriminal".

La política de lo criminal se distinguió durante mucho tiempo por el dogmatismo en lo teórico y la inepcia en la práctica. En el plano teórico fue encerrada en el dilema: responsabilidad moral-culpabilidad por una parte, punición-expiación-reincidencia por la otra. En el plano práctico, se encastillaba en los votos píos. Relegada a los manuales de derecho penal, sus problemas eran propiedad exclusiva de las autoridades judiciales y penitenciarias.

El plantear la criminalidad como un problema social abre sin duda otras perspectivas. La política criminal se convierte en capítulo de la política social. Al mismo tiempo aparece la interdependencia entre la criminalidad y el contexto socioeconómico ambiente; entonces se pueden sacar las consecuencias en cuanto a medidas de prevención, cuestiones administrativas y medidas curativas.

¿Cuáles son los datos del problema? Examinaremos sucesivamente el papel de la ley y del derecho penal en la sociedad, el problema de los efectos de la sanción penal, la administración de la justicia, su eficacia y finalmente, el problema de la prevención social del crimen.

EL PAPEL DE LA LEY

Son funciones tradicionales de la ley la protección de la vida, de la integridad corporal, del honor, de la vida privada y de la propiedad de los ciudadanos, la salvaguardia del interés superior del estado y de la propiedad colectiva. Pero según se está viendo, cambian las convenciones y los sistemas de valores que la ley está destinada a proteger, y aparecen nuevos aspectos. La criminalidad económica, por ejemplo, con las infracciones a las leyes sobre las sociedades comerciales, la fiscalidad, la observancia de las reglas de la competición y del mercado, es un sector todavía mal explorado. Escapa a una atención legislativa suficiente y a una represión eficaz por los órganos apropiados. Son asimismo poco combatidos los abusos de autoridad por parte de la administración, en particular los relativos a los derechos del hombre (espionaje electrónico, intercepción de comunicación postal, establecimiento de listas negras con vistas a una acción discriminatoria). El ciudadano, víctima de la burocracia, tiene pocos recursos en el sistema de las leyes actuales.

Finalmente, la concepción contemporánea de la justicia social difiere de la de ayer. Hay una tendencia más fuerte a reclamar la igualdad efectiva de los ciudadanos, mientras que las leyes suelen proteger el *statu quo*. La impunidad de ciertos actos, la protección de que gozan algunos delincuentes, la eficacia de los plagios de que son víctimas personas inocentes, contribuyen a desacreditar a las leyes y a poner en duda su legitimidad, que en gran parte debe basarse en el consentimiento profundo y tácito de la población a los valores que encarna. Es una de las grandes tareas de la política criminal el sondear activamente los diversos estratos de la población para ajustar las leyes y las legislaciones actuales al sentido de la justicia.

LOS OBJETIVOS DE LA SANCIÓN PENAL

Son la intimidación o disuasión, la eliminación o neutralización y la enmienda o punición. En la mente de quien se plantea los efectos actuales de esta triple finalidad surgen serias dudas.

Basta abrir el periódico o el aparato de radio para comprender el grado de inseguridad que reina en ciertos distritos de nuestras grandes ciudades, en los arrabales de varias conurbaciones. Si la sanción impide cada vez menos que los autores potenciales de actos criminales los cometan, ¿para qué sirve? La tasa de identificación de los autores de actos criminales por la policía en varias grandes metrópolis no suele pasar de 10%. Dos tercios de los homicidios quedan sin castigo en muchas ciudades norteamericanas, y las cifras son aún más elevadas para las violaciones o los robos a mano armada. ¿Es esto imputable a la ineficacia de los servicios de policía? ¿Al ministerio público o los tribunales? ¿A la astucia particular o el crecido número de los criminales? O bien, como con algunos virus que se vuelven resistentes a ciertos medicamentos, ¿aguanta más el criminal de nuestros días frente a la intimidación? No hay respuesta clara, científicamente averiguada, a esta cuestión.

Antiguamente, la eliminación del criminal se basaba en métodos radicales. A los elementos indeseables o criminales se les ejecutaba, mutilaba, deportaba o enrolaba por la fuerza en los ejércitos. Desde que se les encierra en una prisión, la única virtud del aislamiento de la sociedad ha ido pareciendo moral y materialmente insuficiente a una fracción cada vez mayor de la población. Pero dejemos para más adelante el problema de las prisiones.

Finalmente, la enmienda y la resocialización, a las que se atribuía una enorme importancia, al menos en principio, han resultado hasta ahora inoperantes en el medio ambiente carcelario. No sólo se comprueba la creciente proporción de detenidos que se rebelan contra la sociedad y por consiguiente se niegan a la resocializacion sino que, en aquellos que presentan síntomas de trastornos psico o sociopatológicos, las condiciones carcelarias excluyen toda rehabilitación en la práctica.

EL PAPEL DE LA ADMINISTRACIÓN DE JUSTICIA

La administración de justicia ha constituido durante mucho tiempo la parte más tradicional del aparato del estado. Si comparamos el personal y los lugares físicos donde se desarrollan la administración de las finanzas, de las obras públicas o de la agricultura con los de hace cincuenta años advertimos inmediatamente grandes diferencias. No sólo observamos el recurso sistemático a las técnicas de comunicación y gestión más modernas sino que el personal que ahí labora es mucho más diversificado desde el punto de vista de la formación y la especialización profesionales.

Comparemos ahora el tribunal o el ministerio público, y aun a veces la delegación de policía, con los de hace cien años. Por lo general observaremos poca diferencia. El mundo ha cambiado y la justicia no; y ésta en realidad, ha retrocedido. No es lugar aquí para sacar a relucir todos los problemas que aplastan a la administración de justicia y que por lo demás se ponen a la vista en las columnas de los periódicos. No sólo se padece de desajuste entre leyes, reglamentos de aplicación y realidad social sino que la administración de justicia lleva impreso el sello de la subadministración. Raramente dispone de más del 3 o 4% del presupuesto nacional. Como es un servicio no productivo, políticamente poco rentable en nuestras democracias parlamentarias, donde solicitan el interés del legislador necesidades sin cuento, la administración de justicia es la parienta pobre de los servicios estatales.

De todos modos, hace quince años que se advierte alguna evolución. Señalemos sumariamente los grandes rasgos de una reforma de la administración de justicia: ante todo está la integración de los objetivos de los diversos subsistemas en un conjunto coherente. Policía, tribunal y prisión no se veían asignar ni por la ley ni por los hábitos y reglamentos administrativos objetivos socialmente coherentes. De ahí la situación, bien conocida, del conflicto entre los objetivos de unos y los de otros. El policía arrestaba, el magistrado condenaba y el carcelero encerraba. Nadie parecía preocuparse por el efecto de su acción en el conjunto del sistema judicial, ni del social. Pero cada miembro encargado de la protección de la sociedad en la administración de justicia debe ser al mismo tiempo un educador y un juez, un hombre que ejerce poderes disciplinarios y un trabajador social. La complejidad de los problemas que confrontan los funcionarios no tolera la atribución parcelaria de las funciones.

Está también la necesidad de reformar de modo permanente la ley para adaptarla a los cambios de las necesidades y las condiciones sociales. Toda una serie de conductas podría ser justiciable ante instancias socioadministrativas en lugar de serlo ante el aparato judicial, por ejemplo el alcoholismo, el uso de las drogas, los delitos contra la moral, los delitos de los jóvenes. Otros servicios podrían crearse, dotados de medios de intervención eficaces: lucha contra el fraude y la corrupción, contra el crimen organizado, por ejemplo. La protección sistemática de los derechos de las personas debe mantenerse, asegurándose de que la detención preventiva se reduzca al estricto mínimo, que cada acusado sea representado por un abogado, que la fianza no sea letra muerta por falta de medios materiales del acusado. Es una imperiosa necesidad suplementaria el recurso sistemático a sanciones distintas de la privación de libertad por el encarcelamiento. Hay muchas medidas de alcance social, moralmente positivas, que se trata de introducir en el código. Sabiendo que más de la mitad de las personas encarceladas lo son por no haber podido pagar la multa, y que no representan un verdadero peligro para la sociedad, se puede estimar que el legislador y el público no tienen excusa por tolerar semejante situación. Anotemos que aquí no tiene nada que ver la sanción, sino sólo el modo como es ejecutada.

LA PREVENCIÓN SOCIAL DEL CRIMEN

La prevención del crimen es probablemente el elemento que mejor integra la política criminal en la social. Porque nadie sostiene ya actualmente que la ley por sí sola, con ayuda de quienes la aplican, baste para impedir el crimen. Suele reconocerse que sin las medidas sociales apropiadas, no hay prevención que valga. Indiquemos rápidamente los grandes capítulos de la política de prevención criminal .

Ante todo, la familia. La salud física y mental de la futura madre es tan importante como la armonía de la atmósfera familiar. Estudios realizados en Boston indican que más de la mitad de los trastornos de la personalidad en el adulto están ligados en su origen a un mal funcionamiento fisiológico no advertido en el niño.

La detección a la más tierna edad permite reducir las consecuencias nefastas. La higiene social preventiva forma parte, pues, con una política familiar, de la prevención del crimen.

Retienen la atención los servicios sociales de los distritos, en particular en los grandes conjuntos urbanos y en los medios escolares. Muchos barrios urbanos carecen de equipamiento apropiado para los ocios y entregan a la juventud, que suele ser la parte más vulnerable, a la ociosidad o el aburrimiento. Y el aburrimiento colectivo es muy mal consejero. En ciertas escuelas, igualmente, se han vuelto endémicos el vandalismo y las agresiones. Destaquemos al respecto tan sólo la importancia de una política preventiva en el nivel de las escuelas y de las zonas de vecindario urbano.

El mercado del trabajo es de una importancia vital para los jóvenes adultos en particular. Con mucha frecuencia, la ausencia de empleo estable es el empujoncito que pone en marcha una carrera criminal. Como se sabe, la tasa de desempleo es dos o tres veces más elevada entre los jóvenes que en las demás categorías de edad. Una política del empleo, sumas disponibles para ofrecer trabajo estival, como es el caso en Canadá, tienen un efecto preventivo seguro.

Finalmente, hay la asistencia pospenal: los esfuerzos de la comunidad deberían ser movilizados y unidos a los del estado para ofrecer una segunda oportunidad a los detenidos liberados.

En los países socialistas, en particular, se concede la mayor importancia a la reintegración a la comunidad del prisionero liberado por el trabajo. Algunas empresas celebran convenios con los establecimientos penitenciarios o aseguran una prioridad de empleo a los excarcelados.

De este examen, muy esquemático, se desprende sin embargo que un país cuya política social gira en torno al respeto de los derechos de las personas y que hace esfuerzos por satisfacer las necesidades elementales de seguridad económica, social y sanitaria tiene, por eso mismo, una política criminal preventiva.

Los límites de tal política son sin embargo evidentes. Las desigualdades sociales están ancladas en las estructuras y las organizaciones sociales de los países capitalistas. Sus efectos se reflejan en la desigualdad de las tasas de criminalidad según las clases sociales. Aunque haya habido una mejoría desde hace un cuarto de siglo, la criminalidad es todavía en gran medida un problema "social", o sea el problema de la miseria moral y material. A pesar del "estado de bienestar", tan difundido después de la segunda guerra mundial incluso en la América anglosajona, la criminalidad sigue visiblemente rebelde tanto a la represión como a la prevención.

La opinión pública, cuyas presiones orientan al legislador y al gobierno, es indiferente, o bien hostil, a una política de lo criminal preventiva. Finalmente, el espíritu mismo de nuestras leyes, basado en el respeto a la iniciativa privada y la responsabilidad individual, prescribe límites estrictos a la intervención de los poderes públicos: el ejemplo más asombroso es la larga y vana lucha de la administración norteamericana por lograr el control de las armas de fuego.

El punto central de una política social preventiva es el papel de la prisión en la sociedad contemporánea. Los fracasos de todas las reformas intentadas hasta ahora ilustran la dificultad y complejidad desalentadoras de los problemas a que se enfrentan los criminólogos y los hombres públicos. Los accesos de fiebre que dramatizan las rebeliones sangrientas ilustran trágicamente los datos del problema.

La rebelión en las prisiones es el ejemplo del fracaso del sistema. Para unos, es la rebelión de los parias de la tierra; para otros, el grito desesperado de una humanidad caída y abandonada. Otros más ven en ella los síntomas de una conspiración contra el orden social, la unión de un "lumpen" de intelectuales con los matasietes empeñados en justificar sus carreras criminales. La llamarada de violencia que incendió el mundo lúgubre de las prisiones en 1971 no tuvo fronteras. Como con otros fenómenos de violencia, la comunicación electrónica difundió no sólo las noticias sino también los modelos a escala del planeta. La razón es bien sencilla: a las mismas causas corresponden los mismos efectos. Clairvaux, Bologne y Attica son tres facetas de una misma realidad, la del universo carcelario. Horror y muladar universal, el mundo de las prisiones es con el campo de concentración el gran hallazgo de los tiempos modernos para remplazar las prácticas, consideradas bárbaras, pero milenarias, de exterminio, de deportación y de sujeción.

Tomemos Attica como símbolo y busquemos nuestros ejemplos en la historia norteamericana, ya que el sistema penitenciario actualmente en vigor en el mundo occidental es de origen norteamericano. El ilustre viajero francés Alexis de Tocqueville, al principiar el siglo XIX, se hace lenguas de las penitenciarías norteamericanas, que propone como modelos a Francia y los demás países europeos. Carlos Dickens, cuyas páginas sobre las prisiones inglesas hicieron llorar a generaciones de hombres de corazón sensible, observa en ocasión de una visita a Filadelfia en 1842 que aparte las cataratas del Niágara, la visita de las penitenciarías era lo que más le atraía a las riberas americanas. ¿Qué fue entonces de aquella prisión modelo norteamericana, que contenía tan grandes esperanzas y que los cuáqueros de Filadelfia concretizaron en 1790 en la famosa prisión de la calle de los Nogales?

El motín y la matanza de Attica, en septiembre de 1971, costaron la vida a 43 personas, entre ellas diez guardianes tomados como rehenes pero que cayeron víctimas de las balas disparadas por las fuerzas del orden. El horror suscitado por el suceso hizo que condenaran las instituciones penitenciarias norteamericanas personas de filosofías tan diferentes como el presidente de la Suprema Corte, Warren Burger, el defensor de los derechos del hombre, Ramsey Clark, y el escritor Truman Capote. El veredicto fue unánime: el bicentenario sistema penitenciario, otrora modelo de humanidad, está en quiebra. Mas aunque el veredicto fuera unánime, las razones eran diferentes.

Esbocémoslas de modo muy esquemático, apuntando de todos modos que las mismas razones pueden ser —y son efectivamente— invocadas por la izquierda y por la derecha. La primera culpa más fácilmente al "sistema" y la segunda de preferencia "al hombre y sus propensiones".

a] La incoherencia en los objetivos de la prisión, que debe castigar o hacer expiar, curar o rehabilitar, y segregar o aislar de la comunidad. Es evidente que las contradicciones entre estos tres objetivos neutralizan los efectos de cada uno de ellos en particular. Si se castiga, ¿cómo justificar cuidados ergo, psico o socioterapéuticos que deben preparar al individuo a volver a la sociedad? Si lo segregamos, ¿cómo procederá al aprendizaje del uso socialmente aceptable de la libertad? Dicho de otro modo: ¿cómo enseñar a volar en un submarino a los aspirantes a aviadores? Con la elevación del nivel de instrucción de los detenidos, las contradicciones y la hipocresía del sistema que de él resultan provocan amargura y resentimiento crecientes.

b] El régimen de vida en el interior de las prisiones de seguridad máxima no ha cambiado desde 1819, fecha en que se instauró la reforma de Auburn. Los detenidos pasan de 14 a 17 horas al día aislados en sus celdas. El trabajo, de 5 horas, consiste en ejercicios que por lo general no tienen ingún interés, ejecutados por una remuneración simbólica. Los desplazamientos en el interior de la institución se efectúan siempre bajo vigilancia y el recreo se realiza colectivamente por masas de 500 personas, en patios cuadrados y desnudos. Se suprime toda vida sexual normal, se censuran las comunicaciones con el exterior, y se imponen unos uniformes envilecedores. La etiqueta de "criminal", "forzado" y "presidiario", continuamente utilizada para designar a los ex detenidos, es un obstáculo casi insuperable para su reinstalación social.

c] Debido a la utilización masiva de la probación, a la liberación anticipada por buena conducta, a la descriminalización anticipada de ciertas conductas, la población penitenciaria se ha vuelto más difícil de manejar. Y si el régimen de vida no ha cambiado gran cosa, el régimen de "tratamiento" dispensado por la administración es asimismo de un estancamiento desalentador. La cuantía del personal educador, reeducador y sanitario sigue siendo ínfima. Experiencias como la creación de comunas terapéuticas han abortado casi siempre por falta de apoyo apropiado de parte de las autoridades.

d] El simple tamaño de las instituciones las condena muchas veces a un régimen casi de campo de concentración. La arquitectura carcelaria y un cálculo de rentabilidad sumamente miope nos han dotado de instituciones monstruosas que alojan a varios miles de detenidos. Cualquier régimen puesto a prueba en semejante medio tendría que terminar en fracasos sonados. El criterio de seguridad es el único que domina el modo de vida.

e] Las injusticias y las desigualdades sociales proporcionan más que pretextos a muchos detenidos para considerar inaceptable el sistema penitenciario que les imponen. Cuando hay proporcionalmente 3 o 4 veces más detenidos de color que blancos en las prisiones norteamericanas, cuando los pobres y los socialmente disminuidos están relativamente superrepresentados, parece fundada para algunos la pretensión de una justicia política, o sea discriminatoria de ciertos grupos. La mayor politización de las minorías raciales, la denuncia del poder de apreciación de los órganos judiciales en detrimento de ciertas categorías de ciudadanos, se han vuelto una queja cada vez más común. Una creciente proporción de detenidos, como por otra parte de la sociedad, halla inaceptable la justicia que se ejerce con ellas: los manifiestos de los sindicatos de la magistratura, de la policía, de los educadores se hacen a menudo eco de las denuncias que surgen en las poblaciones carcelarias.

f] La crítica y el escepticismo aumentan acerca del llamado "modelo médico" o del sistema orientado hacia el "tratamiento" de los detenidos. Es perfectamente evidente que en psiquiatría son indispensables la cooperación del paciente y su libre adhesión a un régimen de cura, que difícilmente pueden lograrse en régimen carcelario. Deberán ser naturalmente accesibles las medidas médicas generales de higiene social: cuidados de salud física y mental, aprendizaje de un oficio, etc., son perfectamente aceptables. Pero el sistema de resocialización que fue asignado a la prisión con las últimas grandes reformas penitenciarias de los países occidentales contiene una contradicción interna. No puede ser obligatorio. Y al frustrarse esta esperanza de rehabilitación y mantenerse las tasas de reincidencia tan elevadas como antiguamente, la consecuencia fue una denuncia violenta de la intervención psicosocial, basada no sólo en su patente ineficacia sino también en su incompatibilidad con el derecho de los detenidos a su integridad psicológica personal.

g] Finalmente, ha quedado sobradamente demostrado que ninguna reforma del universo carcelario puede llevarse a cabo sin reformar las demás partes componentes del sistema de justicia de lo criminal, o sea los tribunales y la policía. Si la injusticia y la ineficacia son patentes en el nivel de la policía y la magistratura, ¿cómo esperar la menor "eficacia" de las prisiones? ¿No están ahí para pagar los platos rotos? Sólo una reforma de todo el sistema ofrece alguna esperanza de mejoría.

Saquemos brevemente algunas lecciones de la crisis. Es nuestra íntima convicción que nunca se intentó la reforma destinada a la resocialización de los detenidos con probabilidades razonables de éxito. Las reivindicaciones del comité de los detenidos de Attica en 1971 dan fe de ello: sólo reclamaban lo prometido, en principio al menos, por el legislador y el administrador deseosos de reforma y que figura textualmente en la "Declaración de Principios" de la Sociedad Norteamericana de Criminología en 1870. La situación actual no tiene nada que envidiar al sistema de las aldeas de Potiomkin, porque sólo ha cambiado la fachada. Los radicales piden una revolución, que sólo podría hacer cambiar las prisiones cambiando la sociedad. Y los cínicos preparan, y aun proclaman, su desquite: la amenaza y la implacable ejecución de la pena son las únicas que protegen a la gente decente...

Para que el poder discrecional del sistema de justicia penal se reduzca bastante y el ideal de rehabilitación no atente a los imprescriptibles derechos del hombre momentáneamente privado de libertad, se debe ofrecer a cada sujeto del universo carcelario la oportunidad de empezar de nuevo. Se deben multiplicar las experiencias cuidadosamente realizadas y evaluadas con relación a los tipos de delincuentes.

También se necesita más dinero para llevar a cabo las experiencias y las reformas: se ha calculado en más de 12 mil millones de dólares las inversiones necesarias para modernizar las penitenciarías y prisiones norteamericanas. ¿Dónde hallar la clientela electoral que apoye tales medidas?

La reforma requiere también que se aumente la competencia profesional de quienes están encargados de los presos. De su contacto depende en gran parte el éxito de la estadía en una institución. Finalmente, la magistratura y la policía deben tomar conciencia de su decisivo papel en relación con el sistema penitenciario.

El uso de la pena representa un capítulo desalentador en la historia social. Es la viva ilustración de la filosofía pesimista de Hobbes, un ejemplo de inhumanidad del hombre para con el hombre. La crisis penitenciaria es también prueba de que la razón es incapaz de guiar la acción de los hombres inspirándoles medidas racionales y funcionales con que resolver un grave problema social. Pero va a haber un cambio, aunque la cadencia parezca desesperantemente lenta. Como Sísifo cargando con las esperanzas de la humanidad, el reformador penal da fe de su propia esperanza en lo humano del hombre.

Organismo paramilitar encargado por la sociedad de mantener el orden interno, la policía es parte importante del sistema de administración de la justicia. Es curioso que no se le hayan consagrado muchos estudios científicos en tiempos pasados. La policía judicial, auxiliar de la magistratura, ocupa ciertamente un lugar en los manuales de derecho penal. Pero la policía como organización social, como parte integrante del sistema de control social de una comunidad, es relativamente poco conocida. Su carácter paramilitar tiene algo que ver en ello: los guardianes del orden público no siempre ven con buenos ojos el hecho de ser objeto de investigaciones, así sea por razones "científicas"...

Desde hace algunos años, la policía ya no es totalmente *terra incognita* para el criminólogo; sobre todo en la América anglosajona, donde se han hecho muchas investigaciones, casi siempre con la cordial cooperación de los interesados. En particular, estamos presenciando cambios notables en las funciones tradicionales de la policía. Su misión esencialmente represiva se transforma en una más bien preventiva. En lugar de aplicar sin más las leyes, se ha comprendido que la policía debía realizar un verdadero trabajo social en el ejercicio de su función. En efecto, más de dos tercios del tiempo el policía es requerido para intervenir en crisis producidas en las relaciones entre individuos, grupos, matrimonios o colectividades. La persecución directa de los autores de hechos criminales ya no ocupa más de la cuarta parte de sus actividades.

Las investigaciones acerca de la policía han creado una nueva imagen de su misión social. Veamos en qué consiste.

Primera intérprete de las leyes, la policía toma nota de los actos criminales y aprecia su gravedad según criterios poco explícitos pero que en conjunto reflejan al mismo tiempo los valores de la comunidad en general y los de la policía en particular. Se ha destacado cuántos problemas crea a la justicia esta facultad de apreciación en una sociedad donde tales valores cambian rápidamente.

El aumento de las tensiones y los conflictos sociales somete a la policía a presiones contradictorias que redundan en una controversia acerca de su papel de árbitro imparcial al servicio de la ley. Las acusaciones de corrupción y de abuso de poder se han multiplicado considerablemente en el curso de los últimos años.

El vertiginoso aumento del costo de los servicios de policía ha agudizado el problema de su eficacia, de su "productividad". Una vez más se comprendía que a las muy cambiantes condiciones de la sociedad, la policía enfrentaba una organización ancestral. El costo de varias funciones, como la de dirigir la circulación y controlar el estacionamiento de los automóviles, resultaba prohibitivo; porque los sueldos se establecían en virtud del monopolio que ejercen sobre el mantenimiento del orden público, indispensable en el funcionamiento de una sociedad moderna. Los estudios de costo/eficacia han indicado la necesidad de diferenciar las funciones policiacas y la transferencia de toda una serie de funciones a otros organismos de control. Se han puesto también de relieve las ventajas y los inconvenientes de la centralización de ciertos servicios, como la identidad judicial, el sistema de comunicación, etcétera.

Entonces ha resultado indispensable el papel de la policía en la protección de las libertades individuales. Con mucha frecuencia, el ejercicio del papel preventivo implica por parte de los policías un poder, para algunos muy peligroso, sobre las libertades y los derechos del hombre. El espionaje electrónico en particular puede ser causa de muchos abusos y se han promulgado legislaciones para fijar sus límites y su control judicial.

El ejercicio de la autoridad, el porte de uniforme, el carácter ingrato de algunas funciones hacen de la policía como grupo social una subcultura, que imprime en los agentes y hasta en sus relaciones familiares unas características que hacen de ellos individuos aparte en la comunidad. El sentimiento de rechazo, de incomprensión, de ostracismo que padecen los policías no contribuye al buen funcionamiento de la policía como parte integrante del sistema de justicia de lo criminal en el seno de una sociedad democrática.

Tal vez sea ineludible la influencia de la política en los regímenes en que los gobiernos electos, municipales o centrales, deben cumplir su programa electoral. Pero influencia no significa "interferencia": la ley determina en general las obligaciones de la policía, que en esto debe sustraerse a toda influencia que no sea la de la legislación o la constitución. Recordamos los recientes problemas de "Watergate" en los Estados Unidos. Una deontología policiaca ligada a una profesionalización mayor de la función parece ser, aparte del control judicial, la debida solución a este peligro.

Finalmente, en las democracias liberales, en particular las de la América anglosajona, se manifiesta la influencia del crimen organizado en los arcanos de la justicia y no perdona a los servicios de policía. Muchas encuestas realizadas en los Estados Unidos (principalmente, en la ciudad de Nueva York, la Knapp Commision) y en Canadá han implicado a funcionarios de la policía en asuntos de corrupción y de tráfico de influencia.

El análisis de los mecanismos de estos crímenes revela varias causas. Primeramente se ejerce un fenómeno de ósmosis en la persona del policía debida a la índole de su trabajo. Los contactos con los soplones, que parecen indispensables en la lucha, sobre todo contra el crimen organizado, pueden producir efectos nocivos en algunos policías e incitarlos a franquear insensiblemente la línea de demarcación no escrita que separa lo legal de lo ilegal.

Está además el poderío financiero y político de los grandes del hampa, que a menudo reduce la lucha entre ellos y la policía a la de Goliat contra David. La existencia de una caja electoral oculta, la opinión pública durante mucho tiempo indiferente a los problemas de la moralidad pública, desarmaban las mejores voluntades policiacas en la lucha contra el crimen organizado. Destaquemos sin embargo un radical cambio de la atmósfera política al respecto desde hace unos años.

Organización jerárquica investida de autoridad por una sociedad y un gobierno inseguros de los fundamentos mismos de sus leyes, el cuerpo policiaco se vuelve objeto favorito de controversias. La policía, denunciada por la oposición política como mercenaria del orden establecido y criticada por una creciente parte de la opinión pública por su ineficacia en la lucha contra el crimen, vacila entre dos actitudes. Ante todo parecería justificar ampliamente cierto cinismo la volátil opinión de los gobiernos; después se presenta la actitud responsable y profesional, consciente de sus responsabilidades, en el sistema de administración de justicia, y operando en estrecho contacto con los tribunales y el sistema correccional. Para el criminólogo, importa que esta segunda actitud prevalezca en los próximos decenios. Una policía replegada sobre sí misma, frustrada y escéptica constituye un verdadero peligro para las libertades públicas y aun para las instituciones democráticas. Muchos ejemplos se nos ocurren acerca del ambiguo papel desempeñado por la policía en los embates que han padecido o padecen los regímenes democráticos por parte de elementos antisociales. Sólo una policía abierta a la comunidad, viviendo en contacto con los ciudadanos, protegida por una deontología y un estatuto profesional claramente enunciados, puede desempeñar su papel como parte integrante del sistema de control social que es la administración de justicia.

Mientras la policía y las penitenciarías aplican el derecho, los tribunales lo "hacen". De donde su importancia como tercer elemento del sistema de justicia de lo criminal.

El lentísimo proceso de la reforma penal (la mayor parte de nuestros códigos son centenarios, con mucho) acentúa más el capital papel que desempeña la magistratura en la política criminal. ¿Qué problemas pueden plantearse actualmente a propósito de los tribunales? En primer lugar, la meta misma de la sanción penal es objeto de interrogantes, porque el objetivo del derecho penal es la protección de los valores que la sociedad tiene empeño en preservar. Ahora bien, estos valores cambian, sobre todo en lo tocante a la moral sexual. Hay una tendencia creciente a aceptar el precepto de Stuart Mill: el derecho debe proteger esencialmente la libertad de cada miembro de la comunidad y no sancionar tal o tal otro valor. El apego a la idea de un derecho natural inspirador de cierto orden social disminuye notablemente. Así hemos presenciado trasformaciones radicales acerca de la homosexualidad, la censura, el derecho familiar, etcétera.

Si bien la moral sexual es "liberalizada" por el derecho y la magistratura, se pone en duda la moralidad de algunos actos en el campo de los negocios, de las relaciones laborales y de la vida política.

Y así el recurso a los métodos de intimidación y a la violencia en la solución de los conflictos laborales extiende el poder del código penal hasta ciertas legislaciones relativas a las condiciones de trabajo. Las comisiones dadas por las empresas para contar con el concurso de políticos a fin de obtener contratos y la conjuración para eludir las legislaciones protectoras del consumidor aumentan las categorías de los "crímenes de cuello blanco" ya especificados por la investigación criminológica.

Se duda del efecto disuasivo de la sentencia. Sin embargo, es el principio en que se basa la prevención general, objetivo principal de la amenaza penal. Ningún estudio científico suficientemente convincente ha podido confirmar hasta ahora el verdadero alcance de la disuasión ejercida por la amenaza de una sentencia sobre el delincuente potencial. Desde Beccaria se pensaba que no es la crueldad del castigo la que disuade sino la certidumbre de la detención y la punición. Esta convicción ha contribuido mucho a humanizar los procedimientos judiciales, a abolir la tortura y los métodos penitenciarios crueles. Pero este mismo principio deja entero el problema a que se enfrenta la policía con las presiones que exigen "resultados rápidos" en la lucha contra el crimen...

Es de suponer que la ley que esgrime la magistratura disuadirá efectivamente a la mayoría anónima, al enorme ejército de reserva de los delincuentes de ocasión. Pero nunca hará cambiar en su carrera antisocial a los criminales confirmados. La tasa de reincidencia de los delincuentes de costumbre es prohibitiva en todas partes. Esto subraya la capital importancia que tiene la apreciación de la peligrosidad de un delincuente por el tribunal al dictar la sentencia.

Efectivamente, la individualización de la sentencia fue la consecuencia más tangible de la doctrina de la defensa social que pide la humanización del proceso penal y la introducción en él de las ciencias humanas. Si nos limitamos a la apreciación del acto sin tener en cuenta la persona del acusado, ¿cómo podremos formular una sentencia que proteja realmente de los criminales a la sociedad? Ahora bien, la evaluación de la personalidad compete a las ciencias criminológicas, y su papel no se limita a la evaluación de la responsabilidad en el caso de actos graves, como ocurría tradicionalmente con la psiquiatría legal. Pero todos sabemos los deplorables efectos que en la opinión judiciaria y en el público producen los testimonios contradictorios de los peritos. ¿A quién creer? Y la reacción del magistrado, expresada en su sentencia, debe asegurar la protección de las víctimas potenciales que somos todos ante el peligro de la reincidencia. De todos modos, el expediente de personalidad ha acabado por generalizarse ante los tribunales. Lo preparan especialistas de las ciencias humanas y en particular los funcionarios de probación. Su papel es decisivo en el caso de los delincuentes primarios.

El exceso de trabajo de los tribunales, los lapsos que transcurren entre la comisión de un acto criminal y la imposición de una sentencia, son una de las más importantes características de la crisis que padece el sistema judicial contemporáneo. La detención provisional de individuos acusados pero no condenados atenta a los derechos del hombre y a la protección de la seguridad de los ciudadanos. Además, en la población penal hay un sentimiento de rebelión y de injusticia que su gran fragilidad moral hace más abrumador. En algunas partes del mundo, como por ejemplo en la América Latina, más de tres cuartos de los detenidos esperan su fallo en las prisiones. La situación es menos grave en otras partes, y las reformas van camino de efectuarse.

Muchos criminólogos y penalistas, como el holandés Hulsman, han destacado el carácter criminólogo del mismo sistema judicial. Por sus efectos infamantes, por sus procedimientos pesados y difíciles de controlar, los tribunales contribuyen grandemente a agravar los actos criminales en la comunidad. De acuerdo con este modo de ver, Holanda ha reducido radicalmente su población penal. Ya sólo representa ésta una fracción de la de los países sociológicamente comparables, como los escandinavos. Y no tiene comparación con los demás países de Europa y de la América anglosajona.

En el sistema holandés se recurre sistemáticamente a jurisdicciones socioadministrativas para solucionar los problemas que en otros países entran en el campo de lo penal. Sacando las consecuencias de un pluralismo de los sistemas de valores que incita a la tolerancia, el sistema penal de ese país reserva sus sanciones a un pequeñísimo número de infracciones que sólo acarrean una muy breve encarcelación. El porvenir dirá si Holanda se convertirá en modelo a seguir por otros países o si quedará como caso excepcional en la historia de la evolución sociocultural y de la política de lo criminal. Sin embargo, esta dirección podría ser explorada por varios países sin riesgos para la seguridad pública. Al contrario, es probable que el resultado fuera un mayor rendimiento de los servicios sociales llamados a tratar casos como los drogadictos, los alcohólicos, los vagabundos, etcétera.

Cosa bastante paradójica, la individualización de la sentencia ha provocado disparidades poco justificables tanto a los ojos de la ley como para los justiciables. Los esfuerzos realizados para proporcionar a los jueces criterios y análisis de experiencias les han permitido evaluar mejor las personalidades de los acusados. Se alienta la esperanza de que la parte de lo arbitrario en la sentencia pueda atenuarse en lo porvenir.

Aunque el término de "productividad" parezca antinómico al

ejercicio mismo de las funciones judiciales, ha parecido necesario dotar a nuestros tribunales de una infraestructura tecnológica y material más conveniente. Si bien la gestión es todavía artesanal en muchos respectos, de todos modos se advierte la entrada de la informática y de las profesiones técnicas auxiliares de la justicia entre jueces y abogados. La centralización de la información relativa tanto a la jurisprudencia como a los acusados y su disponibilidad en cintas magnéticas dejan entrever el acceso a la modernidad de los tribunales, con otros servicios de la administración pública.

En conclusión, debe destacarse que el poder judicial, tradicionalmente más débil que los poderes legislativo y ejecutivo, sigue siendo la piedra angular de la política de lo criminal. Durante mucho tiempo fue impenetrable a la aportación de la criminología, por proceder, sociológicamente, de los medios más tradicionales de la sociedad. Los debates suscitados por un puñado de magistrados, abiertos a las demás disciplinas, no deben hacer perder de vista el carácter fundamentalmente conservador del poder judicial.

Pero ¿presenta sólo desventajas este estado de cosas? ¿No toca a los tribunales apreciar, fuera de toda presión partidaria, los hechos objeto de impugnaciones y donde reina la ley del más fuerte? La independencia de la magistratura, cuyas dolorosas y vergonzosas excepciones sólo confirman su realidad y poderío, es probablemente el bastión más formidable de las libertades individuales en la sociedad contemporánea.

La lenta penetración de la criminología en los pretorios acabará por impregnar el saber y la experiencia del juez penal, que recurrirá a esta disciplina con la misma soltura con que el juez civil recurre a otras ciencias relativas a los asuntos que juzga. Finalmente, la magistratura debe tomar conciencia del contexto socioadministrativo en que se ubica el tribunal, insertado con la policía y el sistema penitenciario en un sistema único de justicia criminal. No se puede decretar la ley sin cuidarse de los contextos social, psicológico, económico y político del crimen y del criminal. No se puede hacer justicia desinteresándose de los que traen al acusado (la policía) y los que disponen de él (las penitenciarías). Esta interdependencia de las partes componentes del sistema de justicia criminal es el principio de base de la política criminal contemporánea.

Hemos hablado ya de la política de prevención social que, en lo esencial, debe asumirse a escala de la comunidad. Cuanto más excepcional sea el encarcelamiento, más habrá de aumentar el papel de los servicios comunitarios. Se ha dicho de la clientela de las cárceles que se componía de tres categorías de personas: los *mads* (locos), los *sads* (tristes) y los *bads* (malos). Los dos tercios de la población carcelaria de los países europeos y americanos anglosajones pertenecen, según los mejores cálculos, a la categoría de los tristes o desdichados. Son éstos los que deben prioritariamente poder contar en la comunidad con los apoyos que les garanticen la reinserción social y otra pena que no sea de cárcel.

El excluir al delincuente de la comunidad produce efectos nefastos. El destierro de los antiguos libraba a la ciudad del criminal. Los que excluimos nosotros viven, y sobre todo retornan, con nosotros. La negativa de los municipios a aceptar en su territorio talleres protegidos, hogares de semilibertad, denota una costosa irresponsabilidad. La ausencia o debilidad de los movimientos de asociados benévolos a la administración de justicia también está preñada de consecuencias. Porque si bien queda demostrado que las instancias penales no deben servir sino como último recurso para proteger a la sociedad de actos criminales, se debe en cambio disponer de medidas alternativas de respuesta para asegurar la prevención del crimen a escala de la comunidad.

Aunque el principio de responsabilidad siga en la base de la inculpación de los criminales, el mismo principio de responsabilidad debe aplicarse por las mismas razones a la comunidad de que forma parte el agresor eventual. El anonimato y la movilidad de nuestras ciudades se prestan sin duda muy poco al ejercicio de una responsabilidad efectiva, ligada a los mecanismos de control social. Todo esfuerzo al respecto será ilusorio mientras gangrene el tejido sociocultural la anomia, la ausencia de normas resultante de conflictos de valores. De todos modos, una política social basada en la aceptación de la responsabilidad de la comunidad —y de su solidaridad— con la delincuencia y el delincuente es la única apropiada para una civilización al servicio del hombre.

No se trata de presentar conclusiones, porque ni siquiera provisionales tienen mucho sentido en materias tan delicadas. De todos modos, podemos arriesgar algunas reflexiones al término de esta lectura. Helas aquí:

a] La idea de una sociedad sin criminalidad y sin represión figura en la mitología junto a la edad de oro, el paraíso o la parusia. Toda suerte de milenarismos la proclaman, y tanto la esperanza de los corazones generosos como de los intelectos sedientos de lógica la solicitan en nombre de la justicia y de la ciencia. Pero ¡ay! ninguna sociedad histórica ha estado exenta de criminalidad ni de represión. Es ardientemente debatida la cuestión de cuál suscita a cuál. En las teorías que razonan a partir de la naturaleza del hombre, es éste quien representa el reto del extravío a sus hermanos en la forma de grupo y de sociedad organizada. En las que razonan a partir de la sociedad, de sus instituciones y su organización, es la colectividad la que tiene la responsabilidad mayor del crimen y la conducta extraviada. Nosotros sabemos que los dos polos, la persona y la sociedad, son muy interdependientes.

En ciencia como en moral, esta dicotomía no tiene mucho sentido. Sin embargo, los debates intelectuales y las medidas políticas proceden como si fuera posible elegir. Se crean capillitas, se arrojan anatemas y se movilizan los mismos hechos para demostrar tesis contrarias. ¿No se afirma seriamente que la criminalidad es una simple cuestión de definición y el fruto de un acto de poder arbitrario? ¿Que su incremento depende de la indebida actividad de los organismos encargados de la protección social? ¿Y que es, finalmente, una invención de los criminólogos y una ilusión de quienes tienen bienes mal habidos que proteger? Podríamos multiplicar las paradojas paseando nuestra mirada por todo el campo de la administración de justicia. Pero el lector podría hacerlo también sin esforzar mucho su imaginación.

A la concepción prometeica del hombre y la sociedad se opone la de Sísifo. La eterna vuelta a empezar de la lucha entre el vicio y la virtud se prosigue con los métodos propios de cada época. En la nuestra, una ciencia al servicio de una política social desempeña un papel importantísimo. La hipótesis del autor de estas líneas se inscribe en la tradición no prometeica. Pero el escepticismo en cuanto a la supresión definitiva de la criminalidad en una sociedad donde, según el dicho de Ovidio, *sine lege... sine judice erant tuti,* ese escepticismo, pues, no excluye la determinación de una voluntad para luchar contra la iniquidad, la inepcia, características principales de la injusticia.

b] ¿Quiere decirse que la organización social, cualquiera que sea, no tiene efecto en la *mens rea,* la intención de perjudicar a un semejante? Claro está que no. La criminología comparada nos indica la existencia de organizaciones sociales relativamente similares pero con tasas de encarcelamiento (o sea de criminalidad considerada peligrosa) que varían de uno (Holanda) a cuatro (Estados Unidos). En las sociedades industriales avanzadas, de que ya hemos tratado, es mucho menos objeto de debate la organización de la sociedad, porque presenta más semejanzas (economía de mercado, seguridad social y empleos elevados, etc.) que contrastes. Lo que difiere considerablemente de una sociedad a otra es la expresión y la organización de la reacción social, de la reacción judicial y penitenciaria, al reto de la criminalidad. En Japón, más del 80% de los asuntos criminales se "tratan" rápidamente tanto por la policía como por los tribunales. Esta tasa es del orden del 10% en la ciudad de Nueva York. La tarea más importante de la policía criminal y de la ciencia criminológica consiste en analizar las condiciones y las imperiosas necesidades de un orden social que reduce sistemáticamente las ocasiones y motivaciones de actividades criminales. Esta tarea supone un esfuerzo continuo de redefinición y reinterpretación del bien común, de los derechos y deberes que impone la vida común en una sociedad histórica determinada. En este sentido hay seguramente una inflación legislativa y una voluntad mal ubicada de legislar en los dominios que podrán dejarse sin grandes riesgos al juicio de las conciencias individuales y las de los pares. Menos responsabilidad a la burocracia y más a la comunidad organizada. Mas por otra parte, la eficacia en la aplicación de las leyes corresponde a la regla elemental de la igualdad de todos ante la ley. La impunidad y la arbitrariedad en la punición son las principales causas del aumento del peligro que la criminalidad representa para los ciudadanos. Ahora bien, la ineficacia y la incoherencia son enfermedades de los organismos sociales que pueden remediarse. No esperemos de ahí una justicia perfecta ni una administración ejemplar. Bastarán soluciones de mal menor, de mejor protección a la seguridad de personas y bienes, de protección más eficaz a las libertades individuales. Tal vez no sea todo esto tan exaltante como las promesas de un mañana halagüeño.* Hartos cantos se volvieron gritos de dolor y venganza, por evitar a nuestra generación la dura lección de la realidad.

* *Des lendemains qui chantent* (los mañanas que cantan), verso famoso de un poeta francés contemporáneo. [T.]

9. LA CRIMINOLOGÍA EN QUEBEC: UNA HISTORIA QUE ILUSTRA LAS RELACIONES ENTRE CIENCIA Y POLÍTICA

Nada es posible sin los hombres;
nada es duradero sin las instituciones.
JEAN MONET, *Mémoires,* 1976

Reconstituir el pasado es una empresa peligrosa, pero necesaria. Sólo a costa de eso puede hacerse lo que algunos denominan historia contemporánea. Seguir la máxima de Lucien Febvre, "relatar los acontecimientos tal y como sucedieron en realidad", es menos fácil para el sociólogo, acostumbrado a escrutar las fuerzas colectivas que operan en la historia, muy por encima de las iniciativas individuales.

¿Cuánto hay de "casual" y cuánto de "necesario" en un suceso histórico cualquiera? He ahí el dilema que confronta quien quiere interpretar un hecho histórico. Supuesto que no es fácil lograr una objetividad absoluta, a la que sin embargo se aspira, cabe indicar algunos criterios de apreciación, algunos postulados que inspiren la reflexión del autor. Veamos ante todo el "coeficiente personal".

Ya en otro lugar he tratado de eso [Szabó, 1974-1976]. En resumen, puede afirmarse que tanto la pertenencia a una generación (1929) como una experiencia sociopolítica ligada a una formación intelectual (Budapest, Lovaina, París), me han orientado hacia una concepción aplicada de la ciencia de la sociedad. Las necesidades de los hombres, sus aspiraciones a un margen mayor de libertad y una mayor proporción de justicia, fueron mis parámetros al tratar de responder a la lancinante cuestión de Robert Lynd, autor de los *Middletowns*: "¿Conocimiento para qué?"

Mi muy relativa simpatía por la concepción de "torre de marfil" de la ciencia y mi sensación de incomodidad y aun de malestar respecto del trato que ella hacía padecer a tantos individuos y colectividades dimanaban de la opción utilitaria del conocimiento.

Hace veinte años, el clero proveía todavía a todas las ciencias, a todos los servicios, una parte del costo de nuestra capacidad actual. Me refiero a las ciencias humanas. Por eso, aparte de la indispensable necesidad de plantear preguntas atinadas me ha parecido conveniente dar también algunas atinadas respuestas.

La función crítica de la actividad científica no podía darme una coartada para dejar a otros los riesgos ni el desdoro de la puesta en práctica de hipótesis sacadas de las reflexiones o los resultados de investigaciones difundidos profusamente por intelectuales. Este breve recordatorio de mis "prejuicios" parafrasea en cierto modo la cita de Jean Monnet puesta en exergo.

Efectivamente, la historia de la criminología en Montreal es inseparable de la acción de los hombres; pero si esta acción fue duradera, si su impacto, más allá de las conciencias individuales, marcó los hechos sociales, exteriores y apremiantes, según la acertada definición de Durkheim, es porque esos hechos sociales se han cristalizado en instituciones.

Más que un sueño, más que una hipótesis de trabajo, la criminología se ha constituido en disciplina científica, profesión, pieza importante del sistema de administración de la justicia penal en Quebec y en Canadá. El encuentro fecundo de los hombres y de las situaciones se convierte en la matriz de la creación de una institución.

CRIMINOLOGÍA Y MEDIO

Vamos a tratar de examinar la constitución de la criminología en el medio universitario, en el profesional y en la opinión pública. Cada vez, relataremos la fase de la toma de conciencia, la de la demostración de la viabilidad de las experiencias propuestas y finalmente la de la institucionalización de las experiencias afortunadas. Finalmente tendremos un panorama de la criminología contemporánea que ubicará en una perspectiva universal las opciones y las orientaciones de "nuestra" criminología.

Medio universitario y criminología

Terminada la segunda contienda mundial, la enseñanza criminológica se apoyaba en Europa y en la América anglosajona en tradiciones diferentes. En Europa, las cátedras de medicina forense en las facultades de medicina y las de derecho penal en las facultades de derecho albergaban la enseñanza de la criminología, de la penología y de la criminalística. Según el interés más o menos pronunciado de los titulares de estas cátedras, estas disciplinas auxiliares se ofrecían en cursos no obligatorios (opción mínima) o en una serie bien organizada dentro del marco de un "instituto" (opción máxima).

Pero el curso de criminología dependía siempre del titular de la cátedra (derecho penal o medicina legal) y el personal docente se reclutaba entre los prácticos (la inmensa mayoría) o entre los docentes de otras facultades que hacían de profesores adjuntos (por lección). Con algunas variantes, la criminalidad se enseñaba en todo el continente europeo dentro de estos marcos "máximo" o "mínimo".

En Inglaterra eran los servicios sociales los que albergaban a algunos "criminólogos prácticos", agrupados en organismos privados como la John Howard Society o el Institute for the Treatment of the Offenders.

Tres inmigrados de los años treinta mantenían la precaria presencia de la enseñanza criminológica, al margen del derecho y de las ciencias políticas: Max Grunhut en Oxford, León Radzinowicz en Cambridge y Hermann Mannheim en Londres. Para dar la medida de la oposición de los medios universitarios a la enseñanza criminológica mencionemos solamente que Mannheim, hombre de ciencia de talla considerable, nunca fue nombrado profesor titular de la London School of Economics.

En la América anglosajona, la criminología se enseñaba prácticamente en los departamentos de sociología. *Criminology* era sinónimo de sociología de lo criminal, con algún interés por la penología. Edwin Sutherland en Indiana, Thorsten Sellin en Philadelphia y Walter Reckless en Columbus, Ohio, constituían el prototipo de los docentes criminólogos en el seno de los departamentos de sociología.

Después de las investigaciones de la escuela de Chicago sobre la distribución de la criminalidad urbana, efectuadas recién terminada la primera guerra mundial, por Park, Burgess, McKay y Shaw entre otros, los estudios de sociología criminal han sido integrados sistemáticamente en los programas de los departamentos de sociología. Entre las dos guerras mundiales y principalmente después de 1955, el considerable auge de la enseñanza sociológica en los Estados Unidos entrañó asimismo el desarrollo de la *criminology*. ¿A qué funciones precisas correspondían las enseñanzas criminológicas?

En Europa, albergada en las facultades de vocación más "profesional" que las facultades de letras y de ciencias humanas, la criminología podía servir a los prácticos del derecho y de la medicina como complemento de formación.

Anotemos aquí que varias funciones policiacas tanto en Bélgica como en Francia e Italia requerían de una formación jurídica. Nada de sorprendente tiene en estas condiciones que los comisarios de policía, los oficiales de la gendarmería o los carabineros fueran la clientela principal de la criminología.

En cuanto a los médicos, su función de peritos en los tribunales era la base misma de su interés criminológico. La antropología criminal, incorporada a las facultades de medicina en Italia, representaba el ejemplo más clásico del papel desempeñado por los docentes de criminología en las universidades.

Como es lógico, las investigaciones reflejaban preocupaciones de índole práctica: la personalidad anormal, la imputabilidad de la falta y la etiología de la reincidencia eran en Europa continental los temas habituales de la investigación criminológica.

En los Estados Unidos, la sociología pertenecía a las facultades de Artes y Ciencias y no, como el derecho o la medicina, a las escuelas profesionales; el interés de los investigadores se orientaba principalmente hacia la etiología de la conducta criminal y el análisis de las características sociales del delincuente.

La socialización, concepto clave de la psicología social según dice Mead siguiendo a Tarde, permitía analizar en el seno de los diversos grupos de la sociedad los mecanismos de aprendizaje de la conducta criminal. Se ponían de relieve sus efectos en el seno de culturas o subculturas diferentes y a veces opuestas. La noción de "resocialización" era fácilmente establecida por los sociólogos criminólogos de mente orientada hacia los aspectos prácticos de su disciplina.

La sociedad que produce los delincuentes (según la tradición durkheimiana, mucho más vivaz en la sociología norteamericana que en la europea) tiene la obligación de "recuperarlos". De donde el aporte de los criminólogos a la "corrección", que formaba parte tradicionalmente de la práctica del servicio social.

Algunos sociólogos como L. Ohlin, P. Lejins, D. Glase colaboraban estrechamente con los trabajadores sociales especialistas de las "correcciones". El procedimiento penal del Common Law no veía con muy buenos ojos la aportación de las ciencias psiquiátricas durante el proceso. Es sin duda la razón principal de la limitada contribución de las facultades de medicina a la enseñanza criminológica. Algunos psiquiatras agregados a hospitales y cercanos a la tradición europea efectuaban trabajos científicos importantes: Karpman y Yochelson en el hospital Santa Isabel de

Washington, D. C., los hermanos Menninger en Topeka, Kansas y Gregory Zilboorg en Nueva York. Pero estas brillantes excepciones no hacen más que confirmar la ausencia de enseñanza criminológica en las facultades de medicina norteamericanas.

Los esposos Glueck constituyen un caso aparte. Se instalaron en la Facultad de Derecho de Harvard cuando las escuelas de derecho, a excepción de Yale, brillaron por su ausencia de interés, no sólo por la criminología sino también por el derecho penal. En colaboración con su primo, el psiquiatra Bernard Glueck de Nueva York, elaboraron grandes estudios etiológicos de la delincuencia y la criminalidad siguiendo la tradición de los grandes fundadores italianos de nuestra disciplina. Aunque sus investigaciones causaron un considerable impacto nacional e internacional, su contribución a la enseñanza criminológica fue marginal.

Dentro de este marco general, la UNESCO, dedicada en particular al fomento de las ciencias sociales, ha tomado iniciativas con vistas a favorecer la enseñanza universitaria de estas disciplinas. El señor Jean Pinatel, entonces secretario general de la Sociedad Internacional de Criminología, ha redactado la obra donde preconiza la enseñanza de la criminología sistemática, autónoma, orientada al mismo tiempo al fomento de la investigación y a la formación de criminólogos. El criminólogo no sería ya considerado un "rey sin reino", puesto que la prevención del crimen y el tratamiento de los delincuentes constituirían su territorio. La sociedad internacional de criminología, con sus cursos y sus congresos, era el dinámico cruce de caminos para el intercambio de ideas y la promoción de la criminología como disciplina de investigación y práctica autónomas.

En este contexto general es donde conviene situar el origen de la enseñanza criminológica en las universidades canadienses, y en particular en la Universidad de Montreal.

En el Canadá inglés, la influencia de la Gran Bretaña fue considerable, tanto en medicina como en derecho y humanidades, y hemos observado en estas disciplinas la reticencia respecto de la criminología. Otro tanto ocurrió, pues, en el *dominion* del Canadá. Cosa curiosa, en el campo de las ciencias sociales se manifestaba fuerte influencia norteamericana, sobre todo en la Universidad McGill. Casualmente, nadie se interesaba en la criminología mientras los trabajos de Everett Hughes atravesaban con mucho la frontera lingüística. La Facultad de Ciencias Sociales de la Universidad Laval, creada por el reverendo padre predicador G. Lévesque, y cuna de estas disciplinas en el Canadá francés, no tenía enseñanza criminológica. No deja de ser interesante por lo demás que hasta hoy las ciencias sociales en la Universidad Laval se hayan mostrado poco acogedoras para con la criminología. Entonces es preciso dirigirse a la Universidad de Montreal para averiguar la historia de nuestra disciplina, que se resume en la acción de tres personas, iniciadoras de lo que hoy es "la comunidad criminológica de Montreal".

El reverendo padre predicador Noël Mailloux, fundador del Instituto de Psicología, fue el verdadero precursor de las ciencias humanas en la Universidad de Montreal. Partiendo de una concepción antropológica de la psicología científica, el padre Mailloux ampliaba de golpe la enseñanza de esta disciplina al conjunto de las ciencias humanas.

El reverendo padre Mailloux, de orientación clínica y psicoanalítica por su parte, había trabado amistad con el doctor Zilboorg y conocía bastante a los hermanos Menninger, al mismo tiempo que experimentaba también la influencia de Fritz Redl, de Bruno Bettelheim y de Erik Erikson. Sus cuadernos, intitulados *Contributions aux sciences de l'homme*, publicaban las mejores investigaciones contemporáneas relativas a la psicopatología juvenil y la delincuencia. Y así, apoyado por la Fundación Aquinas y después por la Fundación Richelieu, en 1943, era lógico que le tocara la primera enseñanza sobre delincuencia en el Instituto de Psicología, que al año siguiente se convirtió en la sección de psicología de la delincuencia. Sus alumnos obtuvieron los primeros doctorados en psicología con temas criminológicos.

Paralelamente a su enseñanza, el padre Mailloux, único miembro canadiense entonces de la Sociedad Internacional de Criminología, se asoció a la naciente obra de Boscoville, dirigida por el padre Roger. Centro de resocialización de delincuentes jóvenes, Boscoville se ha convertido con los años en una notable experiencia de laboratorio de reeducación para jóvenes.

En 1950 se formó allí un equipo que fue el núcleo de lo que hoy es la Escuela de Psicoeducadores de la Universidad de Montreal. Aquel equipo se había conjuntado en torno a los servicios del Centro de Orientación, cuyas actividades de hecho fueron vinculadas a las de Boscoville.

El segundo personaje, el doctor Bruno Cormier, psiquiatra de la Facultad de Medicina de la Universidad McGill, fue el primer profesor de salud mental nombrado oficialmente dentro del marco de los servicios penitenciarios del gobierno federal. Formado en el hospital Maudsley, de Londres, donde Dennis Carrol, Edward Glover y Trevor Gibbens mantenían después de la guerra el interés tradicional por la *forensic psychiatry*, el doctor

Cormier fue psicoanalista y se preocupó esencialmente por la investigación criminológica clínica. Su práctica médica le procuraba acceso al "laboratorio" de la penitenciaría de San Vicente de Paul y como era lógico, reclutaba sus colaboradores entre los jóvenes psicólogos clínicos formados por el padre Mailloux en la Universidad de Montreal.

El equipo de colaboradores de la clínica de psiquiatría forense de McGill, asociada a los servicios psiquiátricos de San Vicente de Paul, aseguraba una formación teórica y práctica de calidad. El doctor Cormier desempeñaba la misma función con los adultos que el padre Mailloux con el sector juvenil. Se trataba de un medio ambiente de observación y experimentación orientado hacia la resocialización y que ofrecía a los criminólogos en cierne un lugar privilegiado de formación y especialización.

El departamento de psiquiatría de la Universidad McGill adquiría en aquel tiempo los servicios de un eminente historiador de la medicina, especialista de las cuestiones de la psiquiatría trascultural y de la criminología, el doctor Henri Ellenberger, suizo de formación francesa, que terminaba un prolongado período de estudios en la clínica de los hermanos Menninger en Topeka, Kansas.

En 1940, Edouard Montpetit, discípulo canadiense de la École Catholique des Sciences Sociales (Le Play, de la Tous du Pin), fundó la Facultad de Ciencias Sociales de la Universidad de Montreal. Ampliada por Esdras Minville, fundador de la École des Hautes Études Commerciales, tuvo un auge notable con Philippe Garigue, antropólogo, profesor en el departamento de sociología de la Universidad McGill, que dejó por el decanato de la joven facultad de la Universidad de Montreal en 1957.

Esta facultad, cuyos primeros colaboradores se formaron principalmente en Lovaina y París en los cincuenta, injertó los nuevos departamentos de ciencias económicas y sociología en las enseñanzas de relaciones industriales y servicio social ya existentes. Estos dos departamentos, formadores de prácticos de las relaciones laborales y de bienestar social, fueron sostenidos al principio, el primero por los padres jesuitas y el segundo por los dominicos y el clero secular.

Estando la práctica del servicio social particularmente desarrollada en los Estados Unidos, la École du Service Social se beneficiaba de una condición un poco especial en el seno de la facultad, y había reclutado una parte importante de sus profesores al sur de la frontera. El injerto en el medio profesional francófono se efectuó mucho después.

La nutridísima presencia del clero en estas dos primeras unidades de enseñanza de la joven facultad se explica por el predominante papel desempeñado por la Iglesia católica, tanto en el campo de la salubridad y el bienestar como en el del sindicalismo obrero y las relaciones laborales.

El departamento de sociología, fundado en 1950 por el abate Norbert Lacoste, doctor en ciencias políticas y sociales de la Universidad de Lovaina, tenía al principio una doble orientación. Aparte de las enseñanzas teóricas y metodológicas, algunos otros cursos tenían una vocación aplicada, como el urbanismo y la criminología.

Acababa de estallar en Quebec la revolución tranquila, y las necesidades de la sociedad, arbitrariamente contenidas por una política social y económica muy conservadora. parecían ilimitadas. Había que hacerlo todo al mismo tiempo, ya que todo, o casi todo, era prioritario.

Fue así como se creó en 1960 el departamento de antropología, y en 1961 el Instituto de Urbanismo. El departamento de ciencias políticas inició su enseñanza en 1959. El de criminología fue creado siguiendo la misma marcha en el otoño de 1960. ¿En qué condiciones vio la luz?

Cumple hablar aquí del "tercer hombre" y de su papel en la historia de la criminología en Quebec. Llamado a enseñar en el departamento de sociología por el abate Lacoste, mi condiscípulo en la Universidad de Lovaina, empecé, pues, a dar cursos en septiembre de 1958.

Mi cargo se reducía a dos cursos-año consagrados a la historia del pensamiento sociológico y a la metodología de la sociología, y dos cursos semestrales, uno consagrado a la sociología urbana y el otro a la criminología entendida en el sentido de sociología criminal.

Habiendo optado ya por una orientación aplicada en ciencias sociales, desde mi llegada a Montreal consideré la posibilidad de crear una enseñanza multidisciplinaria de la criminología, destinada a la formación de investigadores y prácticos. Como hemos visto, la atmósfera general de Quebec así como el pensamiento de los dirigentes de la facultad eran favorables a las iniciativas nuevas.

Pero fuera del marco general, poco era lo que facilitaba la creación de una enseñanza que no tenía en el mundo occidental modelos verdaderamente ejemplares. En efecto, las recomendaciones de la UNESCO, redactadas por Jean Pinatel, representaban un ideal del que sólo existían algunas realizaciones parciales. Los espíritus prudentes nos aconsejaban: "Empiecen por crear un centro de investigaciones, y si el éxito corona sus esfuerzos, ya veremos."

Sabida es la resistencia de las disciplinas universitarias a la innovación. Con mucha frecuencia, el innovador ha de dejar su *alma mater* para realizar sus proyectos. En la universidad está más a gusto la crítica que la iniciativa. Además, las disciplinas establecidas temen siempre las consecuencias de un reparto del pastel presupuestario entre demasiados candidatos hambrientos. Y también opera cierto purismo contra los nuevos, sobre todo si invocan el argumento de las ciencias aplicadas y multidisciplinarias. Se preocupan, y no sin razón, por la identidad intelectual de los nuevos "colegas":

¿No se rebajarán todavía más las ciencias sociales, ya bastante disminuidas respecto de las ciencias exactas? ¿No atraerá el nuevo programa interdisciplinario a los "derechos" de las otras disciplinas? ¿Qué rigor puede esperarse de una disciplina que no tiene por base una larga tradición intelectual? ¿Cómo controlar a los colegas, puesto que no hay "criminólogos" identificados como tales? Las cartas de crédito y las credenciales de la criminología no parecen nada notorias.

Fuerza es reconocer que estas cuestiones eran sumamente legítimas. Alguien las ha formulado en forma inequívoca y ha trazado la amplitud de sus responsabilidades y su misión: la criminología es una ciencia de contornos inciertos. Algunos médicos o psicólogos la practican, pero a ellos mismos les costaría definirla de manera satisfactoria, susceptible de lograr la adhesión de todos los cerebros. Suponiendo que existe esa criminología, no habrá nadie que la enseñe, ya que no sólo debería ser criminólogo sino además imponer respeto a los demás hombres de ciencia o prácticos (jueces, abogados, psicólogos, psiquiatras, trabajadores sociales, etc.). Pero éstos sólo juzgan por piezas, o sea por el desempeño sobre el terreno. ¿De dónde iban a llegar los docentes? Y finalmente, aunque por un milagro se encontraran criminólogos aptos para enseñar una disciplina evanescente, ¿dónde se iría a buscar la clientela? Los estudios son largos y costosos: ¿quién se animaría con esperanzas profesionales tan precarias? ¿Se encontrarían estudiantes, sobre todo del segundo ciclo, ya muy escasos para entonces en Quebec? Además, ¿existe la palabra "criminólogo" en la nomenclatura de la función pública? ¿Hay empleos de criminólogo en el mercado de trabajo? ¿Hay "criminólogos" en otras partes, en Canadá, en los Estados Unidos, en Europa? ¿Qué respuestas convincentes pueden darse a tales preguntas? Concluía la advertencia el argumento *ad hominem*: "¿Cree usted que lo habrán esperado, a usted, venido de lejos, con una formación de sociólogo, sin raíces en el medio de Quebec y sin experiencia en el trabajo concreto con criminales?"

Era preciso dar elementos de respuesta a cada una de estas cuestiones. Solamente con esta condición se podía atravesar la barrera del consejo de la facultad (donde entre otros estaban todos los jefes de departamento de la facultad), de la comisión de estudios (donde estaban todos los decanos), del consejo de los gobernadores (de que formaban parte representantes de todas las disciplinas universitarias, así como representantes del medio social). He aquí los elementos de respuesta:

Hemos definido la criminología como una disciplina que analiza la etiología de la conducta delincuente (aspecto biopsicológico) y las causas sociales y legales del extravío y de la criminalidad (aspectos socioculturales, jurídico y político). Crea métodos de diagnóstico y pronóstico en la clínica criminológica donde se ocupan asimismo de la adaptación penológica, de las técnicas de resocialización y de readaptación psicosocial tanto en instituciones como en medio libre. Finalmente, la criminología comprende la enseñanza de los métodos de evaluación del funcionamiento de los servicios de administración de la justicia: policía, tribunales y establecimientos correccionales. Las medidas generales y específicas, de prevención social en política de lo criminal, dentro del marco de una política social y universal, forman parte integrante de la criminología.

Esta compleja definición hace justicia a las tareas cuya validez faltaba demostrar. Según el principio de que "el movimiento se demuestra andando", se abordaba el peligroso proceso de la presentación de la prueba eligiendo los primeros profesores de criminología. Se trataba de un test capital porque no se había puesto en duda la existencia de tales profesores. Con toda naturalidad escogí a los alumnos del padre Mailloux, algunos de los cuales habían sido colaboradores de Bruno Cormier. Se trataba del padre Julien Beausoleil, especialista en delincuencia juvenil, de Marcel Fréchette y de Justin Ciale, especialistas en penología y en criminología clínica. El doctor Ellenberger, historiador y psiquiatra, se unió al equipo poco después. Profesores de tiempo parcial han enseñado derecho penal, penología, medicina legal y criminalística.

Precisemos, en efecto, que el programa, que fue aceptado primeramente en el seno del departamento de sociología (1960) y poco después (1961) desprendido de éste, formaba una maestría en artes, en criminología y duraba dos años. Los cursos de introducción y de alcance sociológico estaban a cargo del director, y el personal docente impartía enseñanzas de carácter médico, psicológico y jurídico.

Sólo faltaba hallar auditorio. Porque, ¿quién iba a seguir tales enseñanzas? En principio fueron admisibles los diplomados de primer ciclo. Pero podían considerarse algunas excepciones: los que tenían un bachillerato con una experiencia profesional en los campos pertinentes podían inscribirse para la maestría y suplir las enseñanzas criminológicas por cursos de estadísticas, de sociología, de derecho y de psicología. Los que trabajaban podían asimismo dividir los cursos en tres y aun cuatro años, preparando de todos modos la redacción de una tesis de maestría.

¿Cómo se suscitaron las primeras "vocaciones"? Además de las conferencias públicas sobre el interés de las investigaciones y de una formación criminológica se hizo un sondeo concluyente en la educación permanente de la Universidad para evaluar el interés de aquel medio por la disciplina. El público procedía de las más diversas profesiones: algunos jueces y abogados, buen número de policías, de trabajadores del medio penitenciario o de las instituciones de servicio social, de educadores, enfermeras, capellanes, trabajadores sociales. El programa ofrecido en los cursos nocturnos "movilizó" efectivamente el medio de los "usuarios" de la criminología.

En efecto, todos estos servicios, la policía, los tribunales, los servicios correccionales, la asistencia pospenal, los servicios de prevención, suelen trabajar aislados. Entre ellos reinaba una gran desconfianza de unos para con otros. Cada servicio gozaba de una notable independencia administrativa. Los miembros de estos servicios no tenían, por lo demás, estatuto de "profesionales", aparte de los abogados y los jueces, que de todos modos pertenecían a otro ambiente.

Los militares desmovilizados formaban el personal dirigente de las penitenciarías y a veces de la policía. Capitanes, comandantes y coroneles retirados dirigían esos establecimientos como campamentos militares y su personal, de uniforme, era como un ejército al que se le hubiera encargado tareas de mantenimiento del orden interno, más que un mundo preocupado por misiones de salud mental o de servicio social.

Algunos precursores de trabajadores sociales, psicólogos y psiquiatras, encuadraban a los pocos cuadros profesionales o semiprofesionales que operaban con los delincuentes adultos o juveniles. Son estos medios los que primeramente se identificaron con la criminología; asistían a los cursos nocturnos, y algunos policías fueron elegibles para el programa de maestría.

Con mis primeros alumnos del departamento de sociología, algunos trabajadores sociales que sentían la necesidad de una formación suplementaria, algunos abogados y estudiantes extranjeros, pudimos comenzar a forjar los cuadros del nuevo departamento. En suma, habíamos logrado definir nuestro objetivo, reclutar un cuerpo de profesores serio y hallar estudiantes interesados. Era preciso afrontar el mercado de trabajo, por lo demás en plena transformación.

¿Qué decir del argumento *ad hominem*? ¿Era yo verdaderamente el hombre de la situación? El adagio de que nadie es profeta en su tierra obraba en favor mío. Siendo inmigrado y no laborando directamente con los delincuentes, no estaba identificado con ninguna facción social ni política, ni con ninguna de las funciones profesionales en liza. Entonces podía servir de catalizador de todas las buenas voluntades.

Superadas las primeras dificultades, faltaba cumplir las promesas. Faltaba demostrar a la Universidad que merecíamos su confianza. Sabíamos que para ella, la pertinencia utilitaria de una disciplina importaba menos que su contribución al adelanto del saber. Por eso, en cuanto estuvieron formados los cuadros profesionales emprendimos investigaciones y preparamos un programa de doctorado que debía permitirnos conservar algunos de nuestros mejores elementos para reforzar ulteriormente el profesorado.

Esta preocupación por un cuerpo docente de calidad fue constante. Yo sabía que el injerto criminológico prendería en el "árbol" de nuestra universidad mucho más por el desarrollo de las investigaciones que por la pertinencia práctica. El resto vendría por añadidura... Unos bachilleres en sociología habían ido a buscar su preparación como investigadores en las grandes escuelas de los Estados Unidos; entre ellos reclutábamos unos años después a nuestros profesores e investigadores.

El campo de la criminología experimental se extendió de este modo hasta el dominio entero de la prevención del crimen y del tratamiento de los delincuentes, así como al funcionamiento de la administración de justicia.

Constituían focos de actividad intelectual particularmente vivos grupos de investigación sobre la delincuencia juvenil, sobre las penitenciarías, la policía, las drogas y las mujeres, los trabajos victimológicos, los estudios del alcoholismo, sobre la actitud del público respecto de la justicia, sobre las instituciones de resocialización juvenil.

Gracias a la calidad de estas investigaciones y a las publicaciones resultantes, la reputación de la criminología como disciplina académica quedó debidamente asentada, a satisfacción de la comunidad universitaria. Con ocasión del X Aniversario de la fundación del departamento, pronto transformado en escuela para afirmar su carácter profesional y aplicado, las autoridades universitarias reconocían nuestra contribución al desarrollo científico de Quebec.

Ese mismo año se le concedía a Jean Pinatel un doctorado honorífico y así se consagraban los lazos morales tejidos entre una verdadera enseñanza multidisciplinaria de criminología en la Universidad de Montreal y aquel que, primero en calidad de secretario general y después como presidente, combatía en el seno de la Sociedad Internacional de Criminología por el reconocimiento académico y profesional de la ciencia criminológica en el mundo.

En 1970 terminaba mi cometido de director y llegaba a la dirección de la escuela André Normandau. Concluía el período de la fundación y la puesta en marcha y empezaba el de la consolidación y el perfeccionamiento.

El desarrollo de la enseñanza

La creación del bachillerato, en 1967, completó el edificio de la enseñanza criminológica en la Universidad de Montreal. Gracias a nuestros maestros y nuestros doctores desbrozamos y delimitamos el campo intelectual y práctico donde se haría la criminología. Se trataba ahora de formar un número mayor de criminólogos, que iban a trabajar en el dominio de la administración de justicia. La maestría y el doctorado formaban esencialmente investigadores docentes. Los que ejercían ya funciones administrativas reforzaban su posición de dirigentes.

Los empleos ofrecidos a nuestros diplomados han demostrado la viabilidad de la labor profesional de los criminólogos en los diversos servicios públicos y privados dedicados a la prevención del crimen o al tratamiento de los delincuentes. Desde su aparición en el mercado del trabajo, no tuvieron dificultades para colocarse. Así se verificaba la hipótesis de partida, que postulaba que: *a*] la criminología como ciencia aplicada tenía su razón de ser, porque al reto que lanzaba la prevención del crimen no respondían el derecho, la psiquiatría, la psicología ni el servicio social en su totalidad; *b*] los debates acerca de los papeles respectivos y la delimitación de la competencia entre los criminólogos (tipo tradicional) no tenían más que un fin académico. La divi- (tipo nuevo) y los demás especialistas de las ciencias humanas sión del trabajo iba a efectuarse como se había previsto, pragmáticamente, y los perfiles profesionales se desprenderían de la experiencia de la práctica cotidiana diversificada; *c*] la creación de la Asociación de Criminólogos Profesionales de Quebec no ha hecho más que consagrar un estado de hecho, el de la institucionalización de la criminología en la universidad en calidad de disciplina y práctica profesional autónomas.

Además, el concluyente ensayo de la enseñanza criminológica dada en la educación permanente revelaba un interés considerable por parte de los trabajadores de la administración de justicia; se concibió para ellos un nuevo programa, dentro del marco de los CEGEP (Collèges d'enseignement général et profesionnel): el curso se intitulaba "Técnicas auxiliares de la justicia".

Actualmente siguen los cursos de este programa de 3 años, junto con jóvenes que se preparan para funciones de técnicos en el campo de la administración de justicia, miles de adultos que laboran tanto en la policía como en los servicios correccionales. La nueva facultad de educación permanente creó en 1976 un programa en criminología para menores, dentro del marco de su bachillerato, y así mantenía este servicio para los trabajadores del sector criminológico deseosos de perfeccionarse.

Gracias a la pedagogía se ha comprendido el carácter aplicado y profesional de la enseñanza. Durante los primeros años de la enseñanza criminológica, la formación práctica y profesional no presentaba grandes problemas. En efecto, una parte importante de nuestros alumnos eran "adultos", o sea que tenían ya una experiencia profesional. Por cierto que esto fue una carta importante en el proceso de "profesionalización". En efecto, fueron muchos los criminólogos nuestros que llegaron, gracias a su talento y su experiencia, a puestos de gran responsabilidad, como la dirección del servicio de Policía de Montreal o el comisariado de los servicios de las penitenciarías canadienses. En escala nacional, el presidente de la Comisión Nacional de las Liberaciones Condicionales, así como el director general de los servicios de investigaciones criminológicas de la Procuraduría General de Canadá son diplomados en criminología.

Naturalmente, estas personas estaban en mejores condiciones para apreciar la aportación de la nueva disciplina y de los nuevos diplomados en los servicios de que estaban encargadas. Los demás alumnos de la primera generación de criminólogos tenían una vocación de investigador docente y a menudo pasaron a la universidad después de cumplir algunos períodos en el extranjero. Dos de ellos dirigen los departamentos de criminología de las universidades Simon Fraser (B.C.) y de Ottawa. Nuestro objetivo primero era familiarizar a nuestros alumnos de segundo y tercer ciclo con el conjunto de las disciplinas de la síntesis criminológica, así como con los servicios pertenecientes al sistema de justicia en materia criminal.

El verdadero problema pedagógico se planteó en 1967 con la llegada masiva de un centenar de estudiantes del primer ciclo. Recién egresados de los CEGEP, venían a recibir durante tres años toda su formación intelectual científica en criminología. ¡Era un reto formidable!

Pero además debían adquirir los elementos de formación profesional que les harían aptos para la práctica de su oficio de criminólogos en cuanto tuvieran su título. La escuela reclutó varios "encargados de formación práctica" cuya misión era asegurar la organización y la supervisión de los períodos de práctica que los alumnos cumplen en los diversos servicios. Todavía actualmente, esta inmersión en su futuro medio ambiente de trabajo se escalona en treinta semanas y les obliga a buscar vínculos entre las enseñanzas teóricas y técnicas y los papeles profesionales que habrán de desempeñar más adelante. Esta difícil experiencia, sin duda dolorosa para muchos, es la matriz misma de la "profesión" criminológica. Igual que su corolario disciplinario y científico, debe ser precisada, "inventada" en cierto modo, por aproximación sucesiva, por el proceso de experimentación, de evaluación y de reformulación.

Medio ambiente profesional y criminología

Si la criminología debía hallar su lugar entre las disciplinas de las ciencias humanas, sociales y políticas en el seno de la Universidad, el criminólogo como profesional debía definir su papel en la encrucijada de profesiones de servicio (*helping professions*) tales como la psicología, el servicio social, la psicoeducación y las profesiones de control y autoridad como las de juez, procurador de la Corona, oficiales de policía, de probación y de penitenciarías.

Es evidente que ni la deontología ni la relación agente-"cliente"-"paciente"-"sujeto" es la misma según se ejerza el oficio de acuerdo con lo que se ha convenido en llamar el "modelo médico" o el "modelo judicial". Pueden surgir muchos conflictos y tensiones según se defina el criminólogo en un papel de ayuda, de persona-recurso para su cliente (modelo médico) o en un papel de autoridad y control ejercido en representación de la sociedad cuyos intereses debe proteger (modelo judicial).

Durante mucho tiempo fue preponderante en criminología la influencia del modelo médico. Era así sobre todo en criminología clínica, donde los prácticos fueron tradicionalmente de formación psicológica, médica o de servicio social. Este enfoque criminológico se hizo a partir del análisis del criminal. Dada la superrepresentación de las personas que padecían de trastornos psico o sociopáticos, entre los reincidentes, era natural que la investigación criminológica acumulara pruebas del carácter patológico de esos individuos encarcelados. También pareció evidente que la punición, la intención disuasiva y preventiva de la ley penal, no parecía producir mucho efecto en las personalidades gravemente deterioradas, incapaces de adaptarse a las reglas de la vida en común de la sociedad.

El papel del criminólogo "clínico", modelado sobre el del médico, comprende normalmente:

a] el diagnóstico y el pronóstico del estado peligroso del "paciente";

b] esmerada preparación de los métodos de "tratamiento" con vistas a una resocialización y a la eventual liberación del condenado;

c] la creación de los ambientes terapéuticos, en institución o fuera, susceptibles de ayudar al condenado a recobrar su lugar en la sociedad.

Se echa de ver que la función punitiva no desempeña un papel esencial en la perspectiva de la criminología clínica. Ejercen esta función los magistrados y policías. Con frecuencia, el criminólogo clínico se considera al servicio de su "cliente" y no se cree que le conciernan las medidas del código penal. El peligro de una criminología de "autores" consiste así en identificarse con las necesidades de éstos sin tener suficientemente en cuenta los intereses en causa.

Observemos que ya en 1960 recusaba Noël Mailloux la teoría que asimilaba la enfermedad mental a la criminalidad. Para él hay rasgos psicológicos específicos que identifican al delincuente. En su teoría se basa el modelo de "resocialización" practicado con éxito en Boscoville, cerca de Montreal. No es nada sorprendente que los que funcionan según el "modelo judicial" sientan cierto malestar ante las ideas preconcebidas que descubren en los partidarios del "modelo médico". El punto de partida de ellos es el acto criminal, el hecho incriminado, así como la víctima perjudicada en su persona o sus bienes.

Consideran que las penas previstas por el Código Penal representan medidas de protección que tienen la obligación de ejecutar en su calidad de profesionales. Su función consiste en controlar, vigilar, prevenir y tratar. El criminólogo que define su papel de acuerdo con el modelo judicial se considera al servicio de la sociedad bajo la égida de un estado sometido al derecho. El peligro de una criminología centrada en el acto criminal y la víctima es el de identificarse sin discernimiento con los intereses —complejos y a menudo contradictorios— de la sociedad.

A este conflicto de funciones debido a la existencia de modelos en competencia en el mercado de trabajo y de un modo más general en la sociedad contemporánea se añade la crisis que afecta a la noción de tratamiento y de cuidados en el campo más general de la salud mental y a la noción de la legitimidad del estado y de su poder coercitivo en la sociedad contemporánea.

No hay por qué reiniciar aquí el debate, bien conocido de los criminólogos, acerca de la eficacia o la legitimidad del tratamiento. Baste anotar que un gran viento de escepticismo ha soplado sobre las débiles esperanzas de quienes desean resocializar a sus clientes en institución gracias a las técnicas medicopsicosociales. La aparente ineficacia de las medidas de "tratamiento", una sensibilidad nueva respecto de los derechos del hombre, que reclaman para el condenado "la dignidad de su responsabilidad", concurren en una revaluación del papel del criminólogo clínico. La crisis de confianza respecto del estado y de los poderes políticos de que es servidor ha hecho sospechosa la acción de control y de vigilancia de los agentes, que podrían estar al servicio no del bien común sino de intereses particulares, inconfesables o condenables. Tampoco hay para qué entrar aquí en los detalles del debate. Nuestro objetivo es simplemente destacar las razones de un conflicto de funciones, vivido y experimentado por los practicantes de la criminología tanto dentro del modelo médico como del judicial.

Es preciso añadir a las dificultades resultantes de la existencia de los dos modelos en competencia las que dimanan de la crisis en los medios científicos, crisis que afecta al papel del criminólogo "investigador y docente".

En efecto, si se impugna la actitud terapéutica, tanto en su principio como en sus modalidades y técnicas, si se pone en duda la legitimidad de las instituciones encargadas de la protección social, es toda la actitud científica la cuestionada.

La aparición de la antipsiquiatría, de la sociología, de la historia o la psicología "crítica" entraña:

a] el rechazo del postulado de la objetividad científica;

b] la proclamación de que la ciencia está al servicio de intereses antagonistas y que el investigador necesariamente toma partido;

c] la afirmación de que la función crítica de la ciencia es antes que todas las demás; que debe ser un arma de combate para denunciar los valores perniciosos y a sus protagonistas;

d] la convicción de que toda actitud y toda acción tienen un carácter de clase; según el principio de la lucha de clases, nada es indiferente, y toda actitud es y debe ser manipulada en función de intereses precisos.

Se ha introducido así en el investigador docente un conflicto de funciones que afecta tanto a su imagen de sí como a la que proyecta en la sociedad. ¿Será un "colaborador" de los "poderes establecidos" o un militante consagrado a la causa de la sociedad nueva, donde el poder de poseer, de excluir, y de sancionar no sería privativo de nadie?

Se comprueba la virulencia de este conflicto de papeles, donde se afrontan la función terapéutica, la legitimidad del poder estatal y la de la ciencia. Para unos, los criminólogos son trabajadores intelectuales que, como Sísifo, tratan de ganar su batalla cotidiana contra la miseria de los hombres y la de las instituciones y de aportar algo más de conocimiento sobre el criminal y la sociedad criminógena. Para otros, la existencia misma de los criminólogos sanciona una situación social fundamentalmente injusta, donde delincuentes y agentes de justicia son víctimas por igual de fuerzas socioeconómicas maléficas que pervierten toda la organización social.

Para terminar esta discusión acerca de nuestra profesión diremos que las dificultades advertidas no son específicas de la criminología. Esta crisis es la consecuencia de un crecimiento económico sostenido, desde hace veinte años y sin precedente, en los países occidentales, que acarrea escándalos políticos, guerras coloniales y la competencia entre regímenes socialistas y capitalistas. La aspiración hacia una mayor igualdad ha motivado buena parte de las medidas de políticas sociales y económicas desde el fin de la segunda guerra mundial.

Una de las filosofías sociales y jurídicas más influyentes en los últimos años en los Estados Unidos, la de John Rawls, por ejemplo, halla la legimitidad de la norma jurídica en la promoción de una mayor igualdad de los hombres no sólo ante la ley sino también en la vida económica y social. Se está lejos de la igualdad de oportunidades (*equality of opportunities*), y se aspira a la igualdad de los resultados. El delito más grave en esta perspectiva es el crimen de la desigualdad.

Las reformas de la educación, de la salud y de los servicios de seguridad social y de justicia se basan todas en la hipótesis de que el medio ambiente económico, social y cultural debe cambiar, con el fin de asegurar a los más débiles su parte equitativa de la riqueza común. Una mejor educación, condiciones mejores de vivienda y urbanismo, una mejor organización sanitaria preventiva y curativa, etc., eliminarán las causas sociales de las deficiencias físicas, sociales, morales y culturales. Como el origen de los males está en la sociedad y no en el organismo o la conciencia universal, el hecho de asegurar una situación igualitaria a los hombres es sinónimo de profilaxia y de justicia. Suprimir las causas mesológicas de las desigualdades significa acabar con ellas. Ahora bien, los resultados de los esfuerzos realizados en los campos de la educación, la salud, etc., no parecen concordar con las esperanzas y sobre todo con las cantidades invertidas por los poderes públicos favorables a la idea de una política igualitaria. Unos deducen de ahí la insuficiencia de los esfuerzos y piden otras medidas aún más costosas. Otros ponen en duda la justicia de los postulados acerca de la igualdad efectiva de los hombres como único criterio de justicia social. Y así, en todos los países de Occidente se celebran ardientes debates entre los partidarios de las distintas filosofías.

Es natural que estos debates repercutan en el campo criminológico y en el de la administración de la justicia y de la política de lo criminal. En ciclos de unos diez años, la sabiduría y el sentido común populares se modifican. Y así presenciamos actualmente el renacer de la escuela clásica del derecho penal, que destaca la justicia de las sentencias determinadas y condena el principio mismo de la libertad condicional. Los que apuñalan *bleeding hearts* y los defensores de los derechos del hombre están de acuerdo en considerar que la usanza de la libertad condicional es un síntoma de debilidad en la lucha contra el crimen (posición conservadora) y de injusticia respecto de los condenados, puesto que consagra la desigualdad de régimen (posición progresista).

Por eso no debe extrañar el que a veces los criminólogos se hallen en lados contrarios de las "barricadas" y de los debates públicos.

Opinión pública y criminología

Después del de la universidad y el de los medios ambientes profesionales nos falta examinar el papel de la opinión pública en la historia de la criminología montrealesa. Porque la opinión pública tiene una parte importante en el equilibrio de los poderes en una sociedad democrática. No por nada la consideran algunos el cuarto poder. La prensa escrita y electrónica difunde instantáneamente el conocimiento y la interpretación de los hechos que juzga pertinentes.

Son estrechos los vínculos entre poder y opinión. Habiendo sido la criminología portadora de una crítica social (desigualdad efectiva de las gentes ante la ley, inadaptación e ineficacia de las legislaciones y las medidas de protección social, etc.), todos los defensores naturales del statu quo la acogían con desconfianza y hostilidad. Los encargados de aplicar la ley tal y como era, aquellos que animaban un impulso vengativo contra todo malhechor, los que pensaban que la retribución era la única función del derecho penal, se opusieron instintivamente al mensaje criminológico. La desconfianza tradicional de los medios profesionales y populares respecto de los "pensadores", la juventud e inexperiencia de muchos protagonistas de reformas, reforzaban la resistencia. De todos modos, las ciencias sociales tenían fama de "subversivas" en el plano político, de incoherentes e imprecisas en el intelectual y el científico.

Pero sin el apoyo de la opinión pública no había perspectivas de considerar aquellas reformas en la administración de justicia de que depende la vida de la criminología como profesión. Porque si no se ponían en marcha tales reformas, los criminólogos prácticos no tendrían trabajo y los profesores de criminología se convertían en investigadores esotéricos y panfletarios amargados. No faltan ejemplos en las ciencias humanas para ilustrar el caso de disciplinas abandonadas, al margen de la sociedad. Los criminólogos, por consiguiente, tenían plena conciencia de la importancia de su imagen y del apoyo de la opinión pública.

La primera medida a tomar sería garantizar cierta publicidad a los resultados de nuestras investigaciones, que planteaban tantas cuestiones relativas al buen funcionamiento del sistema. Los periodistas, ávidos siempre de críticas nuevas, no nos regateaban su favor. Sobre todo después de la primera fase de la revolución tranquila, con la reforma de los sistemas de educación, de bienestar social y de las relaciones laborales, la segunda fase, a partir de 1965, veía surgir entre las prioridades, tanto en el nivel provincial como en el federal, las reformas de la administración de justicia y las medidas relativas a la prevención del crimen y a la delincuencia juvenil.

No era concebible ni deseable que fuesen únicamente los universitarios los que hicieran el gasto de estas campañas. Su pequeño número y su relativo y necesario apartamiento de la vida judicial cotidiana debían compensarse con la aportación de "aliados" reclutados en el vasto sector donde se preocupan por la administración de justicia y la prevención del crimen. Pero no eran los intelectuales los únicos en inquietarse ante la situación. Todos los que se preocupaban por ella decidieron de común acuerdo crear un organismo apropiado. Así nació la Sociedad de Criminología de Quebec, primer organismo provincial de este tipo en Canadá.

En ella se reunieron los universitarios criminólogos y los prácticos ilustrados de la administración de justicia.

Contemporánea de la creación del departamento de criminología en la Universidad, la Sociedad de Criminología de Quebec acogía varios cientos de personas en sus congresos y coloquios anuales. En las veladas de mesa redonda y los debates mensuales que solían atraer mucho público y que tenían su eco en la vida cotidiana, se estudiaban cuestiones de actualidad. Sin la colaboración de los medios jurídicos partidarios de las reformas, nuestras ideas probablemente hubieran sido letra muerta.

a] Se libraron grandes batallas en que estaban unidas la investigación y la acción política. Y así los resultados de nuestras investigaciones sobre las penitenciarías contribuyeron a la decisión teórica de suprimir la fortaleza St. Vincent de Paul como lugar de detención. El que esta prisión no haya sido cerrada todavía prueba tan sólo la distancia desesperante que hay entre la realidad y las decisiones de principio.

b] Hemos combatido sin éxito los planes de construcción del centro de detención Parthenais; pero al cabo de diez años parece que el gobierno provincial comprende nuestras razones.

c] Hemos combatido con éxito, ya que no la construcción, cuando menos la apertura efectiva de la unidad especial de detención de Laval, que consideramos medio impropio para recibir a seres humanos.

d] Hemos contribuido al examen de la revisión de la legislación relativa a la delincuencia juvenil, tanto en el Parlamento Provincial como en el Federal.

e] Hemos participado activamente en la campaña que indujo al Parlamento Canadiense a suprimir la pena de muerte y hemos puesto de relieve las indeseables consecuencias de la utilización masiva y sin discernimiento de largas penas de prisión.

f] Hemos participado en los debates sobre la clausura del ala psiquiátrica de la prisión de Burdeos y en la creación del Instituto Pinel para los criminales enfermos mentales.

Finalmente, hemos participado en los debates sobre el papel que ha de desempeñar la policía en una sociedad democrática y sobre las consecuencias de los "delitos cometidos por motivos ideológicos" en el sistema jurídico y correccional de Canadá. Cuando se promulgó el decreto de medidas de guerra en Quebec en octubre de 1970, yo mismo formaba parte del comité de la Liga de los Derechos del Hombre, autorizado por el ministro de Justicia para visitar a centenares de detenidos y mantener los contactos entre ellos y sus familias.

Los trabajos de la Comisión Prévost [1968] y los del Comité Ouimet [1969] constituyen probablemente la más importante contribución de la criminología a la obra de los proyectos de la reforma emprendida oficialmente por los dos niveles de gobierno.

Las investigaciones comanditadas por la comisión y publicadas en nueve volúmenes de 1968 a 1970 tuvieron un impacto considerable. Las recomendaciones reflejaban perfectamente ideas y reformas cuyos protagonistas éramos desde hacía años. Los libros blancos del ministro de Justicia de Quebec sobre la reforma de la policía [1975] y de los tribunales [1975] respondían a las recomendaciones de la Comisión Prévost, del mismo modo que muchas reformas del gobierno federal seguían las recomendaciones del Comité Ouimet. Creemos que no pocas de nuestras sugerencias fueron tomadas en cuenta por esas comisiones.

La consecuencia más duradera de los trabajos de esas dos comisiones, por encima de las reformas jurídicas, administrativas y sociales que habían desencadenado, era la exposición e introducción en el contexto canadiense y quebequés de la filosofía de la defensa social. Esta filosofía, creada por los señores Grammatica y Ancel, muy conocidos de los criminólogos, impregnó fuertemente la mente de los fundadores de la criminología montrealesa. La filosofía de la defensa social, que aúna la reforma humanista del derecho con la amplia apertura hacia las ciencias humanas, favorece la colaboración entre los agentes de justicia, la investigación científica y el progreso económico y social. Su introducción en el país contribuyó a tender puentes entre puntos de vista y servicios muchas veces opuestos unos a otros por razones poco válidas.

En el campo, más particular, del empleo no médico de las drogas, M. A. Bertrand ha redactado un informe minoritario en calidad de comisario, favorable a una liberación más grande de las legislaciones represivas actuales en las recomendaciones de la Comisión Le Dain. En fecha más reciente, la Liga de los Derechos del Hombre, que cuenta muchos criminólogos entre sus militantes, creaba una oficina del derecho de los detenidos, animada, con algunos otros, por Pierre Landreville. Gracias a esta acción militante han podido corregirse las características indebidamente represivas de la vida carcelaria y ha podido precisarse la noción misma del derecho de los detenidos para la administración penitenciaria.

La reorganización de la justicia juvenil está a la orden del día y la Comisión Batshaw examinaba en un informe muy sonado al Ministerio de Asuntos Sociales de Quebec el papel de los centros de acogida y las instituciones para delincuentes jóvenes. M. Cusson y sus colaboradores hicieron una contribución importante al trazar cuidadosamente un método para evaluar y acreditar las instituciones en el futuro.

En cuanto a la infancia desdichada, un equipo animado por Alice Parizeau creaba primeramente en 1974 un organismo privado de socorro y ayuda (SOPEJ), al mismo tiempo que recomendaba una acción provincial en este campo. Su acción contribuyó directamente a la creación, un año después, del Comité para la Protección a la Juventud, del gobierno de Quebec. Este comité se encarga de una categoría de jóvenes con problemas múltiples que podrían llegar a engrosar las filas de los delincuentes juveniles.

La creación por Marc Leblanc del GRIJ, equipo multidisciplinario, aseguró un esfuerzo particular a las investigaciones, principalmente cuantitativas y evaluativas, en el campo de la inadaptación juvenil. Debido a la iniciativa de un grupo de profesores de criminología, el GRIJ pertenece a la Facultad de Artes y Ciencias de la Universidad de Montreal.

Finalmente, el impacto de la investigación y la acción criminológica en la opinión pública, y por consiguiente en los poderes públicos, requería de actividades internacionales.

Desde su creación, el departamento de criminología acogía a muchos profesores invitados, tanto de Europa como de Estados Unidos. Sobre todo se multiplican estas actividades a partir de 1967, año de la Exposición Universal. En efecto, el XVII Curso Internacional de Criminología, organizado bajo los auspicios de la Sociedad Internacional de Criminología, reunía un grupo de criminólogos de los más eminentes. El tema del curso fue: La criminología en sus grandes campos de aplicación. Balance y perspectivas.

Con esta ocasión, L. Ohlin, de la Universidad de Harvard, proponía la institucionalización de los intercambios regulares de resultados de las investigaciones y experiencias prácticas entre criminólogos europeos y norteamericanos en el acogedor ambiente de Montreal.

¿Por qué en Montreal? Aquí se entrecruzan tradiciones intelectuales múltiples. El espíritu pragmático, abierto y tolerante de nuestros medios intelectuales creaba la atmósfera propicia a intercambios y confrontaciones. Toda idea nueva, tanto en investigación como en política en materia criminal, hallaba eco en Montreal. Era asimismo evidente la continuidad de las corrientes profundas de la criminología mundial y de la política de lo criminal.

El apoyo de grandes fundaciones, como la Ford, concretaba esta confianza que la criminología montrealesa inspiraba a la comunidad internacional. Gracias a estos fondos, muchos cursillistas extranjeros pudieron hacer períodos de estudio, desde varios meses hasta dos años. Nuestros jóvenes investigadores hicieron también estadías frecuentes en el extranjero. Las comisiones presidenciales norteamericanas (Katzenbach, 1967; Eisenhower, 1969) y francesa (Peyrefitte, 1976) me requirieron como consultor. José Rico en América Latina e Ives Brillon en el oeste africano emprendían investigaciones que constituyen trabajos de iniciadores en criminología comparada.

Estas actividades internacionales, al igual que las nacionales, han atravesado las diversas fases de la planificación, la experimentación y la evaluación. En 1969 llegaron a la creación del Centro Internacional de Criminología Comparada (CICC); era la fase de la institucionalización.

Fundado conjuntamente por la Sociedad Internacional de Criminología y la Universidad de Montreal, el Centro, en estrecha cooperación con la Escuela de Criminología, ha emprendido muchas investigaciones y ha organizado muchísimas conferencias para promover la cooperación interdisciplinaria, transcultural e internacional. Las actividades del CICC llegan a los más diversos campos, como el de la criminología clínica, en cooperación con el Instituto Pinatel y con la Universidad de Génova, el de la delincuencia juvenil, en coperación con Boscoville y el Centro de Investigación de Educación Vigilada de Vaucresson, el de las investigaciones de sociología jurídica y de política criminal, en cooperación con la Universidad de Varsovia, y el Centro Nacional de Defensa Social de Milán, así como al problema del terrorismo internacional y del aumento de la violencia en América Latina, en colaboración con la Universidad Candido Medes de Río de Janeiro.

Un folleto sobre las publicaciones del CICC da una idea de la diversidad y el número de las actividades internacionales realizadas desde 1969. El señor Jean Pinatel fue el primer presidente del Consejo de Dirección del CICC; el señor L. Ohlin acaba de terminar su mandato. En 1977 le sucedió la señora Inkeri Anttila, ex ministra de Justicia de Finlandia y profesora en la Universidad de Helsinki.

En resumen, podemos decir que la criminología ha sido bien servida por los medios de información, en particular durante los doce primeros y cruciales años de su breve historia. La criminología "era noticia" con su presentación de novedades, su espíritu crítico y su acometividad. Este impacto disminuyó considerablemente, sobre todo después de 1973. En efecto, el tiempo de las grandes impugnaciones ya pasó, tanto en la mente de sus fundadores como en la práctica. Los criminólogos pusieron manos a la obra y, como tantos otros antes de ellos, atravesaron el desierto de las instituciones... También experimentaron la distancia que separa la crítica fácil de la responsabilidad de aplicar cotidianamente una línea de conducta. Vieron la resistencia de las instituciones, de las piedras como de las personas, de las leyes como de las mentalidades, a los cambios más necesarios impuestos por la razón, la generosidad y la justicia. Los criminólogos han pasado de la adolescencia a la edad adulta. Como muchos adultos, algunos se han sometido a la ley del más fuerte, otros han resistido, otros más se rebelaron o fueron destrozados... Como todos los hombres, padecían presiones contradictorias donde ni la ciencia ni la profesión ni la moral ni la política pueden remplazar el carácter de una persona ni su valor cívico.

No hicieron nada mejor ni peor que los demás... Pero es evidente que para los cazadores de imágenes, de novedades, los Santos Jorges profesionales, siempre en busca de un dragón que matar perdieron la virginidad de la inocencia. Para algunos profesionales de la impugnación se convirtieron incluso en los testaferros soñados. En el mundo dominado por grandes oposiciones maniqueas, los criminólogos no van por buen camino... y no hay que extrañarse al verlos tratados por la derecha como heraldos de todas las subversiones que acabarán con la familia, el trabajo y la patria, y por la izquierda como lacayos de todas las opresiones, agentes de todos los controles y apagavelas de todas las libertades.

El triunfo de la criminología fue también, paradójicamente, su némesis. Queríamos que sirviera. Pues sirve, pero no siempre para los fines y del modo que hubiéramos deseado. Como todas las instituciones, la criminología en el seno de la administración de justicia participa de la rigidez, el espíritu de transacción, de resignación que incluso a veces puede transformarse en prostitución.

¿Qué enseñanzas deben sacar nuestros jóvenes compañeros de lo que antecede? ¿Que quienes los precedieron se equivocaron y equivocaron a los demás? Ciertamente no es tal la conclusión que yo saco de aquella experiencia que viví a fondo, sin hallarme nunca en contradicción conmigo mismo. Creo que sencillamente hemos seguido la ley de la maduración común a todos los hombres y a todas las instituciones. Algunos eran favorables a nuestras hipótesis, otros no. Pero nuestras respuestas eran como las del oráculo de Delfos: cada quien ponía en ellas lo que deseaba... Criminólogos, prácticos, docentes o investigadores, todos nos enfrentamos a nuestra responsabilidad de hombres.

No hay "criminología" buena ni mala, de la misma manera que no hay medicina buena ni mala. Hay buenos y malos criminólogos, como hay buenos médicos y otros que no lo son, como hay valientes y cobardes, innovadores y continuadores, íntegros y corruptos, y también, por desgracia, gente inteligente y gente que no lo es...

Hemos empezado a contar la historia de la criminología en Montreal colocándola en la encrucijada de los movimientos de ideas de los años cincuenta. ¿Dónde la ubicaremos ahora, al finalizar nuestro análisis y los años setenta?

Con cierto esquematismo (véase cuadro) podemos repartir la criminología contemporánea en cinco tendencias. Como todas las clasificaciones, ésta es arbitraria y tiende a establecer categorías exclusivas, cuando en realidad no se trata sino de destacar diferentes aspectos según las "escuelas". Ciertamente, todas las tendencias están contenidas en cada una de ellas. Sin embargo, pueden dibujarse los diferentes perfiles con la libertad de que goza el artista...

Hay que evitar otro escollo. No sólo no se refieren estas diversas tendencias a categorías exclusivas sino que su clasificación no entraña ningún juicio de valor en cuanto a su pertinencia y actualidad. No porque la cirugía sea uno de los capítulos más tradicionales de la medicina es "inferior" a la psicofarmacología, rama relativamente reciente. Esta advertencia parece superflua, pero desgraciadamente nunca se toman bastantes precauciones en el mundo, ambiguo y lleno de trampas ideológicas, de las ciencias humanas.

CUADRO ESQUEMÁTICO DE LAS TENDENCIAS ACTUALES EN LA CRIMINOLOGÍA CONTEMPORÁNEA

LA CRIMINOLOGÍA CONTEMPORÁNEA Y LA CRIMINOLOGÍA EN MONTREAL

Tipos de criminología	*Funciones*			*Campos de aplicación*		
	crítica	*terapéutica*	*innovadora*	*hombres*	*sociedad*	*derecho-justicia*
Criminología clínica	x	xxx	xx	xxx	x	xx
Criminología sociológica	xx	x	xx	x	xxx	xx
Criminología del sistema penal	xx	x	xxx	x	xx	xxx
Criminología marxista aplicada	x	xx	x	x	x	xxx
Criminología marxista nueva	x	xx	x	x	xxx	x
Criminología radical	xxx	?	?	x	xx	xxx

NOTA: Las cruces indican la importancia del interés en un factor particular.

Los criminólogos clínicos, que laboran paralelamente con otras profesiones en el sector de los servicios sociales y la salud mental, y muy influidos por el modelo médico, siguen investigando el hombre "criminal". Sus investigaciones toman mucho de la biología, la psicología y la sociología. En general, los clínicos toman la sociedad tal y como es y consideran que las personas que sufren necesitan servicios que ellos tratan de prodigarles, a menudo dentro de marcos administrativos poco apropiados.

Tradicionalmente entran en conflicto con juristas que interpretan la ley sin tomar en cuenta lo suficiente los datos proporcionados por las ciencias humanas para juzgar y sobre todo para imponer su sentencia. Cada quien propende a acusar al otro de arbitrario: la tiranía de los juristas es contraria a la de los psiquiatras.

Durante mucho tiempo, la opinión ilustrada favoreció a los médicos en relación con los juristas. La sentencia indeterminada remplazaba la autoridad del juez por la del equipo o personal de tratamiento para decidir el momento de liberación de un condenado. Toda la filosofía de las legislaciones sobre la libertad condicional se inspira en esta oposición entre la filosofía del tratamiento y la filosofía punitiva de los tribunales.

Hoy el péndulo va en dirección contraria. Ante el triste resultado del "tratamiento" (preciso es reconocer que no ha tenido grandes oportunidades de un ensayo leal), la opinión pública y los encargados de la justicia se impacientan y quieren volver al statu quo: las penas definitivas y relativamente severas, impuestas con un espíritu de retribución y basadas en la responsabilidad moral del delincuente, son preferidas por la opinión predominante. La misma opinión ilustrada que hasta hace poco favorecía al médico en relación con el juez, prejuzga ahora en favor de éste, e invoca, entre otras razones, el derecho del delincuente a reivindicar la "dignidad de su acto libremente planteado".

La mayoría de los criminólogos prácticos son "clínicos" y por ello propenden a utilizar estos términos como sinónimos. Son muchos, tanto en la práctica como en las universidades, en las unidades autónomas de enseñanza criminológica como en las cátedras de medicina forense, de psiquiatría legal, de psicología criminal, etc. Los representantes de la criminología clínica son De Greef, Di Tullio, Kinberg y más cerca de nosotros Pinatel, Colin, Göpinger, Canepa, Gibbens, Mailloux, etcétera.

La criminología sociológica no parte del hombre, como la del clínico. Su reflexión tiene por origen la sociedad que produce tanto al hombre como la incitación que sufre y que conduce a cometer actos extraviados o delincuentes. La sociedad dicta también reglas morales y jurídicas que protegen las normas que ella quiere salvaguardar por el bien de sus miembros. El criminólogo sociólogo orientará entonces sus esfuerzos hacia el análisis de los procesos sociales que producen la delincuencia. Las incidencias criminógenas de la industrialización, la urbanización, las migraciones, etc., son las que retienen su atención. Analiza también los mecanismos de control social en el seno de la familia, de la escuela, del barrio, del ambiente del trabajo: de su funcionamiento defectuoso puede nacer una conducta extraviada o delincuente. Determinará las relaciones entre las percepciones de lo que es justo, por categorías o clases sociales, y la práctica real de las instituciones. La diferencia entre la percepción, la esperanza y la práctica efectiva indica al sociólogo la cantidad de "justicia" que tiene disponible una sociedad. La sociología del derecho penal es un campo de actividades cada vez más importante para el criminólogo sociólogo.

Por otra parte, su acción práctica se aplicará a la investigación y la organización comunitaria como medida de prevención posible. La enseñanza de la criminología será para él una salida importante.

E. Ferri y A. Lacassagne fueron con E. Durkheim y H. Lévy-Bruhl los fundadores europeos de la sociología criminológica. En los Estados Unidos reaniman la tradición de la escuela sociológica de Chicago E. Sutherland, D. Cressey, L. Ohlin y M. Wolfgang. Están emparentados con esta tendencia N. Christie y K. O. Christiansen en los países escandinavos, S. Cohen y L. Taylor en el Reino Unido, A. Davidovitch, Ph. Robert, D. Kalogeropoulos en Francia.

La criminología del sistema penal da por supuestas la aportación y la importancia tanto del hombre como de la sociedad en la génesis del comportamiento criminal. Insiste en cambio en el papel decisivo desempeñado por el sistema de administración de la justicia y del sistema jurídico en la "producción" de la criminalidad. El poder de apreciación del policía, del juez, de la comisión de libertades condicionales, de los agentes de probación o vigilancia, es absolutamente capital en la imagen social y en la realidad de la criminalidad. Analizando los mecanismos de la administración de justicia, determinando la génesis de las leyes y los reglamentos que impregnan las relaciones sociales, aparece el verdadero perfil de la criminalidad y del hombre "criminal". Éste es el tipo de cuestiones que interesan a la criminología en la administración de justicia: ¿por qué son poco aplicadas tales legislaciones? (la de criminalidad por ejemplo). ¿Por qué hay tendencia a "descriminalizar" los delitos contra la moral? ¿Influyen los cursos sobre el *sentencing*, y hasta qué punto, en la pronunciación de las sentencias de los magistrados? ¿Ejercen influencias el reclutamiento y los modos de nombramiento de los jueces de los tribunales de apelación en la jurisprudencia, y en dado caso, cuáles?

La acción práctica del criminólogo del sistema puede ubicarse tanto en la práctica clínica como en la investigación fundamental. De todos modos, hará de preferencia investigaciones evaluativas al mismo tiempo que laborará en los servicios de planificación y de programas nuevos experimentales. Tratará de crear lazos entre la oferta de servicios y su consumidor evaluando constantemente la adecuación entre oferta y demanda. La experimentación, la evaluación, la planificación, la comunicación: tales son los conceptos claves para la criminología del sistema penal. Los criminólogos de los países socialistas, como Yugoslavia, por ejemplo, se acercan a esta orientación, así como los egresados de escuelas nuevas de justicia criminal de las universidades norteamericanas.

El que firma estas líneas se cuenta gustoso entre los precursores de esta tendencia. Se puede poner también a L. Wilkins, L. Radzinowicz, H. Mannheim, N. Morris, J. Lohman, G. Kaiser, I. Anttila, U. Bondeson, F. McClintock y E. Hall-Williams, entre otros muchos.

Se habrá observado lo arbitrario de esta clasificación en la enumeración de los nombres para caracterizar la criminología sociológica en relación con la criminología del sistema penal. La línea de demarcación es verdaderamente una línea de puntos... Debe observarse en particular que la escuela interaccionista se divide claramente entre estas dos tendencias. Al insistir en la importancia de la reacción social en la génesis de la criminalidad y al analizar el funcionamiento del sistema de justicia penal, los interaccionistas contribuyeron a acelerar la evolución de la criminología del sistema penal. Sin embargo, la mayoría de ellos, como Goffman, Becker o Chapman, no se interesaron verdaderamente en las consecuencias ni en la aplicación de sus propias ideas. La mayoría de los sociólogos "del extravío" quedaron por lo demás en el marco de los departamentos de sociología y no en las unidades de enseñanza criminológica.

La criminología marxista practicada en los países donde el socialismo es doctrina de estado combina lo importante de la criminología clínica con lo de la criminología del sistema penal. Considerada justa y "científicamente planificada" la organización social, el esfuerzo de los criminólogos se reparte entre dos actividades. Primeramente los servicios prestados en el nivel de los condenados, que deben dar pruebas de su enmienda y de su capacidad de compartir la vida de los ciudadanos de la comunidad socialista (criminología clínica); después, la adaptación y la reforma constante del aparato de protección social con vistas a una mayor eficacia en la prevención y la represión de la criminalidad (criminología del sistema penal).

En los países donde el marxismo no es doctrina de estado, los criminólogos marxistas se reparten en múltiples tendencias. No podemos analizarlas todas aquí. Digamos simplemente que para ellos, la criminalidad es un reflejo de la lucha de clases y los criminales son objetivamente víctimas del capitalismo, basado en la explotación del hombre por el hombre. El sistema de justicia de lo criminal es el instrumento con que cuenta la clase dirigente para aplastar por todos los medios posibles a sus adversarios.

En algunos casos extremos hay una alianza objetiva entre los supuestos criminales y los revolucionarios que luchan por la abolición del sistema. La extrema izquierda italiana constituye un buen ejemplo de esta alianza, violentamente denunciada por lo demás por el partido comunista, al mismo tiempo que por el gobierno "burgués". Los actos de terrorismo, de plagio para obtener rescate o de difamación son métodos utilizados conjuntamente por el lumpenproletariado intelectual, el hampa y los ideólogos fanáticos. Cada quien contribuye según sus "posibilidades": unos prestan el brazo, otros los circuitos de "blanqueo del dinero", otros la polémica que justifica y proclama lo moral de la acción.

De todos modos, entre las múltiples tendencias de la criminología marxista hay muchos sabios y activistas respetables que no utilizan más que los métodos de impugnación por la crítica, admitidos en las sociedades democráticas. Para ubicarse en esta literatura remito al lector a tres revistas bastante características de la criminología marxista: *Radical Criminologist, La Questione Criminale* y *Contemporary Crisis.*

Finalmente, la criminología radical critica la moralidad que está en la base de los criterios de discriminaciones, exclusiones, ostracismos, rechazos, incriminaciones e inculpaciones.

Las obras de Michel Foucault, de Deleuze y Guattari en los países francófonos, las de Basaglia en Italia, las de Lang, Coop, Szasz y Rozak en los países de lengua inglesa, por muy diversificadas que sean, tienen en común una búsqueda histórica, filosófica o sociológica que aspira a precisar nuevos criterios de moral basados en el radical rechazo de los existentes.

La influencia del psicoanalista Wilhelm Reich se ejerce en los medios intelectuales que preconizan la anticriminología: este ex alumno de Freud rechaza toda traba a las aspiraciones, a los impulsos, cualesquiera que sean y justifica todas las búsquedas y todos los rechazos que tengan por objeto remplazar los "juegos de moralidad" antiguos por los nuevos.

Nos hallamos aquí sin duda alguna en el dominio de la reflexión, de la experimentación, en un laboratorio de ideas, martilladas al fuego y alimentadas con las llamas de otras ideas lanzadas a profusión. El criminólogo debe seguir con la mayor atención lo que ocurre en este laboratorio, aunque a algunos les moleste el olor a azufre que se desprende y les espante el profetismo intransigente de ciertos visionarios.

Las críticas de Iván Illich, para tomar el ejemplo del gran opugnador de la tecnología contemporánea, estimulan infinitamente las reflexiones de todos los que practican las políticas sociales contemporáneas, aunque en sus escritos brillen por su ausencia las ideas concretamente aplicables.

Las fuentes de la criminología radical son múltiples; van de la impaciencia y la decepción debidas a la mediocridad de los resultados o a los fracasos patentes de iniciativas, sin embargo bien pensadas y científicamente fundadas, hasta la pérdida de la "fe" en la capacidad que tiene el sistema de reformarse y resolver sus propias contradicciones internas. Sólo un trastrocamiento radical del sistema podría, según ellos, poner en marcha las energías humanas necesarias para la elaboración de un nuevo orden cultural, social, económico y político. En este nuevo mundo coincidirían finalmente el interés público y el privado, la espontaneidad individual y la libertad colectiva, la seguridad de todos y la autonomía de cada quien.

Este derecho de soñar, esta imperiosa necesidad que sienten algunas conciencias de negar el pasado para pensar sólo en el porvenir, este perpetuo brotar de la generosidad de las intenciones, constituyen una parte componente indispensable en la vida intelectual de toda sociedad libre. Estos escritos deben figurar en las bibliotecas de todos los criminólogos.

La lección de estas obras está en lo que tienen de excesivo y contribuye tanto a la relativización de ciertas ideas y conductas como a la universalización de otros valores o normas. Sin llegar hasta a decir que la anticriminología constituye la "conciencia" de las demás criminologías, no vacilaría en afirmar que expresa dramáticamente las dudas y los debates que cada quien lleva en el secreto de su propia conciencia. Las proposiciones de varios de sus protagonistas hacen tanto por confirmarme en algunas de mis más firmes convicciones como por contribuir a la erosión de mis "prejuicios", ya mordidos por la duda. Pero el apasionado debate que provocan las diversas tesis anticriminológicas no afecta mucho a la praxis criminológica cotidiana. Sin embargo, no dispensa de la dolorosa obligación de hacer ver las inconsecuencias o los errores de programas, teorías y técnicas que afectan a la vida cotidiana, a la felicidad y el bienestar de millones de ciudadanos. No es éste un modo de ver de filisteo parapetado en su confort intelectual sino que se desprende más bien de la comprobación, algo escéptica, de la capacidad que tienen el sistema y los hombres de resistir a cualquier cambio.

Tal es el cuadro, reconozco que esquemático, de la criminología contemporánea; ¿cómo ubicar aquí la criminología montrealesa en relación con estas cinco tendencias?

Creo que en ella se encuentra todo lo importante de todas las tendencias. La producción intelectual refleja esta diversidad: va de los estudios de criminología clínica, en comunión profunda con la problemática clínica del hombre frente a su crimen y la sociedad que lo juzga, hasta la negación del sistema de justicia criminal tal y como es, por la búsqueda de alternativas radicales en el campo de las "intervenciones". Las investigaciones operacionales son afines a los estudios epidemiológicos y etiológicos detallados. La descripción y la interpretación clínica de algunos no excluyen los estudios relacionados más bien con la sociología del derecho y no con la criminología tradicional. ¿Puede calificarse de "incoherencia" este estado de cosas? ¿Puede afirmarse, como no han dejado de hacer algunos, que se trata de un modo de ver pragmático, empírico, superficial de la realidad, amén de una política de avestruz que se niega a ver las "evidencias" de sus propios fracasos?

Innecesario es decir que estas "evidencias" varían según los interlocutores o críticos, y ahí está el punto flaco. Porque la única manera de hacer compatible la libertad intelectual con los determinismos de que cada uno de nosotros es "víctima" consiste en permitirnos a todos desarrollar nuestros talentos a la medida de nuestro propio modo de entender la "verdad" científica y la "utilidad" social.

Los umbrales de tolerancia, tanto en la práctica criminológica como en la investigación y la política de lo criminal, no pueden fijarse arbitrariamente. La historia social y política está llena de enseñanzas al respecto, y cada quien debería contemplar los actos de los grandes procesos de cacerías de brujas que la humanidad reproduce con desesperante monotonía.

En la historia de las ciencias hay movimientos y evoluciones que afectan al campo de tal o cual disciplina. La criminología no ha escapado a estas variaciones, observa J. Pinatel [1977]. Capítulo subalterno y "aplicada" de las ciencias sociales en las décadas anteriores a 1970, se vuelve objeto de aguda atención para las tendencias "críticas" y "radicales" de las ciencias humanas. Jean Pinatel logró articular en una magnífica síntesis su concepción de la criminología como ciencia autónoma y especializada: ubicó en la criminología pura los estudios centrados en la génesis y la dinámica del crimen, cuyo punto culminante es el paso al acto, pero que engloba asimismo la formación del delincuente y de la situación precriminal, así como la influencia de la sociedad global en esta situación; ha descrito la criminología clínica en su orientación hacia la observación y el tratamiento de los delincuentes. Su *Traité de criminologie*, publicado en 1963, engloba todos los capítulos tradicionales consagrados a estos mismos problemas dispersos otrora por los tratados de medicina legal, de psicología judicial, de penología y aun de derecho penal.

Esta síntesis criminológica ha constituido desde entonces un marco de referencia indispensable para la investigación y la enseñanza. Los criminólogos aspiraban a emanciparse de la tutela de las disciplinas tradicionales: la medicina y el derecho en Europa, la sociología en los Estados Unidos. La concepción integrada de una criminología autónoma, presentada por J. Pinatel, ha permitido la consolidación de las ciencias criminológicas en una disciplina unificada con su enseñanza propia y sus propias orientaciones de investigación. Pero muy pronto resultó que los estudios consagrados a la administración de la justicia penal constituían un importantísimo capítulo tanto de la criminología pura como de la aplicada. Claro está que hay muchas imprecisiones semánticas, muchas "reinvenciones" y muchos "redescubrimientos" de problemas en todos esos esfuerzos de esclarecimiento y de reflexiones sintéticas, superpuestas unas a otras. Por mi parte yo vería en ello, de una manera también bastante amplia, una cuestión de generación. La experiencia vivida diferentemente conduce a una reformulación de la misma problemática, afrontada ya por la generación precedente, en un vocabulario algo (y a veces considerablemente) diferente.

Pero hay más. Sin llevar el espíritu de sistema que consiste en oponer una criminología del paso al acto a una criminología de la reacción social, es cierto que toda la criminogénesis, pieza maestra de la criminología pura, debe reflejar la sociología del derecho penal y de su administración. Admitiendo precisamente la autonomía del derecho penal, los criminólogos aceptan estudiar sus efectos relativos a la definición misma de la criminalidad y los problemas que plantea la aplicación de las leyes.

La distinción clásica entre *mala in se* y *mala prohibita*, que logra una unanimidad relativa en sociedades integradas cuando menos parcialmente, ya no existe en las sociedades no integradas. Ahora bien, la aparición de las tendencias "críticas" en las ciencias sociales hacia el fin de los años sesenta ha desencadenado vivos ataques no sólo por parte de la "criminología pura" y "clínica", que sus representantes consideraban enfoques ahistóricos e inadecuados al problema de la criminalidad, sino también por la de la sociología y la administración de justicia. Si no provenían de marxistas o de críticos radicales, fueron descartados como "melioristas" e "inaceptables" según los postulados de una "ciencia" crítica.

Es, pues, la tradicional *tregua dei*, difícilmente concertada y aún más difícilmente observada, con el derecho penal, la cuestionada por la "sociología de la reacción social". Impugnadores de las normas morales y sociales en que se basa la regla de derecho, muchos sociólogos descartan de un revés el edificio del sistema de justicia penal como fuente legítima de definición y administración de la delincuencia. Se establece una distinción que para unos tenderá a integrar la criminología del sistema penal al edificio criminológico puro y aplicado (clínico puede ser sinónimo de aplicación) mientras que para otros la sociología de la justicia será más bien la sociología (crítica casi siempre).

No es fácil ver claro en la evolución y la apreciación de estas tendencias, porque todos estamos demasiado implicados. ¿Quién podría predecir los meandros que seguirán las discusiones, las querellas de ideas y personas? Parece sin embargo con bastante claridad que la línea de demarcación separa, ahora como en el pasado, a los criminólogos de la autonomía del derecho penal de los "sociólogos". Volvemos a ver este problema en el debate que enfrentó al finado Paul Tappan, que mediados los años sesenta acababa de adherirse a la escuela de criminología, recién reorganizada, de Berkeley, con los sociólogos del extravío. Tappan defendía el principio, que hoy defiendo yo, de la autonomía del derecho penal. Fue él, penalista, quien definió lo que la ley defiende. Los "criminólogos" neomarxistas y una parte de los sociólogos-criminólogos se unen a los "radicales" para recusar ese principio. Para muchos la norma deriva ya sea de la práctica mayoritaria (los positivistas), ya sea de otros principios epistemológicos o morales (los radicales).

Paréceme entonces que en las décadas próximas, la aportación de la criminología al sistema penal, que es de hecho el de toda la administración de la justicia, se integrará al estudio de la criminología pura tal y como la ha definido, muy justamente, J. Pinatel. El hombre es inseparable de la sociedad. Es también inseparable de las organizaciones e instituciones sociales y burocráticas que lo insertan en sus torniquetes.

En cambio, una sociología de la reacción social sigue siendo, con la sociología del extravío, parte integrante de la ciencia sociológica. No sólo es legítimo sino sumamente deseable que la sociología oriente sus estudios hacia la sociología del derecho. Nada debe limitar la imaginación sociológica, ni los principios ni los métodos, aparte de las imperiosas necesidades normales de la investigación científica. Esta libertad no es tan total para el criminólogo sometido a las servidumbres de una ciencia aplicada. La índole de los vínculos que unen al criminólogo con el penalista, que no es nada unívoca ni simple, fuerza es subrayarlo, forma la limitación de su campo de estudio y de aplicación.

Sería un grave error de interpretación y apreciación considerar este alegato en favor de la tolerancia como una apología del laxismo intelectual, moral, político o deontológico. Al contrario, creo que la conciencia de cada quien debería exigirle el máximo de valentía para proclamar la verdad de sus propias convicciones. Pero nadie está habilitado para juzgar a nadie, salvo en los raros momentos en que la solidaridad humana impone sus elementales exigencias. Es este espíritu de libertad el que explica y garantiza la gran diversidad del actual "paisaje" intelectual de la criminología en la Universidad de Montreal. Mi único voto es esperar que en los diez próximos años se cumplan las promesas de los diez últimos.

BIBLIOGRAFÍA

Actas del VIII Congreso Francés de Criminología de Burdeos, 1967, Denis Szabó, "La criminalité en milieu urbain à industrialisation rapide: examen des mesures de prévention sociale en Amérique du Nord", en *Revue Juridique et Économique du Sud-ouest*, Burdeos, núms. 3 y 4 (1970).

American Institutes for Research (1970); *Evaluative research strategies and methods*, Pittsburgh, American Institute for Research.

Ancel, M. (1971), *La défense sociale nouvelle*, París, Edition Cujas.

——— (1975), "Pour une étude systématique des problèmes de politique criminelle", en *Archives de politique criminelle*, vol. 1, Éditions A. Pedone, París, pp. 15-42.

Andry, R. G. (1963), *The short-terms prisoner*, Londres, Stevens & Sons.

Annales Internationales de Criminologie (1962-1977), París, Société Internationale de Criminologie.

Arendt, A. (1972), *Crisis of the republic*, Nueva York, Harcourt Brace.

Aron, R. (1971), "Macchiavel et Marx", en *Contrepoint*, París, *4*, pp. 9-23.

Baechler, J. (1975), "De quelques principes généraux du libéralisme", en *Contrepoint*, París, *17*, pp. 125-145.

——— (1975), *Qu'est-ce que l'idéologie?*, París, Gallimard.

Batshaw, M. G. (1976), *Rapport du comité d'étude sur la réadaptation des enfants et des adolescents placés en centres d'accueil*, Quebec, Ministerio de Asuntos Sociales.

Baudoin, J. L., Fortin, J. y Szabó, D. (1970), *Terrorisme et justice*, Monteral, Éditions du Jour.

Bauer, R. M. (1966), *Social Indicators*, Cambridge, Mass., Institute of Technology Press.

Beccaria, C. (1773), *Des délits et des peines*, París, Bastien.

Becker, H. S. (comp.) (1964), *The other side; perspectives of deviance*, Londres, Free Press of Glencoe.

——— (1963), *Outsiders*, Nueva York, Free Press.

Bell, D. (1973), *The coming of post-industrial society. A venture in social forecasting*, Nueva York, Basic Books.

Bell, W. y Mau, J. A. (1971), *The sociology of the future*, Teoría, casos y bibliografía anotada, Nueva York, Russel Sage Foundation.

Benson, L. (1973), "Group cohesion, social and ideological conflict", en *American Behavioural Science*, 1615, pp. 741-767.

Berelson, B. y Steiner, G. A. (1964), *Human behavior. An inventory of scientific findings*, Nueva York, Harcourt, Brace & World.

Berlin, I. (1969), *Four essays on liberty*, Oxford, Oxford University Press.

Bestor, A. (1972), "In defense of intellectual integrity. A manifesto for the contemporary university", en *Encounter*, octubre, pp. 18-30.

Blumberg, A. (1967), *Criminal justice*, Chicago, Quadrangle Books.

Blumstein, A. (1972), *Management science, social systems and the criminal justice system*, Pittsburgh, Carnegie-Mellon University, Urban Systems Institute.

—— y Cohen, J. (1972), *A theory of the stability of punishment*, Pittsburgh, Carnegie-Mellon University, Urban Systems Institute.

—— y Larson, R. (1969), "Model of a total criminal justice system", en *Operations Research*, Baltimore, *17*, p. 2.

Bondeson, Ulla (1974), *Fangen i fangsamhället. Socialisations processer vid ung domsvardsskola, ungdomsfangelse, fangelse och internering*, Norstedt & Somers forlag, Malmo, P. A.

Bouzat, P., y Pinatel, J. (1975), *Traité de droit pénal et de criminologie*, tomo 3, *Criminologie*, 3a. ed., París, Librairie Dalloz.

Campbell, D. T. (1963), "From description to experimentation: Interpreting trends in quasi experiment", en Ch. W. Harris (comp.), *Problems in measuring changes*, Madison, University of Wisconsin Press.

—— (1972), "Reform as experiments", en C. H. Weis, *Evaluation action programs*, Boston, Allyn and Bacon.

Canada. Commision d'enquête sur l'usage des drogues à des fins non-médicales (1970), *Rapport final*, Ottawa, Imprimerie de la Reine.

Canada. Solliciteur Général (1969), *Justice pénale et correction: un lien a forger*. Rapport du Comité canadien de la Réforme Pénale et Correctionnelle (Président: R. Ouimet), Ottawa, Imprimerie de la Reine.

Caro, F. G. (comp.) (1971), *Reading in evaluation research*, Nueva York, Russel Sage Foundation.

Centre de formation et de recherche de l'éducation surveillée, Vaucresson (1963), *La délinquance des jeunes en groupe, Contribution a l'étude de la société adolescente*, serie "Enquêtes et recherches", París, Éditions Cujas.

Clinard, M. B. y Abbott, D. J. (1973), *Crime in developing countries*, Nueva York, John Wiley and Sons.

Cloward, R. A. y Ohlin, L. E. (1960), *Delinquency and opportunity: a theory of delinquent gangs*, Nueva York, Free Press.

Cohen, A. (1966), *Deviance and control*, Englewood Cliffs, Prentice Hall.

Cohen, D. C. (1970), "Politics and research: evaluation of social action programs in education", en *Review of Educational Research*, Washington, D. C., 40:2, pp. 213-238.

Cohen, J. (1968), *The criminal process in China*, Cambridge, Harvard University Press.

Cohen, S. (1972), *Images of deviance*, Harmondsworth, Penguin.

Cicourel, A. V. (1968), *The social organisation of juvenile justice*, Nueva York, Wiley.

Clinard, M. B. (1963), *Sociology of deviant behavior*, ed. rev., Nueva York, Holt, Rinehart and Winston, Inc.

Coleman, J. S. *et al.* (1966), *Equality of educational opportunity*, Washington, D. C., U.S. Government Printing Office.

Connor, W. D. (1972), *Deviance in Soviet society*, Nueva York, Columbia University Press.

Cormier, B. M. (1975), *The watcher and the watched*, Nueva York, Tundra Books.

Coser, L. A. (1967), *Continuities in the study of social conflict*, Nueva York, Free Press.

Crelinstein, R., Laberge-Altmejd, D. y Szabó, D. (1977), *Terrorism and criminal justice, an international perspective*, Lexington.

—— (1977), *Hostage-taking*, Lexington, en preparación.

Cressey, D. R. (1971), "Delinquency, crime and social process", en Dahl, R., *Polyarchy: participation and opposition*, New Haven, Yale University Press.

Cusson, M. (1976), *Les théories de l'échange et la délinquance*, manuscrito, Montreal.

Cusson, M., y Laberge-Altmejd, D. (1977), "Les normes de l'intervention aupres des jeunes mésadaptés", CICC-École de Criminologie, Montreal.

Chambliss, W. J. (1975), "Toward a political economy of crime", en *Theory & Society*, Amsterdam, núm. 2, pp. 149-170.

—— y Seidman, R. B. (1971), *Law, order and power*, Don Mills, Addison-Wesley Pub. Co.

Cherney, P. R. (comp.) (1970), *Making evaluations research useful*, Columbia, Md., American City Corporation.

Chevalier, L. (1958), *Classes laborieuses et classes dangereuses*, París, Plon.

Christie, N. (1968), "Change in penal values", en *Scandinavian Studies in Criminology*, vol. 2, Londres, Tavistock, pp. 161-173.

—— (1970), "Comparative criminology", en *Canadian Journal of Corrections*, núm. 1, vol. 12.

Chomski, N. (1973), *For reason of state*, Nueva York, Vintage Books.

Debuyst, C. (1960), *Criminels et voleurs vécues*, Lovaina, Publications Universitaires.

De Greef, E. (1946), *Introduction à la criminologie*, Bruselas, Van der Plas.

Deleuze, G., y Guattari, F. (1972), *Capitalisme et schizophrénie*, Tundra Books.

Dobson, C. y Payne, R. (1977), *Carlos, l'insaisissable*, París, Albin Michel.

Dollard, J. *et al.* (1950), *Frustration and aggression*, New Haven, Yale University Press.

Dorfman, R. (comp.) (1965), *Measuring benefits of government investments*, Washington, D. C., The Brooking Institution.

Downes, D. M. (1966), *The delinquent solution: a study in subcultural theory*, Londres, Routledge and Kegan Paul.

Drucker, P. F. (1973), "On management of the public service institution", en *The Public Interest*, núm. 33, pp. 43-61.

Durkheim, E. (1960), *Le suicide*, París, Presses Universitaires de France.

—— (1960), *De la division du travail social*, París, Presses Universitaires de France.
Empey, L. T., Erickson, M. (1972), *The provo experiment: evaluating community control of delinquency*, Lexington, D. C. Heath.
—— L. T., Lubeck, S. G. y Laporte, R. L. (1971), *Explaining delinquency. Construction, test and reformulation of a sociological theory*, Studies in social and economic process, Lexington, Heath Lexington Books.
Etzioni, A. (1968), "Shortcuts to social change?", en *The public interest*, Nueva York, *12*, pp. 40-51.
Eysenck, H. J. (1964), *Crime and personality*, Boston, Houghton Mifflin Co.
Fairweather, G. W. (1967), *Methods for experimental social innovation*, Nueva York, Wiley.
Falardeau, J. Ch. (1969), *L'essor des sciences sociales au Canada français*, Quebec, Ministerio de Asuntos Culturales.
Faucher, A. y Timlin, M. F. (1968), *Les sciences sociales au Canada*, Ottawa, Slater.
Febvre, L. (1949), *La terre et l'évolution humaine*, París, Albin Michel.
Ferrero, G. (1962), *Le pouvoir. Les génies invisibles de la cité*, Nueva York, Brentano.
Ferri, F. (1893), *La sociologie criminelle*, París, Arthur Rousseau.
Foucault, M. (1976), *Vigilar y castigar: nacimiento de la prisión*, México, Siglo XXI.
Friedland, K. (1951), *La délinquance juvénile*, París, Presses Universitaires de France.
Garofalo, R. (1969), *Criminology*, Montclair, Petterson Smith.
Gibbens, T. C. M. (1970), "L'identification des problèmes-clés dans la recherche criminologique", en *Orientations actuelles de la recherche criminologique*, Estrasburgo, Conseil de l'Europe, vol. 6, pp. 13-38.
Glaser, D. (1969), *The effectiveness of a prison and parole system*, Nueva York, Bobbs-Merrill.
—— (1972), *Adult crime and social policy*, Englewood Cliffs, Prentice-Hall.
Glueck, S. y E. (1970). *Toward a typology of juvenile offenders. Implication for therapy and prevention*, Nueva York, Grune and Stratton.
—— (1964), *Ventures in criminology*, Cambridge, Mass., Harvard University Press.
Goffman, E. (1963), *Stigma: notes on the management of spoiled identity*, Englewood Cliffs, Prentice-Hall.
Gouldner, A. W. (1970), *The coming crisis of western sociology*, Nueva York, Basic Books.
—— y Peterson, R. A. (1962), *Technology and the moral order*, Nueva York, Bobbs-Merrill.
Grammatica, F. (1964), *Principes de défense sociale*, París, Cujas.
Grant, D. (1968), *Vital components of a model program using the of-*

fender as a manpower resource in the administration of justice, trabajo presentado en un seminario, marzo de 1968.

Guba, E. G. (1972), "The failure of educational evaluation", en C. H. Weiss, *op. cit.*, pp. 250-266.

Hayek, F. A. (1969), *Studies in philosophy, policies & economics*, Chicago, University of Chicago Press.

Hirschi, T. (1969), *Causes of delinquency*, Berkeley, University of California Press.

Hood, R., y Sparks, R. (1970), *Key issues in criminology*, Londres, Weindenfeld and Nicholson.

Hughes, E. C. (1943), *French Canada in transition*, Chicago, University of Chicago Press.

Hulsman, L. H. (1970), "Le choix de la sanction pénale", *Revue de Science Criminelle et de Droit Comparé, 3*, París, pp. 437-545.

Jencks, C. *et al.* (1972), *Inequality, a reassessment of the effect of family and schooling in America*, Nueva York, Basic Books.

Jessor, R., Graves, T. D., Hanson, R. C. y Jessor, S. L. (1968), *Society, personality and deviant behavior*, Nueva York, Holt, Rinehart and Winston.

Kahn, H. y Bruce-Briggs, B. (1972), *Things to come, thinking about the 70's and 80's*, Nueva York, Macmillan.

Kaiser, G. (1971), *Kriminologie: Eine Einführung in die Grundlagen*, Karlsruhe, C. F. Muller.

Kassebaum, G., Ward, D. A. y Wilner, D. M. (1971), *Prision, treatment and parole survival: an empirical assessment*, Nueva York, Wiley.

Kingbert, O. (1960), *Les problèmes foundamentaux de la criminologie*, París, Cujas.

Kittrie, N. (1972), *The right to be different: deviance and enforced therapy*, Baltimore, Johns Hopkins.

Kolakowski, L. (1969), *Alienation of reason. A history of positivist thought*, Nueva York, Doubleday.

—— (1976), "Le diable peut-il être sauvé?", en *Contrepoint*, París, *20*, pp. 151-164.

Korn, R. (1971), "Reflexions on flogging: an essay-review of the world of William T. Morton", en *Issues in Criminology*, vol. 6, núm. 2, pp. 95-115.

Laing, R. D. (1970), *The politics of experience and the bird of paradise*, Harmondsworth, Penguin.

Leaute, J. (1972), *Criminologie et science pénitentiaire*, París, Presses Universitaires de France.

Lemert, E. M. (1967), *Human deviance, social problems and social control*, Englewood Cliffs, Prentice-Hall.

Lenin, V. I. (1947), *L'état et la révolution*, París, Éditions Sociales.

Le Roy Ladurie, E. (1973), *Le territoire de l'historien*, París, Gallimard.

Lévy-Bruhl, H. (1964), "Les délits politiques", en *Revue Française de Sociologie*, París, *5:* 2, abril-junio, pp. 131-139.

Lofland, J. (1969), *Deviance and identity,* Englewood Cliffs, Nueva Jersey, Prentice-Hall.

Lombroso, C. y Ferrera, G. (1896), *La femme criminelle et la prostituée,* París, Félix Alcan.

—— y Laschi, R. (1892), *Le crime politique et les révolutions par rapport au droit, à l'anthropologie criminelle et à la science du gouvernement,* París, Félix Alcan.

Mailloux, N. (1960), *Rapport général du IVe Congrès International de Criminologie,* La Haya, Sociedad Internacional de Criminología.

—— (1971), *Jeunes sans dialogue,* Criminologie pédagogique, París, Fleurus.

Mann, J. (1972), "The outcome of evaluative research", en C. H. Weiss, *op. cit.,* pp. 267-282.

Mannheim, H. (1965), *Comparative criminology, a text book,* vol. I, II, Londres, Routledge and Kegan Paul.

Marsh, R. M. (1967), con la dirección general de Robert K. Merton, *Comparative sociology. A codification of cross-societal analysis,* Nueva York, Harcourt, Brance and World.

Martinson, R. (1974), "What works? Questions and answers about prison reform", en *The Public Interest,* Nueva York, 35, primavera, pp. 22-54.

Masters, R. D. (1975), "Politics as a biological phenomenon", en *Social Science Information,* París, núm. 2, pp. 7-63.

Matza, D. (1969), *Becoming deviant,* Englewood Cliffs, Prentice-Hall.

McDonald, L. (1976), *The sociology of law and order,* Montreal, Book Center.

Mc Lean, P. D. (1970), "The triune brain; Emotion & scientific bias", en F. O. Smith (comp.), *The neuro sciences,* Nueva York, Rockefeller University Press.

Mead, G. H. (1934), *Mind, self and society from the standpoint of a social behaviorist,* ed. por Charles W. Morris, Chicago, University of Chicago Press.

Medvedev, R. S. (1971), *Let history judge,* Nueva York, Alfred A. Knopf.

Menninger, K. (1968), *The crime of punishment,* Nueva York, Viking.

Miller, W. B. (1966), "Violent crimes in city gangs", en *Ann. Am. Acad. Polit. Soc. Sci.,* Filadelfia, Pa., marzo, pp. 96-112.

Miller, W. C. y Conger, J. J. (1966) *Personality, social class and delinquency,* Nueva York, Wiley.

—— (1973), "Ideology and criminal policy issues", *Journal of Criminal Justice,* 64, 2, pp. 141-162.

Mitford, J. (1971), *Kinds & unusual punishment,* Nueva York, Alfred A. Knopf.

Monnet, J. (1976), *Mémoires,* París, Fayard.

Morin, E. (1973), *Le paradigme perdu: la nature humaine,* París, Seuil.

Morris, T. (1957), *The criminal area. A study in social ecology,* Londres, Routledge and Kegan Paul.

Morris N. y Hawkins, G. (1970), *The honest politician's guide to crime control,* Chicago, University of Chicago Press.

——— (1977), *Letter to the president on crime control*, Chicago, University of Chicago Press.

National Commission on the Causes and Prevention of Violence (1968), *To establish justice, to insure domestic tranquility*, informe final, Nueva York, Bantam.

Nelkin, D. (1972), *The university and military research. Moral Politics at M.I.T.*, Ithaca, Cornell University Press.

Newman, O. (1972), *Defensible space. Crime prevention through urban design*, Nueva York.

Nibset, R. A. (1969), *Social change and history*, Oxford, Oxford University Press.

Nwe, J. E. y Short, J. F. (1957), "Scaling delinquent behavior", en *American Sociological Review*, Nueva York, *22*, pp. 326-331.

Ohlin, L. E., Miller, A. D. y Coates, R. E. (1977), *Youth corrections in Massachusetts*, serie de cinco libros del Harvard Center for Criminal Justice, Escuela de Leyes de Harvard.

Ohlin, L., (comp.) (1973), *Prisoners in America*, Englewood Cliffs, Nueva Jersey, Prentice-Hall.

Papadatos, P. (1955), *Les délits politiques*, Ginebra, Dros.

Pareto, V. (1917), *Traité de sociologie générale*, vols. I y II, París, Payot.

Parizeau, A. *et al.* (1972), *Le coût du crime*, Primer seminario regional del CICC en Europa central, Varsovia, Polonia.

——— (1975), *Deuxième séminaire régional du Centre International de Criminologie Comparée en Europe Centrale*, Praga, Checoslovaquia.

——— (1976), "Les activités du Centre International de Criminologie Comparée de Montréal", en *Revue de Science Criminelle et de Droit Pénal Comparé*, París, núm. 3, julio-septiembre, pp. 819-822.

Phillipson, M. (1971), *Sociological aspects of crime and delinquency*, Londres, Routledge and Kegan Paul.

Pinatel, J. y Bouzat, P. (1963), *Traité de droit pénal et de criminologie*, vol. III, París, Dalloz.

——— (1972), "Chronique de criminologie et des sciences de l'homme. Recherche scientifique et criminologique en action", en *Revue de Science Criminelle et de Droit Pénal Comparé*, 2.

——— (1975), *La criminologie peut-elle relever le défi de la criminalité?* Francfort del Meno, discurso pronunciado en la recepción del Premio Beccaria, concedido por la Sociedad Alemana de Criminología, Hamburgo, Kriminalistik Verlag, pp. 15-22.

——— (1977), *Criminologie et administration de la justice pénale*, Lyon, coloquio del CNRS, manuscrito.

Platt, A. M. (1969), *The child savers: the invention of delinquency*, Chicago, University of Chicago Press (en preparación, Siglo XXI.)

Plattner, M. (1976), "The rehabilitation of punishment", en *Public Interest*, Nueva York, *44*, pp. 104-114.

Podgorecki, A. *et al.* (1973), *Knowledge and opinion about laws*, Londres, M. Robertson.

Popper, K. (1959), *Logic of scientific discovery*, Harper & Row.

Przeworski, A. y Teune, H. (1970), *The logic of comparative social inquiry*, Nueva York, Wiley.

Quebec, Commission d'enquête sur l'administration de la justice en matiére criminelle et pénale au Québec (1970), presidente: Y. Prévost, *La société face au crime.*

Vol. IV, tomo II (1970), La délinquance juvénile. Étude comparative sur les tribunaux pour mineurs, Grande Bretagne, France, Suède, por A. Parizeau.

Vol. IV, tomo III (1970), La délinquance juvénile. Étude comparative sur les tribunaux pour mineurs, Québec, por A. Parizeau.

Annexe II (1968), Enquête d'opinion publique sur la police au Québec, por J. Rico y G. Tardif, dir.: D. Szabó.

Annexe III (1969), La police, enquête d'opinion auprès de cinq services de police du Québec, por J. Rico y G. Tardif, dir.: D. Szabó.

Annexe IV (1969), La justice criminelle. Sondage d'opinion publique sur la justice criminelle au Québec, por E. A. Fattah, A. Normandeau, dir.: D. Szabó.

Annexe V (1969), La justice criminelle. Sondage auprès des criminalistes de Montréal sur la justice criminelle au Québec, por J. L. Baudoin, J. Fortin y J. P. Lussier, dir.: D. Szabó.

Annexe VI (1969), La justice criminelle. Les Québecois s'interrogent sur la criminalité et les mesures correctionnelles, por A. Normandeau.

Annexe VII (1969), La justice criminelle. Le Rôle de l'enseignement et de la recherche criminologique dans l'administration de la justice, por J. Rico y E. A. Fattah, dir.: D. Szabó. Québec, Éditeur Officiel.

Quebec, Ministerio de Justicia (1971), *La police et la sécurité des citoyens*, por J. Choquette, Québec, Éditeur Officiel.

——— (1975), *La justice contemporaine*, por J. Choquette, Québec, Éditeur Officiel.

Quinney, R. (1974), *Criminal justice in America: a critical understandig*, Boston, Little, Brown and Co.

Radzinowicz, L. (1961), *In search of criminology*, Londres, William Heinemann.

——— y Wolfgang, M. E. (comps.) (1971), *Crime and justice: The criminal in society*, Nueva York, Basic Books.

Reckless, W. C. (1940), *Criminal behavior*, Nueva York, McGraw-Hill Book Co.

——— (1967), *The crime problem*, 4a. ed., Nueva York, Appleton Century Crofts.

——— (1973), *American criminology: new direction*, Nueva York, Appleton Century Crofts.

Rivett, P. (1968), *An introduction to operation research*, Nueva York, Basic Books.

Rizcalla, S., Szabó, D. *et al.* (1976), *Policy-making and evaluative research*, Montreal, Quebec.

Robert, P. (1966), *Les bandes d'adolescents*, París, Les Éditions Ouvrieres.

——— (1973), "La sociologie entre une criminologie du passage à l'acte et une criminologie de la réaction sociale", en *L'Année Sociologique*, París, *24*, pp. 441-504.

Robertson, R. y Tailor, L. (1973), *Deviance, crime and socio-legal control*, Londres, M. Robertson.

Rokkan, S. (comp.) (1968), *Comparative research across cultures and nations*, París, Mouton.

Rossi, P. H. (1972), "Booby traps and pitfalls in the evaluation of social action programs", en C. H. Weiss, *op. cit.*, pp. 224-235.

——— y Williams, W. (comps.) (1972), *Evaluating social programs: theory, practice and politics*, Nueva York, Seminar Press.

Schutz, A. (1967), *Colected Papers*, vol. I, La Haya, Martinus Nijhoff.

Scott, R. A. y Douglass, F. D. (1972), "Teorical perspectives on deviance" en Seibel, M. D. (comp.), *Social deviance in comparative perspective*, Nueva York, Basic Books.

Sellin, T. y Wolfgang, M. E. (1963), *Constructing an index of delinquency. A manual*, Filadelfia, Center of Criminological Research, Universidad de Pennsylvania.

——— y Wolfgang, M. E. (1964), *The measurement of delinquency*, Nueva York, John Wiley.

Sheldon, E. B. y Freeman, H. E. (1970), "Notes on social indicators: promises and potential", en *Polycy Science*, Nueva York, *1*, pp. 97-111.

Shoham, S. (1968), "Culture conflict as a frame of reference for research in criminology and social deviation", en M. Wolfgang, (comp.), *Essays in honor of Thorsten Sellin.*

——— (1970), *The mark of Cain*, Jerusalén, Israel University Press.

Skinner, B. F. (1972), *Beyond freedom and dignity*, Nueva York, Bantam Books.

Skolnick, J. (1967), *Justice without trial*, Nueva York, John Wiley.

——— (1969), *The politics of protest*, Report to the National Commission on the Causes and Prevention of Violence, Nueva York, Simon & Schuster.

Sorokin, P. A. (1926), *Sociological theories of today*, Nueva York, Harper and Row.

——— (1957), *Social and cultural dynamics, a study of change in major systems of art, truth, ethnics, law and social relationship*, Boston, Extending Horizons Books, Porter Sargent Publisher.

Suchman, E. (1967), *Evaluative research: principles and practice in public service and social action programs*, Nueva York, Russel Sage Foundation.

——— (1970), "Action for what? A critique of evaluative research", en R. O'toole (comp.), *The organization, management and tactics of social research*, Cambridge, Masachusetts, Schenkman Publications.

Sutherland, E. H. y Cressey, D. (1966), *Principes de criminologie*, París, Éditions Cujas.

——— (1974), *Criminology*, 9a. ed., Filadelfia, Lippincott.

Szabó, D. (1960), *Crimes et villes, Étude statistique comparée de la criminalité urbaine et rurale en France et en Belgique*, París, Cujas.

——— (1965), *Criminologie*, Montreal, Les Presses de l'Université de Montréal.
——— (1968), *Criminologie en action: bilan de la criminologie contemporaine dans ses grands domaines d'application*, Decimoséptimo curso Internacional de Criminología, del 19 de agosto al 3 de septiembre. Tres grandes temas: la personalidad criminal, la administración de la justicia y la prevención del crimen, Montreal, Les Presses de l'Université de Montréal.
——— (1970), "Criminologie apliquée et politique gouvernementale: perspectives d'avenir et conditions de collaboration", en *Revue de Science Criminelle et de Droit Pénal Comparé*, París, 3, julio-septiembre.
——— (1970), *Déviance et criminalité*, París, Armand Colin.
——— (1971), *The cost of crime and crime control*, Ottawa, Information Canada.
——— (1973), *Évaluation des systèmes de politique criminelle*, Belgrado, VIII Congreso Internacional de Criminología.
——— (1974), "Societé post-industrielle, déviance et criminalité: diagnostic et pronostic pour l'an 2000", en *Réseaux*, Mons, pp. 22-23.
——— (1974), "Itinéraires sociologiques, en *Recherches Sociographiques*, Quebec, *15:* 2-3, mayo-agosto, pp. 277-286.
——— (1976), "Dialogue avec... M. A. Bertrand", en *Revue Canadienne de Criminologie*, Montreal, *18-1*, pp. 12-26.
——— Gagne, D. y Parizeau, A. (1972), *Face à face: l'adolescent et la société* (estudio comparativo), Bruselas, Charles Dessart.
Szasz, T. S., *The manufacture of madness*, Nueva York, Harper & Row.
Tarde, G. (1924), *La criminalité comparée*, París, Félix Alcan.
Taylor, L. (1971), *Deviance and society*, Londres, Nelson (Th. & Sons).
Taylor, I., Walton, P. y Young, J. (1977), *Criminología crítica*, México, Siglo XXI.
Thomson, J. D. (1967), *Organisations in action*, Nueva York, McGraw-Hill.
Toffler, A. (1971), *Le choc du futur*, París, Denoël.
Vallier, J. (comp.) (1971), *Comparative methods in sociology. Essays on trends and applications*, Berkeley, University of California Press.
Van der Haag, E. (1975), *Punishing criminals*, Nueva York, Basic Books.
Verhaegen, B. (1974), *Introduction a l'histoire immédiate: essai de méthodologie qualitative*, Gembloux, Éditions J. Duculot.
Vermes, Miklos (1971), *A Kriminologia Alapkérdézei*, B. P. Akademiai Iliado, Budapesto, Hungría.
Vold, G. B. (1958), *Theoretical criminology*, Nueva York, Oxford University Press.
Walczak, S., Parizeau, A. y Szabó, D. (1977), *Troisième séminaire régional du Centre International de Criminologie Comparée en Europe Centrale*, Varsovia, Polonia.
——— (1972), *Prawo penitencjarne zarys systemu*, Varsovia, Panstwowe wydawnictwo naukowe.

Ward, D. A. y Kassebaum, G. G. (1972), "On biting the hand that feeds: Some implications of sociological evaluations of correctional effectiveness", en C. H. Weiss, *op. cit.*, pp. 300-310.

Warren, R. L. (1963), *Social research consultation*, Nueva York, Russel Sage Foundation.

Weber, M. (1959), *Le savant et la politique*, trad. de Julien Freund, París, Plon.

Weiss, C. H. (comp.) (1972), *Evaluating action programs: Readings in social action and education*, Boston, Allyn and Bacon.

Westhuess, K. W. (1976), "Class and organisation as paradigms in social science", en *The American Sociologist*, Washington, D. C., *2:* 1, pp. 38-49.

Whaley, J. S. *et al.* (1970), *Federal evaluation policy*, Washington, D. C., The Urban Institute.

Wilkins, L. T. (1964), *Social deviance, social policy, action and research*, Nueva York, Prentice-Hall.

—— (1969), *Evaluation of penal measures*, Nueva York, Random House.

Wilson, J. Q. (1975), *Thinking about crime*, Nueva York, Basic Books Inc.

Wolfgang, M. E. y Ferracuti, F. (1967), *The subculture of violence: towards an integrated theory in criminology*, Londres, Tavistock.

—— Figlio, R. y Sellin, T. (1972), *Delinquency in a birth cohort*, Chicago, University of Chicago Press.

—— (1973), *Developments in criminology in the United States with some comments on the future*, Cambridge, Inglaterra, mimeografiado.

Wright, E. O. (1973), *The politics of punishment, a critical analysis of prisons in America*, Nueva York, Harper & Row.

Yinger, M. (1960), "Contraculture and subculture", en *American Sociological Review*, Nueva York, *25*, pp. 625-636.

Znaniecki, F. (1940), *The social role of the man of knowledge*, Nueva York, Columbia University Press.

impreso en editorial romont, s.a.
presidente 142 - col. portales
del. benito juárez - 03300 méxico, d.f.
un mil ejemplares y sobrantes
15 de octubre de 1985

www.ingramcontent.com/pod-product-compliance
Ingram Content Group UK Ltd.
Pitfield, Milton Keynes, MK11 3LW, UK
UKHW041841190726
13854UKWH00002B/661